高木雅一

東アジア論入門

大学教育出版

はじめに

　東アジア諸国は、日本から国際線で数時間の近い距離にありながら、何故かこれまでそうした近さを感じにくかった。明治維新以来、日本の目が米国や欧州を向き、近隣諸国を見る時間が少なかったことと無関係ではなかろう。筆者の幼少時代は、外国の音楽や映画といえば、大部分がアメリカまたは欧州から輸入されたもので、東アジアものでは香港映画が数本上映された程度である。大学教育など学問の分野も同様で、米国経済、ドイツ会計、欧米比較経営論といった欧米を対象としたものは質量とも豊富な一方、東アジアを対象とした分野は、中国やインドネシアなど各国論以上のレベルには達していない。

　もっとも、日本の各界における東アジアに対する関心は、東南アジア諸国が高度成長となった1988年頃から急速な高まりを見せている。85年9月のプラザ合意以降の円高・ドル安が、日本企業の東南アジアへの生産拠点の移転を加速し、空前の投資ブームとなって東南アジア諸国に年率2桁に達する高度成長をもたらしたものであるが、こうした東南アジアに日本のビジネス界の熱い眼差しが向けられるようになり、中国の改革・開放が軌道に乗ったことも重なって、日本の至る所でアジア重視、アジアとの交流強化が掲げられ、それに伴いアジア研究者への需要も高まるようになった。

　しかし、アジア・ブームが起こる前の日本におけるアジア研究は、決して恵まれた環境の下にはなかった。欧米研究に比べマイナーなイメージが伴ったこともあって、優秀な学生がアジア研究の道には向かわず、学者の層が質量とも薄いものとなってしまったことは否定できない。アジア・ブームとなって大学やシンクタンクでアジア研究部門を拡充する動きが加速したが、短距離競争における出遅れと同様、出遅れが決定的なものとなった感はいなめない。このため、ごく一部のアジア専門家が幅を利かせるようになり、マスコミを通じた彼らの意見や主張が日本を代表する意見だとさえ考えられるようになる。

　日本社会の1つのキーワードは、「横並び意識」であろう。企業戦略においては、自社の状況を基準にするというよりも、同業他社に遅れまいとする意識が前面に出る。アジアが新興市場と目されるや、どの業種のどの企業もアジア重視を経営

戦略に掲げるようになり、巨大中国市場の窓口である国際金融センター香港には、都市銀行から地方銀行、第2地方銀行まで日本の銀行が集中的に進出した。当時のシンクタンク・ブームもあいまって、大手企業のシンクタンクには、アジア研究部門が相次いで設置され、アジアに強いことをアピールするようになった。当然ながら、アジア研究者の頭数も急増した。

　かくいう筆者も、社会人生活を銀行員として始めながら、東南アジア諸国の高度成長が始まった頃の88年、会社の命令によりアジア研究の道に入り、そのまま銀行業務に戻ることなく11年間、関連のシンクタンクでアジア研究に携わっていたところ、縁あって99年に大学教官に採用され、現在大学の経営学部、大学院の経営学研究科で「東アジア論」の教鞭をとっている。この間、研究対象とする東アジア諸国は、世界で最も注目されるダイナミックな成長を10年近く続けた後、97年7月のタイ・バーツ下落に始まるアジア通貨危機を機に、マイナス成長やデフレを伴う厳しい調整局面に入った。

　アジア通貨危機により、タイやインドネシアなど東南アジア諸国に多額の投資や融資を行うなどアジア・ビジネスに深く入り込んでいる日本の経済界に衝撃が走った。それ以前の一辺倒のアジア賞賛論は影を潜め、かわってこれら諸国を通貨・金融・経済危機に陥らしめた構造問題が盛んに論じられるようになった。米ドルにリンクした通貨制度やトップダウンの華僑式企業経営、民主を後回しにした強い指導力の政府など、アジア通貨危機前には東アジア諸国の高度成長の原動力と評価された点が、通貨危機後にはそのまま通貨危機に陥らしめた構造問題に置き換えられてしまうなど一貫性のなさも目立った。

　この後の本論でも紹介するように、現在日本と東アジア諸国は、お互いの存在なしには国民経済が成り立たないほど、関係の深いものとなっている。東アジアとの貿易や投資を行う大手企業はもちろんのこと、一般の日本人の日常生活においても、東アジア産の輸入製品が数多く浸透している。逆に、こうした製品を国産品や欧米産品に置き換えるとすれば、日本人の消費生活はよりコストの高いものとなってしまう。東アジア諸国にとっては、日本から輸入する生産財や部品・半製品を加工し、アメリカを中心とする欧米市場へ輸出して外貨収入を獲得するという構造から、日本の存在がより大きなものとなる。

　こうした日本と東アジアの関係は、先に紹介したように、プラザ合意以降の円

高・ドル安を契機とする日本企業の対東南アジア大量進出によって一層深まったが、貿易や投資など経済的な関係が深まる一方、ビジネス上に限らずその他の方面でも、アジア諸国との間にいろいろなトラブルが発生しているのが現状である。もちろん、相手サイドにも責任がない訳ではないが、日本側が相手の国の立場、その国の文化や人々の考え方などを理解し、相手の立場を尊重して行動すれば、回避できたと思われるものも少なくない。孫子の兵法を引用する訳ではないが、交流についても「敵」を十分に知ること、この場合東アジア研究を充実するとともに、敵にとっての「己」の存在も認識することが重要である。

　日本の21世紀を展望する上で、東アジア諸国との関係は、これまで以上に強くなることはあっても、弱くなることは考えにくい。先に触れたアジア・ビジネスを行う大手企業に限らず、一般人の普通の生活において気がつかなくても、アジア人との接点は多くなっている。日本人全般、特に将来を担う若い世代にとっては、アジア諸国やアジア人との上手な付き合い方を学ばなければならない。どこで学ぶかといえば、マスコミの発達した現代社会では、知識や情報は多方面から得ることができるが、基礎からしっかりとした知識や考え方を学ぶのは、やはり大学教育をおいて他にはないであろう。

　こうした重要な使命を帯びて、大学において東アジア論を担当することになったが、いざ教壇に立ってみると、理想と現実の差を痛感させられることになった。限られた時間で東アジアの国・地域を紹介するのは、国ごとに紹介する縦でも、産業などテーマ別の横でも範囲が広く、体系だったものとして学生が受講し、アジアの知識と考え方を身につけてもらうことは難しい。先にも紹介したように、経済、経営、法学など社会科学の分野において、東アジア学・論が相対的に遅れをとった上に、対象となる東アジア諸国自身、政府の運営や企業の経営など、学問とするには透明性に欠けることも影響している。

　こうした経緯から、大学の一般教養課程や経済・経営学部の講義で使用できる教科書の執筆を思い立った。この1冊を読んで講義を受講することにより、東アジアを構成する各国、さらに地域としての東アジアの概略が理解でき、東アジアに対する基本的な考え方を身につけられるよう、章立てや構成に工夫をこらしたつもりである。1回90分で半期13〜15回分の講義を想定し、全13章の各章がそのまま1回分の講義となるよう本論を展開した。より詳細に講義を進めることに

より、また随所に演習や事例研究を加えることなどにより、1年講義または半期週2回講義にも対応させることができる。

　本書は、筆者のこれまでのアジア研究者としての調査活動と、大学教官となってからの教育者としての経験に基づき作成したものである。大学教育における教科書・参考書としてはもちろん、社会人のビジネスや生活においても東アジアの一般教養書としても役立つものとなるよう心掛けたつもりであるが、アジア研究者としてまた学者として未熟な身、本書各所に至らぬ点が多々あるものと思われる。そうした点については、読者各位の叱咤・激励をお待ちすることにしたい。本書発行にあたり、大学教育出版社の佐藤守氏には校正やアドバイスなど並々ならぬお骨折りいただいた。この場をお借りして謝意を表したい。

　2001年3月

　　　　　　　　　　　　　　　　　　　　高木雅一　六甲台の研究室より

東アジア論入門
目　次

はじめに　i

第1章　東アジアとは……………………………………………………1
　1　広義のアジアと東アジア　1
　2　東アジアの多様性　7

第2章　東アジアの目覚しい発展……………………………………15
　1　東アジア発展の歴史　15
　2　東アジア各種発展論の検証　24

第3章　アジア通貨危機………………………………………………36
　1　アジア通貨危機の背景　36
　2　アジア通貨危機の経過　52

第4章　韓国、台湾……………………………………………………66
　1　「漢江の奇跡」韓国　66
　2　「ハイテク・アイランド」台湾　75

第5章　香港、シンガポール…………………………………………85
　1　「東洋の真珠」香港　85
　2　シンガポール「コーポレーション」　94

第6章　タイ、マレーシア……………………………………………104
　1　「挫折した優等生」タイ　104
　2　「独自路線」を貫くマレーシア　113

第7章　インドネシア、フィリピン…………………………………123
　1　「二人の父」の時代から新たな時代を目指すインドネシア　123
　2　「失われた10年」の挽回を目指すフィリピン　133

第8章　中国、ベトナム………………………………………………144
　1　「改革・開放」で勢いづく中国　144
　2　「ドイモイ」のベトナム　157

目次　vii

第9章　東アジアの産業構造および主要産業 ……………………………………168
1　東アジアの産業構造　*168*
2　東アジアの主要産業　*180*

第10章　東アジアの経済担い手・主要企業 ………………………………………194
1　東アジアの経済担い手　*194*
2　東アジアの主要企業　*204*

第11章　東アジアの経営制度・政府の役割 ………………………………………216
1　東アジアの経営制度　*216*
2　政府の役割　*227*

第12章　東アジアの地域経済関係・日本との関係 ………………………………236
1　東アジアの地域経済関係　*236*
2　日本との関係　*245*

第13章　21世紀の展望 ………………………………………………………………255
1　政治・外交　*255*
2　経　済　*262*

あとがき　*269*

第1章　東アジアとは

1　広義のアジアと東アジア

　「アジア」は、「オリエント」と同様、西欧から見た東方地域あるいは東方諸国を指す語として使われるようになった。グリニッジ標準時同様、西欧を基準とした距離感から、アラビア半島地域がミドル・イースト(中近東)、太平洋に面した地域がファーイースト(極東)とされ、現在でもしばしば使用されている。一般的定義によるアジアは、欧州、米州、アフリカ、太平州と並び、世界を構成する5大州の1つで、東は日本、北はシベリア、南はインドネシア、西は中近東・トルコに至る4,400万平方キロ、世界の陸地面積の1／3を占める広大な地域となり、人口では世界の過半数を占める35億人に達している。

　現在の日本社会あるいは日本人にとって、アジアの概念がやや曖昧になっており、会話や交信の際にアジアと使う場合注意を要する。例えば、「成長のアジア」、「21世紀はアジアの時代」、「アジアとの交流強化」といった場合のアジアは、日本に近い太平洋に面した東・東南アジア諸国、改革・開放の中国を対象としたものであり、中近東アラブ産油国やインド、パキスタンなど南アジア諸国を、ましてや旧ソ連の中央アジア諸国を視野に入れているとは思えない。実際、「高度成長のアジア」と言われていた頃、インド経済は低迷からようやく抜け出そうとしていた頃であり、中東産油国は低原油価格に苦慮していた。

　こうした曖昧さを排除して本論を進めるため、アジアの概念をもう少し考えてみたい。先の定義による一般的なアジアは、サッカー・ワールドカップのアジア地区予選に参加資格のある国々といった方が理解しやすいかもしれないが、便宜的にいくつかの地域・グループに分類されることがある。東アジア、東南アジア、南アジア、中近東、中央アジアといった地理的分類、アジアＮＩＥｓなど経済的分類、ＡＳＥＡＮなど政治・外交的な分類などがある。しかし、これまでのとこ

ろ、国際的な統一ルールまたは合意が形成されたとは言い難い。最も一般的な地理的分類でも、境界をどこにするか論争になることもある。

表1-1　アジア開発銀行（ADB）加盟のアジア諸国

分類	国・地域	分類	国・地域	分類	国・地域
NIEs	香港	東南アジア	カンボジア	南アジア	バングラデシュ
	韓国		インドネシア		ブータン
	シンガポール		ラオス		インド
	台湾		マレーシア		モルジブ
中・モ	中国		ミャンマー		ネパール
	モンゴル		フィリピン		パキスタン
中央ア	カザフスタン		タイ		スリランカ
	キルギス		ベトナム		
	ウズベキスタン				

（出所）アジア開発銀行「アジア開発アウトルック、1997/98年版」

図1-1　東アジアの概略

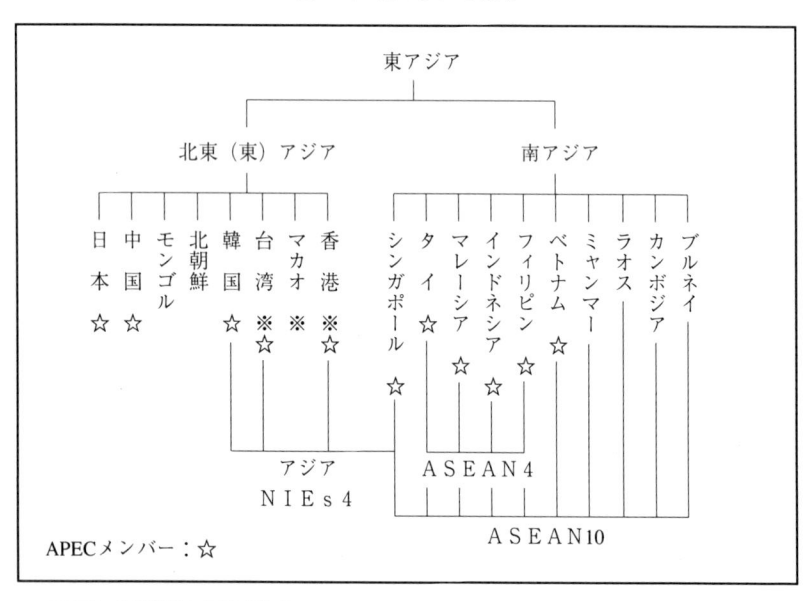

```
                            東アジア
                  ┌────────────┴────────────┐
              北東（東）アジア              南アジア
         ┌──┬──┬──┬──┬──┬──┐  ┌──┬──┬──┬──┬──┬──┬──┬──┬──┬──┐
         日  中  モ  北  韓  台  マ  香  シ  タ  マ  イ  フ  ベ  ミ  ラ  カ  ブ
         本  国  ン  朝  国  湾  カ  港  ン  イ  レ  ン  ィ  ト  ャ  オ  ン  ル
             ☆  ゴ  鮮  ☆  ☆  オ  ※  ガ  ☆  ー  ド  リ  ナ  ン  ス  ボ  ネ
         ☆      ル          ※      ポ      シ  ネ  ピ  ム  マ      ジ  イ
                                        ー      ア  シ  ン  ☆  ー      ア
                                        ル          ア  ☆      
                                        ☆          ☆          
                         └───────┬──────┘  └────────┬────────┘
                              アジア                ASEAN4
                              NIEs4
                                              └────────┬────────┘
                                                   ASEAN10
  APECメンバー：☆
```

（出所）各種資料より筆者作成

現在、国際連合(UN)、国際通貨基金（ＩＭＦ）、世界銀行(WB)、アジア開発銀行（ＡＤＢ）などの主要な国際機関は、それぞれの機関の役割や担当業務上、対象となる諸国・地域を地理的にあるいは経済的に分類して活動を行っている。アジア・太平洋地域の開発支援を目的とするＡＤＢを例にとると、支援対象外の中近東を除いたアジア諸国を、表１－１のように分類している。この中には、支援側の日本とＡＤＢ未加盟の北朝鮮、ブルネイ、中央アジア２か国、それに独立前の東ティモールは入っていない。これらの分類も参考にし、本書が対象とする東アジアの概略をまとめたのが図表１－Ａである。

　東アジアは、中近東や南アジアに対して東に位置するアジアとも、太平洋に面するアジア諸国とも考えることができるが、ここでも注意を要することがいくつかある。まず、東アジアは大きく南北２つに分けることができるが、南部の呼び方は東南アジアとほぼ統一されているのに対し、北部は北東アジアとも東アジアとも呼ばれ、地域を総称する東アジアと紛らわしいことである。この点のコンセンサスはまだなく、今後の推移を見守りたいが、本書では混乱しないために北東アジアを使うことにしたい。東南アジアは、東南アジア諸国連合ＡＳＥＡＮを組織しており、地域としての結束を示している。

　次に、シンガポールであるが、アジアＮＩＥｓとＡＳＥＡＮの両方に属していることである。ＮＩＥｓは、新興工業経済体を意味する Newly Industrializing Economies の略称で、1988年の先進国サミットにおいて、60年代以降目覚しい工業化を遂げている11の国・地域がＮＩＥｓに指定された。このうち広義のアジア地区からは、韓国とシンガポールの２か国、台湾と香港の２地域、計４つの経済体が指定され、アジアＮＩＥｓと呼ばれるようになった。従って、アジア地区４つのＮＩＥｓを対象とする場合、ＮＩＥｓではなくアジアＮＩＥｓと言うようにしたい。また、シンガポールについては、経済的なアジアＮＩＥｓなのか、外交上のＡＳＥＡＮなのかを区別する場合もしばしば登場する。

　アジアＮＩＥｓが、このように当事者の意識や働きかけなしの自然発生的なグループであるのに対し、東南アジア諸国連合ＡＳＥＡＮは、地域の結束を目的とする政治・外交的な同盟である。1967年、インドネシア、タイ、マレーシア、フィリピン、シンガポールの５か国が、当時東アジアで勢力を拡大しつつあった共産主義が、自国へ及ばないよう結束して行動する目的でＡＳＥＡＮを結成した。

こうした経緯のＡＳＥＡＮも、次第に当初の政治・外交的な目的は薄れ、経済協力体としての性格を強めるようになる。95年には共産党体制のベトナムも加盟し、99年のカンボジア加盟で地域すべての国の加盟が完了した。

　アジアＮＩＥｓのシンガポールを除くインドネシア、タイ、マレーシア、フィリピンのＡＳＥＡＮ４か国は、農産品や鉱物など１次産品輸出への過度の依存体制から比較的早い段階で抜け出し、アジアＮＩＥｓを追いかける形で工業化を進めたことから、次のＮＩＥｓ候補の経済グループ、ＡＳＥＡＮ４と分類されるようになった。本書でも、アジアＮＩＥｓ４と同様、ＡＳＥＡＮ４を経済分類として随所に引用し、地域連合体としてのＡＳＥＡＮ１０と区別する。アジアＮＩＥｓ４は、中国の故事にちなんで「四小龍」または「四虎」と呼ばれるが、ＡＳＥＡＮ４は５匹目の龍の有力候補ということになる。

　東アジアには、第２次大戦後に共産化した２つの大国がある。１つは中国で、もう１つはベトナムである。両国とも、共産党が政権を握って社会主義計画経済を採用し、西欧社会との経済交流を遮断したことが、結果的には災いとなり経済が疲弊してしまった。またベトナムでは、インドシナ戦争、ベトナム戦争と、長年にわたり戦争状態に置かれ、経済を見る余裕すらなかったことも大きく影響した。こうした両国も、中国は1978年の鄧小平氏主導の改革・開放政策により、ベトナムは1986年のドイモイ転換により、市場経済手法を取り入れ、市場規模など潜在性から新興市場として注目されるようになった。

　東アジアにはこの他、北東アジアのモンゴルと北朝鮮、東南アジアのミャンマー、ラオス、カンボジア、ブルネイといった国々がある。また、独立国ではないが、１つの経済体としてマカオがある。北東アジアの両国は、独立後にはソ連・東欧陣営に属し、社会主義計画経済を推し進めたが、とも計画経済が行き詰まってしまい、モンゴルは1990年に社会主義を放棄して、現在は市場経済と外国投資による経済発展を目指している。北朝鮮は、ソ連・東欧の共産党政権が次々と崩壊した中、現在でも朝鮮労働党の指導による統治が続いている。外部からはうかがい知れない部分が多いが、2000年６月には歴史的な南北首脳会談も実現し、今後統一に向けてどのような動きとなるのか注目されるようになった。

　東南アジアでは、ボルネオ（インドネシアではカリマンタン）島の一角にある小さな王国のブルネイは、国は小さいながらも巨額の石油収入により国家財政が

潤っている。ブルキナ国王は世界有数の億万長者で、国民は税金なしで高度な福祉が受けられるという恵まれた国である。ミャンマー、ラオス、カンボジアは、ベトナムとともにインドシナ4か国と分類されることもある。ミャンマーは、ビルマ式社会主義を放棄して、ベトナム同様潜在力が注目されるようになったが、軍事政権の居座りに国際世論が反発していることが発展の障害となっている。カンボジアとラオスは、懸案のカンボジア問題解決やラオスの「新思考思想（ドイモイに類似）」転換により、今後着実な発展が見込まれるようになった。

　東アジア諸国の多くが参加するもう1つの機構として、アジア・太平洋経済協力閣僚会議ＡＰＥＣをあげることができる。ＡＰＥＣは、オーストラリアのホーク首相の提唱により、アジア・太平洋地域の持続的な発展を図る目的で1989年に発足した。当初は、アメリカ、オーストラリア、ニュージーランド、カナダ、日本など先進国の他に、インドネシア、タイ、マレーシア、フィリピン、シンガポール、ブルネイのＡＳＥＡＮ6か国、それに韓国の12か国で発足したが、その後、中国、台湾、香港、メキシコ、パプア・ニューギニア、メキシコと加盟国・地域が拡大し、98年11月にはロシア、ベトナム、ペルーの3か国が参加したことにより、現在21の国・地域が参加する世界有数の地域協力機構となった。

　参加国・地域の拡大にとどまらず、ＡＰＥＣは機能面でも拡大・強化されている。当初の貿易、産業、金融など経済担当閣僚による友好的な会議から、次第に政治・外交色が強くなり、93年のシアトル会議から非公式ではあるが、首脳会談も開催されるようになった。また、94年のボゴール首脳会議では、先進国は2010年、発展途上国は2020年という貿易・投資の完全自由化の日程が示されたが、各国の利害が対立しやすいだけに、調整機能が注目されるところとなった。ＡＰＥＣには、カンボジア、ラオス、ミャンマーの新規ＡＳＥＡＮ諸国、モンゴル、マカオ、インド、パキスタンなど新規加盟要望が相次いでいる。

　東南アジア諸国連合ＡＳＥＡＮについては、反共の政治・外交的な連合から経済協力重視の姿勢が鮮明になったと先にも述べたが、国際的にも存在感が増しており、その動きが世界の注目を集めるようにもなっている。例えば、ミャンマーのＡＳＥＡＮ加盟に対し、世界一の大国アメリカが強硬に反対したことは、ＡＳＥＡＮが既に一地域の連合ではなくなったことを示している。また、1996年から対等なパートナーシップのもとに協力関係を構築するための、ＥＵとＡＳＥＡＮ

による首脳会合ＡＳＥＭが開催されていることも、ＡＳＥＡＮの国際社会における地位向上を裏付けるものとなった。

東アジア域内においても、ＡＳＥＡＮ拡大外相会議、地域の安全保障会議であるＡＲＦなど、ＡＳＥＡＮを中心とする組織や会合により発言力を強めている。ＡＳＥＡＮ域内を自由貿易地域とするＡＦＴＡが注目を集めている。ＡＦＴＡは、農産物を除くすべての工業製品の域内貿易関税率を、最終年の2003年に０～５％まで引き下げ、域内貿易の拡大と産業競争力の強化を目指すもので、92年の首脳会談で合意され、アジア通貨危機後の98年には最終年を2002年と１年前倒しされた。各国が経済不振に陥ったことから、対象品目が見直されるなど、必ずしも順調ではないが、域内各国に生産拠点を有する日系企業は、ＡＦＴＡ実現時の生産効率、雇用拡大、技術向上など多方面の効果を期待している。

東南アジアに比べて、北東アジアにおける地域協力は遅れているように思われる。これには、いくつかの事情が考えられる。ます、北東アジアの各地において、歴史の清算が済んでいないことである。戦争状態が終結していないと、言い換えることができるかもしれない。朝鮮半島は38度線を挟んで韓国と北朝鮮に分断されているし、台湾海峡を挟んだ中国共産党と台湾国民党との対立も終了した訳ではない。2000年になって、３月に台湾で国民党以外の総統が誕生し、６月には歴史的な南北朝鮮首脳会談が実現するなど、21世紀を左右するような大きな動きが出ており、今後の情勢を注視しなければならない。

こうした政治面での主義・主張、つまりイデオロギーの違い以外にも、北東アジアには歴史の爪跡が残されている。その代表的なものが、香港とマカオ、とりわけ香港である。アヘン戦争により英国に割譲された香港は、第２次世界大戦後も英国の植民地として残り、1997年７月ようやく中国に主権が返還された。中国の主権下となった後も、香港には外交と防衛を除く高度な自治権が与えられ、50年間の現状維持のもとで中国のために国際金融センターとしての繁栄がなかば義務付けられている。英国植民地下の香港自体、対立状態にある北東アジア各国・各地域の緩衝地帯、取引仲介の役割を担ってきた。

もう１つには、中国、朝鮮、日本と北東アジアを構成する主要３民族が、顔や容姿の類似性にも、あるいは儒教をベースとする文化的背景にも、民族性や考え方が微妙にあるいは大いに異なり、地域としての協調やまとまりに必ずしもプラ

スの貢献をしなかったことが考えられる。この点については深入りしないが、日本について言えば、このような北東アジアの戦闘状態をつくった責任がある上に、アメリカとソ連を二極とする冷戦構造が終了した後も、経済力に応じた地域への貢献を行っているかについて、周辺諸国から極めて厳しく見られているのが現状である。似ていることが逆に難しさにつながるとも言えるが、地域的にも近いだけに、お互い理解を深めて協調の道を模索することが重要である。

　以上、簡単に東アジアを構成する国々、地域協力関係の概要を紹介した。東アジア各国さらに地域全体の経済状況や産業発展、企業や経営など社会科学分野を中心に据える本書においては、自由経済や市場メカニズムをある程度発展させ、貿易や投資など経済分野において国際経済・社会と相応の関わりのある主権国家、あるいは一国と同様の経済規模を備えた地域、日本の経済・ビジネス世界とも経済関係の深い韓国、台湾、香港、シンガポールのアジアＮＩＥｓ４、タイ、インドネシア、マレーシア、フィリピンのＡＳＥＡＮ４、中国、ベトナムの新興市場国の8か国・2地域、計10の経済体を各章で取り上げ、その上で東アジア全体にわたるテーマを選んで取り上げることにする。

2　東アジアの多様性

　先に紹介した日本からトルコに至る広義のアジアにも言えることであるが、本書が対象とする東アジア10の経済体だけでも、実に多様な地域である。一国を取り上げても、広大な中国や2万以上の島から成るインドネシアは言うに及ばず、淡路島ほどの面積で人口300万のシンガポールについても、中国系、マレー系、インド系の3民族から構成される多民族国家である。中国やベトナムでは、それぞれ中心的な存在の漢族と京族の他に、50を超える少数民族がおり、議員数や職業ポストで一定割合を割り当てるなど、各民族に不公平感を与えず一体感を持たせるのに苦労を強いられる。東アジアにおいて、ほぼ単一民族から公正される主権国家は、日本と韓国および北朝鮮ぐらいのものであろう。

　民族問題は、インドネシアでとりわけ顕著である。島嶼国インドネシアは、元来主要な島ごとに独立したスルタン王国が一括してオランダの植民地支配を受

け、独立に際してオランダ領東インドがそのままインドネシアになった歴史的経緯がある。スハルト政権時代の地方の不満もあり、現在に至るもいくつかの地域では分離独立の動きが止んでいない。このインドネシアの例が示すように、東アジアにおいては、古くは周辺の王国や民族との間での征服・服従の繰り返し、外海や陸地からの民族の漂流や土着、近代になると西欧列強の進出と植民地支配まで加わり、そうした名残から独立後も国家と民族との境界や線引きが曖昧となり、民族問題を大きくかつ複雑にした面が大きい。

　民族問題の関連でいえば、東南アジア各国は大陸から渡ってきた中国系住民、初代の華僑、2代目以降の華人の問題も抱えている。以降呼び方を華人と統一するが、ビジネスに長けた華人は、人口では数％から10％に過ぎない一方、東南アジア各国の経済の50％から80％は握っていると推定される。日本と韓国を除けば、東アジア経済は華人と中国人が握っていると言っても過言ではなく、華人系資本・企業の特徴や動向を見ることは欠かせないが、実際この後の章でも触れるように、経済を握る華人に対する地元住民の反発は激しくなり、インドネシアでは1998年の反スハルト暴動時に、多くの華人が攻撃対象となってしまった。

　民族の問題とともに、東アジアでは宗教も多様である。宗教問題は、先に紹介した民族問題との相関関係が強いが、本書が対象とする東アジアにおいても、悲劇を伴う抗争がしばしば発生している。記憶に新しいところでは、東ティモールの問題がある。同じ民族から構成されるティモール島は、西がオランダ領、東がポルトガル領となった。ポルトガル領となった東ティモールにはカソリックが根付き、ポルトガルが去ってもイスラム教のインドネシアとは相容れず、インドネシアによる武力併合に反発して、激しい分離独立運動が繰り広げられ、20万人とも言われる多大な犠牲者を出してしまった。

　多様な東アジアには、世界の主要宗教がほぼ普及している。宗教に関しては、しばしば国と結び付けて連想される。結束を強調するＡＳＥＡＮを見ても、イスラム教のインドネシアとマレーシア、仏教のタイ、キリスト教のフィリピンと、主要構成4か国で世界の3大宗教が網羅され、文化や宗教では加盟国間の理解が深まりにくい事情もある。宗教の問題にこれ以上立ち入らないが、直接投資との関連で言えば、信心深い熱心な仏教徒の国タイは、日本人にとって馴染みやすいとして日本企業の投資ラッシュが起こった一方、イスラム教徒のインドネシアで

は、工場に礼拝堂を設置するなどの気遣いが必要となる。

　もう1つ宗教との関係で言えば、東アジアとりわけ北東アジアの経済発展は、儒教との相関関連が強いとする学説もある。孔子を祖とする儒教は、中国から朝鮮半島を経て日本に伝わったが、勤勉を奨励し、礼儀や家族を重んじる儒教の精神は、そのまま日本と韓国、そして東南アジア華人経済や、改革・開放以降の中国の経済、産業、企業などの制度に引き継がれ、発展の大きな原動力になったとするものである。その一方、儒教精神は法治を軽視した人治につながり、「関係（グアンシー）」や「面子」、「人情」といった儒教社会独特の不透明な関係で、経済やビジネスが進むといったマイナスの面も指摘されるようにもなった。今後こうした方面での研究も、進められることになろう。

表1－2　東アジア諸国・地域の主要指標（1997年）

国・地域名		面積 （平方キロ）	人口 （万人）	GDP総額	1人当たり GDP
NIEs	韓　国	99,274	4,599	476,000	9,622
	台　湾	36,000	2,178	281,585	13,149
	香　港	1,095	689	173,843	26,601
	シンガポール	648	310	95,139	30,936
アセアン	タ　イ	513,115	6,060	152,245	2,458
	マレーシア	329,758	2,220	97,880	4,284
	インドネシア	1,919,317	20,139	209,402	1,089
	フィリピン	300,000	7,353	83,207	1,149
新興	中　国	9,600,000	123,626	902,068	770
	ベトナム	331,688	7,671	76,710	308
参考	日　本	377,855	12,659	4,180,810	33,289
	アメリカ	9,629,091	27,144	8,11,0900	30,278

　注）人口、GDP、1人当たりGDPは1997年　単位は100万米ドルおよび米ドル。
（出所）「The World 1999」ジェトロおよびワイス

　経済においても、東アジアを構成する国々の差は大きく、多様な地域であることが理解できよう。東アジア諸国の経済水準を、米ドル建て1人当たりＧＤＰ（国内総生産、所得とほぼ一致）を表1－2で見ると、3万米ドル前後で日本やアメリカと同水準のシンガポールと香港から、国際基準では最貧国ＬＬＤＣに分類

される300米ドル台のベトナムまであり、上下格差は実に100倍にも達してしまう。もちろん、各国通貨と米ドルとの換算為替レートが必ずしも実勢を反映していないこと、また購買力平価基準では格差はかなり縮小するはずであるが、政府開発援助（ＯＤＡ）供与の目安に使用されるなど、多国間の経済を比較する上で重視され、東アジアを学ぶ上でも参考になる指標として活用したい。

　経済的格差は、同一国内でも顕著である。外国投資が集中したタイでは、首都バンコックと東北農村部の所得格差は10倍にも拡がり、改革・開放後の中国は、東部沿海部が先に富を得て、内陸部は後回しになった。島嶼国のインドネシアでは、首都ジャカルタのあるジャワ島に、経済に限らずあらゆる機能が集中している。農業対非農業といった職業による格差もあり、こうした国々の政府は、所得格差是正を最優先政策課題の1つにあげている。また、東アジアの国々の多くは、ソウル、マニラ、ジャカルタ、バンコック、クアラルンプールと、巨大人口の首都にすべての機能が集中しているのも1つの特徴であろう。

　この後の各国の項で取り上げるが、東アジアの各国間で経済格差が生じたのは、基本的にはそれぞれの置かれた地理的や自然的な条件に、政治体制や経済政策など人為的な諸条件が複雑に絡み合った結果であると考えられる。自然条件としては、国土、気候、天然資源などがあげられるが、天然資源が豊富にあるからといって、それらを輸出して外貨を稼いで国が豊かになるとは限らない。世界的にも、天然資源が豊富な国の方が、経済発展が遅れがちである。中東産油国の例がしばしば引用されるが、豊富な外貨獲得源に安住して工業化の努力を怠り、そのうち主要外貨獲得源の市況が暴落してしまう。

　地理的な好条件としては、香港とシンガポールの例をあげることができる。香港が西欧と中国を結ぶ東西航路の中継点として、シンガポールが東西交易の拠点として、それぞれ地の利を生かし、アジアの国際金融センターとして繁栄する基礎を築いた。香港については、中継貿易港としての地理的な好条件に加え、英国統治下で政治色がなかったため、中国と台湾、韓国と北朝鮮など、対立する国や地域に交渉や交易の場を提供する役割も果たしてきた。香港やシンガポールは、航路に加え通信や航空路でも主導権を握り、アジアのハブとしての役割を担うべく、これらのインフラに巨額の投資を行っている。

　政治体制の経済への影響の評価は難しいが、東アジアについては、反共政権で

自由経済体制を推進したアジアNIEs4およびASEAN4と、共産党一党統治で計画経済を採用した中国とベトナムでは、後者が後に完全な計画経済を断念したように、前者が経済発展にとって優れた結果を出したと言えよう。また、前者は反共では一致するものの、経済発展の初期段階では民主的ではない強い指導者の政府のもと、計画経済と似たような経済・産業政策が実施されたところもある。そうした綻びが、後に紹介するアジア通貨危機でも露呈することになるが、統治形態や民主化でも東アジアは多様な地域である。

経済政策については、政治体制にも関連するが、基本的には規制か自由かで分けて考えることができる。「レッセ・フェール」で民間経済活動への介入を排除した香港を一極とすれば、その他の国では多かれ少なかれ政府による手厚い保護や厳しい規制が実施され続けてきた。もっとも香港についても、一般的には自由だと思われているが、古くは英系資本や地場大手資本、返還直近になると中国資本に、排他的な独占事業権益が提供されている。規制や保護は、国内産業育成のため実施されるが、過保護は当該産業の競争力低下につながる場合が多く、自由貿易を推進した香港やシンガポールの経済水準が高くなっているように、長期的には自由化のメリットは大きいと考えられよう。

国土の広さ、地形、自然・気象条件、人口規模などは、経済・産業の構造や国・政府の経済政策に大きな影響を与えることになる。典型例としては、農産物や天然資源に恵まれた国は、それらを輸出して外貨収入を稼ぎ、乗用車など耐久消費財を輸入する経済構造となるが、実際1980年代前半までのASEAN4がそうであった。これに対し、土地や資源に恵まれないアジアNIEs4は、生きていくため、よりよい生活を追求するため、各国・地域により政策や形態には差はあるが、外国の技術や資本を導入し、少ないが選りすぐられた勤勉な労働力を使用し、米国を中心とした先進国に輸出を拡大することにより経済発展と工業化を果たし、いまや欧米先進国上位の経済水準を達成している。

ASEAN4の工業化は、1980年代前半の国際的1次産品市況の暴落と、1985年9月のプラザ合意以降の円高・ドル安が契機となったとの説が有力である。有力といったのは、当時のドル高が行き過ぎなど、異議を唱える学説もあるからである。コメのタイ、ゴムとスズのマレーシア、石油のインドネシアなど、いずれも世界的な価格暴落で打撃を受け、これを機会に輸出製品の多角化、より具体的

には工業製品の輸出拡大に活路を見出す政策に転換し、当時制限的であった外国投資規制を緩和し、円高に苦しむ日本企業、繊維や雑貨などで競争力を失いつつあったアジアNIEsの投資が、フィリピンを除くASEAN4に押し寄せ、ASEAN4も投資・輸出主導による高度経済成長に入った。

　社会主義計画経済の中国とベトナムは、長らく西側諸国と経済交流を持つことなく、ソ連や東欧の支援を受けながら経済再建・建設をめざしたが、結果的には思うような成果をあげることなく、中国は1978年に改革・開放へと、ベトナムは1986年にドイモイへと政策を転換し、欧米西側先進国へ門戸を開き、ASEAN4と同様の工業化過程に入った。ASEAN4とやや特徴を異にするのは、当初の中国の工業化は、香港など大陸以外の中国人系資本の投資を主対象としたことである。後にも触れることになるが、香港に隣接する深圳を経済特区に指定し、中国の有する広大な土地と豊富な労働力を利用し、香港が優位を失いつつあった繊維や雑貨など輸出志向軽工業を発展させることに成功した。広東省を単位とすると、ASEAN4と「五匹目の龍」の地位を競っているとの評価もある。

　東アジアは、このように本書が対象とする10の経済体だけでも、政治体制、経済水準・構造、民族構成、思想・宗教など多くの面で、むしろ共通点を探す方が難しいくらい多様で、さらに国内でも民族や宗教など多様な国・地域もある。多様であるがゆえに注意を要する点も多く、複雑な状況を見るにつけ、また詰め込む知識が多過ぎて混乱するかもしれない。また、外交などにおいて、あちらを立てればこちらが立たずといった難しい状況が起こるかもしれない。しかし、そうであるがゆえに興味深く学習・研究できる分野の1つかもしれないし、究めた時の喜びは一段と大きなものとなるかもしれない。

　多様と複雑という点では、東南アジア諸国連合ASEANと欧州共同体EUとの対比が1つの目安となる。経済水準がほぼ先進水準で統一され、産業構造にも大きな違いがなく、キリスト教圏のEUは、世界最大のアメリカ経済に対抗する目的で、域内関税撤廃、共通通貨ユーロなど経済統合の道を歩んでいる。ASEANがこうした道を歩めるかといえば、タイ、マレーシア、インドネシア、フィリピンのASEAN4でも経済格差や産業構造に違いが大きく、域内関税を0〜5％へと引き下げるAFTAでも各国の利害対立から例外品目適用が主張され、ましてや、アジア通貨危機の際に提案されたアジア共通通貨は、経済水準やイン

フレ目標などの設定が難しく、現実味が乏しいと言わざるを得ない。

　むしろ、東アジアの動きとして注目されるのは、経済的格差など多様性を利用した経済交流の強化である。北東アジアでは、先に紹介した香港軽工業の改革・開放後の中国進出や、台湾企業の香港を通じた対中投資、韓国現代グループによる北朝鮮投資など、政治的対立状態にも、同じ民族で言語の不自由がなく文化の摩擦もないというメリットを生かし、80年代から経済的な実をとる動きが本格化している。これに刺激されたかのように、シンガポールとインドネシアは、インドネシア領リアウ州にシンガポールのノウハウを投入する「成長の三角地帯構想」で連携を強め、外国企業にもビジネス機会を提供している。

　東アジアは、このように多様であるがゆえに、まとまりにくい状況下にある。「東アジアは1つ」ではなく、「東アジアは1つ1つ」である。多様な価値観を持つ東アジアを無理に1つにまとめようとすると、過去のような失敗に行き当たってしまうことになる。21世紀の日本を背負って立つ若者や学生諸君が、自らの基本的な立場を持ちながらもそれぞれの国や地域の多様性を尊重して、相手も自分も納得できる付き合いをすること、そうした付き合い方を学ぶことが重要である。それを基に一人ひとりが東アジアに対する考え方や立場を確立し、企業での担当業務や専門の研究分野において、日本の対東アジア外交・戦略・交流の重要な一翼を担うことが求められ、本書はそうした一助となるものである。

　相手の立場という例に、シンガポールを取り上げる。シンガポールは、街にゴミ1つないきれいな街として有名であるが、それゆえ超管理国家と言われることもある。道中にゴミやタバコをポイ捨てすると、外国人観光客といえども厳しい罰金刑や掃除のペナルティーを課せられる。これをもって、シンガポールは厳しい国だと判断するのではなく、先に紹介したように、中国系、マレー系、インド系と多民族から構成され、統一を保ちながら国として発展を目指すには、厳しい秩序に拠り所を求めたものだと、相手の立場に理解を示すこともできよう。「所変われば品変わる」ではないが、自分の尺度にあわせて理解に苦しむよりも、相手の立場から考えてみることがまず第一歩である。

　東アジア論も、他の社会科学分野と同様、現実的な学問分野である。学ぶ基礎となるのは、対象となる国や地域で過去に行ったことや起こったこと、現実に起きていることや行おうとしていることである。中国の改革・開放があと10年早か

ったなら、タイ・バーツが弾力的な為替相場を採用していたなら、など空想や理想論を展開しても何も始まらない。現実に起きたこと、あるいはこれから起こりつつあることを正しく把握し、場合によってはそれらに分析を加え、必要に応じて日本、企業、個人として対処する方法を見出すことが重要である。最初のうちは、教科書や参考書、テレビ・新聞のニュースを見ながら基礎的な知識を身につけ、次第に経済、企業、産業、経営、開発、地域協力など、各論ベースへと研究分野を広げる、あるいは絞り込むといった学習方法が効果的であろう。

第2章　東アジアの目覚しい発展

1　東アジア発展の歴史

　東アジアの過去における高度成長は、それ以前の西欧、米国、日本を上回るペースで発展の実績をあげたことから、発展途上国の発展の模範として、世界銀行など権威ある国際機関から高く賞賛されている。日本においても、アジア研究の第一人者である東京工業大学（現拓殖大学）の渡辺利夫教授の著書をはじめ、通産省の特殊法人であるアジア経済研究所の各種研究など、本書が対象とする東アジアの目覚しい発展への評価は高い。しかし、こうした東アジアへの高い評価も、1997年7月以降のアジア通貨危機を契機に一変し、高度成長に隠れていた構造問題が盛んに論じられるようになった。

　換言すれば、97年7月のアジア通貨危機を転機とするそれ以前の高度成長とそれ以降の停滞は、コインの裏表のような関係である。アジア通貨危機というショックが、それまで表を向いていたコインを、急に裏返しにしてしまった。アジア通貨危機に関しては、多くの学者や専門家が危機に陥れしめた要因について解説を行ったが、同じ学者がそれ以前は東アジア賞賛論を展開していたこともまた確かである。実際、東アジアの高度成長時代には、日本において疑問を呈することはタブーにも近いものであった。当時スタンフォード大学のポール・クルーグマン教授がフォーリン・アフェアー誌1994年末号に「幻のアジア経済」を発表するや、真っ先に日本の経済企画庁が反論を張った。

　当時から東アジア研究に従事していた筆者も、それ相応の東アジア賞賛論を展開していたため、一貫性がなかったと批判されても仕方のない立場にあるのかもしれない。そうした罪滅ぼしあるいは言い訳も含めて、本書を皮切りに東アジア論を学ぼうとする学生諸君にとっても今後の教訓ともなるよう、この第2章の「東アジアの目覚しい発展」と次の第3章の「アジア通貨危機」において、東アジ

アがこれまで辿った発展の道と落とし穴を筆者なりの分析を加えて紹介したい。その上で、第4章以降の各国論において、それぞれの国や地域が辿った発展の道をより詳しく紹介し、理解を深めることにしたい。

　まず、東アジアの「ミラクル」とも称される目覚しい発展についても、先に強調した東アジアの「多様性」が見られ、いくつかのパターンに分けることができる。大きくは、アジアNIEs型、ASEAN4型、中国・ベトナム型となるが、アジアNIEs4だけをとっても、4つそれぞれに他とは異なる特徴がある。詳しくは各論で取り上げるが、輸出工業化の韓国と台湾、国際金融センターの香港とシンガポールでも、それぞれ大企業主導型と中小企業活力型、政府指導型と自由放任型という大きな違いがあり、まして民族、宗教、政治の異なるASEANの工業化は、共通点を見出す方が難しい。

　次に、東アジアの高度成長は、輸出工業化によるものであるが、いくつかの好条件に恵まれた、さらにはうまく利用したものである。工業化を促進するには、資本、労働、技術、市場の4大要素が必要最小条件となるが、第2次世界大戦後独立を果たした東アジア諸国には、労働力以外の資源はほとんどなかった。唯一豊富だった労働力も、当時は技能を備えた熟練工は稀で、生産力を高める上で質的には不足状態であった。儒教文化の影響を受け、科挙の名残のある北東アジアとベトナムでは、伝統的に教育熱心で大学など高等教育への進学率が高く、労働力の質的向上を円滑に可能にした点は見逃せない。

　東アジアの工業化フロント・ランナーのアジアNIEs4は、工業化を果たすにはむしろ恵まれていなかった。韓国と台湾については、ともに同一民族が体制や思想の違いから分裂、朝鮮戦争後の韓国に至っては、戦争による国土の荒廃から世界最貧国の経済水準まで落ち込んでしまった。中国大陸を追われた国民党が政府を樹立した台湾も、反共・大陸反攻を旗印に、数十万人規模の兵力装備と多額の軍事費を費やしながら経済発展を進めなければならなかった。香港とシンガポールについては、土地が狭く食糧すら自給できない上に、対外開放的な経済体制で、とりわけ香港で顕著だったように、中国やインドネシアなど周辺大国の情勢に振り回されるという問題を抱え込んでのスタートだった。

　アジアNIEsの工業化は、こうした逆境をバネに突き進んだともいえる。例えば、李承晩文民政権を朴正熙軍事政権が引き継いだ韓国では、北朝鮮に攻め込

まれても負けない国力を身につけようと、60年代前半から強力な工業化を進めた。その推進力となったのは、チェボルと呼ばれる財閥企業で、政府から各種の手厚い保護を受けた。台湾の工業化も、いずれ大陸に戻れる日を夢見て、そうした目標達成のための国力向上の推進手段になったという背景がある。香港とシンガポールは、中国大陸からの大量難民に職を与えなければならない香港、マレーシアからの分離独立で自立を迫られたシンガポールと、ともに食べていくため、職を得る手段として工業化に活路を見出したことが特徴としてあげられる。

　こうしたアジアNIEsに比べ、ASEAN諸国は条件に恵まれていた。西欧列強から独立した時点で資本蓄積がないという点では同じであったが、熱帯性気候で農業には恵まれていた上に、インドネシアの石油、マレーシアのスズなど鉱物資源にも恵まれていた。これら農産物や鉱物資源の1次産品は、輸出されることにより外貨収入となり、生活に必要な消費財を輸入することができたため、アジアNIEsに比べ工業化を積極推進しようとする誘因には欠けた。しかし、1980年代前半の世界的な1次産品暴落、80年代中盤の原油安はこうした経済構造を直撃し、それに懲りた各国政府は、以降輸出志向の工業化を進めることになる。折から85年9月のプラザ合意以降の円高・ドル安が追い風となる。

　ASEANの工業化については、各国の政策やナショナリズムの問題も微妙な影響を与えている。外資政策を見ると、60年代には各国とも世界銀行の勧告を受け入れ、外資を積極的に導入するが、70年代には外国のプレゼンス拡大に反発が強まり、自動車の完成品輸入全面禁止など外資規制を強化するようになる。外資とは即ち日本で、この頃にはインドネシアを訪問した田中首相への大規模抗議デモが起こり、タイでは日本製品排斥運動が起こった。70年代の規制強化により、結果的には輸出志向工業化でアジアNIEsに遅れてしまい、外資規制を緩和した80年代後半から急速に追い上げを見せるようになる。

　ここまで、アジアNIEsとASEANの工業化を簡単に振り返ったが、重要なキーの1つとして輸出をあげることができる。工業化を始めた当時、人口が多くなく所得水準も高くなかったアジアNIEsにとって、もちろん現在でもそうであるが、製品の輸出が最も有効な外貨獲得手段となった。そこで、誰が買ってくれるのか、つまり輸入してくれるのかということがポイントになるが、市場を提供してくれたのは、世界一の経済大国のアメリカである。アメリカ自体、東アジ

アに蔓延しつつあった共産化を恐れ、その防波堤となる周辺諸国に支援を行うとともに、自国市場を開放するという政治・外交的な意図もあったが、そうした状況をうまく利用し、輸出主導の工業化を成功させた。

その逆が、中国とベトナムである。共産化した中国とベトナムは、ともにアメリカとの経済交流を絶ち、南北に分かれたベトナムに至っては戦争状態となり、ソ連や東欧諸国との経済交流を深めた。これら諸国から援助を受けながら、社会主義計画経済が順調に進んでいるかに見えたが、その実は制度疲労による生産停滞を招き、中国は1978年の改革・開放により、ベトナムは1986年のドイモイにより、計画経済を断念して市場経済手法を取り入れ、アメリカや日本など欧米との経済交流にも門戸を開いた。経済体制移行による歪みは出たものの、その後はASEANを追いかける勢いで高度成長を続けている。

当初工業化を達成したアジアNIEs4は、植民地支配のまま英国資本が残った香港を除けば、いずれも工業化に必要な資本が不足していた。台湾については、大陸から逃れた国民党系企業の資本は利用できたが、全体の工業化には十分な水準ではなかった。アジアNIEs4の工業化は、外資導入により資本不足を解消した。こうした典型例として、60年代から70年代にかけて、台湾と韓国に設置された輸出加工区（EPZ）をあげることができる。EPZは、国内とは分離された保税区で、進出した外資製造業は、当時では低賃金だった地元の労働力を確保し、原材料を親会社などから輸入し、EPZで加工・組み立てられた製品は、アメリカを中心とした大市場に輸出された。

EPZは、このように工業化に大きな役割を果たしたが、政府や公的部門による基盤整備の成果でもある。この後にも多くの例が登場するが、経済発展や工業化において、とりわけ資本や技術が不足した東アジアにおいては、市場経済体制で民間部門主導の発展ではあるが、政府や公的部門が大きな役割を果たしている。外資の進出を必要と判断すれば、外資が進出しやすいように、道路、電力、港湾などハードのインフラ施設を公共事業で整備し、財産権の保護や取引を円滑に進める上での税制や法律の整備にも迫られる。また、民間の資本では不足する場合には、政府自らが事業に乗り出すことも必要になる。

1993年版の世界銀行レポート「東アジアの奇跡－政府の役割」では、東アジアの経済発展における政府の役割を分析し、一定の評価を与えている。両極端とし

ては、政府がまったく介入しないアダム・スミスのレッセ・フェールと、国家がすべてを行うマルクスの共産主義があるが、社会主義体制の中国やベトナムはもちろんのこと、アジアNIEsやASEAN4においても、工業化初期には政府や公的部門は大きな役割を果たし、また相応の影響力を行使した。しかし、発展段階が進むにつれ、国有や公的部門の非効率さが顕著となり、欧米で見られたような民営化の潮流が、東アジアでも見られるようになった。

　東アジアにとって、市場を提供したアメリカが一方の重要なパートナーだとすれば、日本は資本と技術を提供したもう一方の重要なパートナーである。日本の産業界は、戦争の痛手から立ち直った1950年代から、再び世界市場を目指した。東アジアにも、当該国市場と生産拠点の確保を目指し、60年代から進出するようになった。日本から近くハード・ソフトの両面でインフラの整った台湾と韓国には、競争力を失いつつあった繊維などの労働集約産業、家電製品や電子部品の工場などが多数進出した。投資を受け入れた韓国や台湾は、外資が持ち込んだ技術を習得するとともに、地場の資本家の育成を図り、輸出で得た外貨をより高度な部門への再投資へと回した。

　ASEAN4は、1960年代に外資法を制定して外資に門戸を開くようになったが、70年代に入ると外資への警戒感とナショナリズムの高揚、国内産業の保護も加わり、輸入と外資の規制を強化した。それ以前のような完成品の輸出ができなくなった自動車や家電など大手日本企業は、タイやインドネシアなどの国内市場から締め出されないよう、合弁組立の形式で進出した。日本企業の動きがもっとも早く、欧米企業に比べ日本製品は大きなシェアーを確保することができた。紡績など繊維の川上産業も、70年代に東南アジアへ多数進出している。進出当初は、ほぼすべての部品を日本からの輸入に依存し、規制と関税に保護された組立製品は、国内市場を対象とし、輸出できる競争力は不足していた。

　アジアNIEsの香港とシンガポールは、香港は上海から逃れた繊維資本家により、シンガポールは外資企業と政府資本によって工業化が始められた。ともに、国内または域内の市場が小さく、土地や資源も限られるという条件もあって、香港が50年代から、シンガポールは60年代の工業化当初から輸出志向型となった。ただ、香港が民間資本主導で繊維など軽工業が中心だったのに対し、シンガポールは電機・電子などの外資企業を誘致するとともに、国有企業大手が製造部門を

担うという違いがある。また、台湾や韓国ではＥＰＺが設置されたが、自由貿易港の香港とシンガポールは、国・地域そのものがＥＰＺであり、企業活動にとっての自由度はより大きなものとなった。

　輸入完成品を締め出して工業化を進めたＡＳＥＡＮ４であるが、繊維縫製品など工業製品の輸出を伸ばしたものの、基本的にはインドネシアの石油や木材、タイのコメをはじめとする５大農産品など、１次産品輸出に依存する経済・貿易構造が続いた。自動車や家電製品、電子部品などで部品国産化率の向上は見られたものの、輸出するには程遠い水準であった。1979年の第２次石油ショックに続き、80年代に入ると世界的な不況となり、農産物や鉱物資源など１次産品の価格は大暴落する。こうした１次産品の輸出に依存していたＡＳＥＡＮ４の経済は打撃を被り、各国政府は輸出志向の工業化へと方向転換する。

　1985年９月のプラザ合意以降の円高・ドル安を機に、それ以前のような国内市場向けに加え、輸出向け生産拠点を大量にＡＳＥＡＮ４に移転するようになった。86、87年にはタイ、88、89年にはインドネシアと投資ブームが訪れ、マルコス政権時代の影響が残っていたフィリピンを除き、ＡＳＥＡＮ４は高度経済成長局面に入った。日本企業による投資だけではなく、アジアＮＩＥｓの企業投資も急増した。輸出志向工業化により順調に発展したアジアＮＩＥｓも、人件費高騰により輸出競争力が低下しつつあったところに、アメリカとの貿易収支不均衡から1987年頃から通貨切り上げ圧力がかかり、日本と同様ＡＳＥＡＮ諸国に進出し、豊富な労働力を利用して輸出競争力の回復を目指した。

　アジアＮＩＥｓのＡＳＥＡＮ進出については、韓国が家電、自動車、鉄鋼など日本と競合する業種での大手企業の進出が中心であったが、台湾や香港の場合、繊維、雑貨、履物など軽工業で、小回りの効く中小企業の進出が多いという違いがある。もう１つの特徴としては、中国系人の台湾や香港の投資は、地縁や血縁による東南アジア華人との結びつき、先方の要請による進出や投資が多いことである。華人のネットワークを利用することにより、投資国そのものや他の華人社会への情報アクセスで優位に立てるとともに、取引で困難が発生した時などの逆境には、強い結束力が発揮される点でも特徴的である。

　華人の強い絆は、改革・開放に転じてからの中国でも威力が発揮された。1842年から英国領となった香港は、統治層の英国人とともに、広東や上海から渡った

中国人により資本主義社会を構成した。こうした中国人は、追われるように香港に渡ったが、出身地には強い望郷の念を抱いており、故郷の親類には送金を行っている。こうした香港を通じた送金が、自力更生時代の中国の外貨事情にも役立ったが、1978年に改革・開放へと政策を転換するや、多くの香港人の出身地である広東省へ、堰を切ったように製造拠点を移転した。こうした製造拠点は、広東省で多くの雇用を確保するとともに、加工された製品は香港の情報網や港湾機能を通じて、アメリカを中心とした世界市場に輸出されるようになった。

中国人社会が経験した経済発展の手法は、周辺諸国にも生かされた。例えば、1986年のドイモイ転換により西側諸国に門戸を開いたベトナムでは、アメリカに遠慮した日本や西欧が出遅れたのに比べ、台湾やシンガポールなどアジアＮＩＥｓの動きが速く、台湾の外資導入時に威力を発揮したＥＰＺが、台湾の資本と技術により商都ホーチミン市に大規模に展開された。また、中国が改革・開放の窓口とした深圳、珠海、汕頭、厦門、後に海南島を加えた5つの経済特区は、中央政府の権限を緩めて経済活動を自由にし、西側諸国との窓口の役割も担わせたが、これは香港の発展を意識したことはほぼ明確である。

華僑・華人のネットワークは、ＡＳＥＡＮの高度成長と中国の改革・開放の加速により、動きが本格化したと言える。もっとも、次の章で触れるアジア通貨危機以降は動きの鈍化や逆流が見られるようになった。東南アジア諸国で成功した華人大財閥は、リスク分散の観点からそれ以前も周辺諸国への投資を行っていた。しかし、1980年代後半以降は、ビジネス・チャンスを求めての本業や成長分野での進出が目立つようになった。タイＣＰ・グループやインドネシア・サリムの中国大陸進出、李嘉誠など香港不動産大財閥による中国本土での大規模不動産開発や電力・道路など大規模インフラ投資などであり、周辺諸国間の経済交流拡大が、90年代に入って東アジアの発展に貢献した面が大きい。

とはいえ、東アジアが作り上げた経済・産業構造は、加工輸出型、資本、技術、市場を欧米に依存するものである。このため、東アジア域内での貿易や投資は拡大傾向にあるものの、基本的には似通っており、多くの分野や産業で競合する関係にある。過去において熾烈を極めたのは、繊維・アパレルである。工業化の初期段階では、初期資本が少なくかつ雇用吸収力の大きい繊維産業が起こる。東アジアでも、初期に輸出志向工業化を達成したアジアＮＩＥｓは、猛烈な勢いでア

メリカや欧州の市場にアパレル製品を売り込んだため、これらの国内市場で摩擦を起こし、輸入割当（クォータ）を課されてしまった。

　輸出側にとっては、クォータにより輸出拡大が制限され一方、既存の枠が保護されるというメリットもあるが、発展段階がほぼ同時期の香港、韓国、台湾では、繊維が主要な外貨の稼ぎ手だっただけに、各国間の輸出拡大競争はもちろんのこと、同国・地域内においては輸出枠の取り合いさえ起こった。ハイテクやＩＴの時代となった現在でも、香港と韓国では繊維が主要輸出産業の地位を維持している。しかし、工業化の発展段階が進むと、人件費高騰により繊維は競争力を失い、より高付加価値の産業にシフトする。70年代後半からＡＳＥＡＮ諸国が繊維輸出で台頭し、アジアＮＩＥｓは急追を受けるようになる。

　アジアＮＩＥｓの対応は、国・地域によって特徴が見られた。台湾は、一部には福建省を中心とした中国に生産拠点を移転したが、域内はパソコンや電子部品などハイテク産業へと軸足を移し、繊維は主要輸出品の地位を降りてしまった。香港は、既存の輸出枠を域内生産用に残しながら、生産拠点を中国広東省に拡大している。中国での生産分である再輸出を含めると、香港は現在も金額で世界一の繊維輸出を誇っている。韓国は、一部には海を挟んで対岸の中国山東省に生産拠点を移したが、国内で繊維産業の集積と振興を図り、品質、デザイン、付加価値による差別化で依然主要輸出品の地位を守っている。

　ＡＳＥＡＮ諸国は、元来タイのシルク、インドネシアのジャワ・サラサなど繊維に関する伝統を有しており、アメリカの特恵関税を利用しながら繊維輸出を拡大し、アジアＮＩＥｓをも脅かす存在となった。しかし、80年代後半以降の高度成長はやはり賃金高騰へとつながり、ここ数年来輸出金額年間100億米ドルが１つの壁となっている。こうしたうちに、巨大中国が香港や台湾の資本を利用して繊維輸出大国として台頭し、ドイモイのベトナムもアメリカとの関係改善で潜在力を発揮できる状況を整えつつある。電子や機械などの製造業が主流になりつつあるとはいえ、輸出と雇用における繊維産業の貢献度は依然大きく、繊維輸出を巡る東アジアの競争は、今後も熾烈を極めることが予想される。

　東アジアの発展は、この繊維の例が示すように、輸出を伸ばすことで達成された感が強い。繊維輸出で稼いだ外貨は、先進国からより高い技術を導入するための投資に使われ、再投資による生産が次の輸出を生むという循環である。この過

程において、地元の技術者や管理者の能力も向上する。さらに、よほどの低コスト・価格品でない限り、輸出品は厳しい競争に晒されるため、価格や品質の向上が常に求められる。これに対し、輸入制限や高関税に守られた国内仕様製品は、発展に必要な外貨を生まない上に、輸出品のような向上インセンティブがなく、保護がなくなった場合のリスクさえ抱えることになる。

東アジアにおいて、アジアNIEsとASEANの発展段階の違いを説明する場合、輸入代替と輸出志向が引用される。先にも紹介したように、ASEAN4の各国は、60年代に外国投資自由化路線を志向しながら、70年代に入ると自動車完成品の輸入を禁止するなど、国内産業の保護・育成の姿勢を明確にした。80年代前半の1次産品価格下落によって、輸出志向への政策変更を余儀なくされた。1985年9月のプラザ合意も相まって、フィリピンを除くタイ、マレーシア、インドネシアのASEAN4には外資が集中的に押し寄せ、輸出向け生産を本格化させることにより、アジアNIEsに続いて高度成長局面に入った。もちろん、表2-1でも見られるように、それ以前成長率も決して低いものではない。

中国は、ASEAN4に続く発展国と見られるが、広東省など対外開放の早かった地方は、ASEAN4とほぼ同様の発展段階にある。実際、いまや伝説となった1992年の鄧小平南方講話では、広東省幹部に対し「5匹目の龍を目指せ」との訓示があった。中国の工業化の特徴は、ASEAN4とは異なる点が見られる。まず、改革・開放当初から輸出志向型だったことである。これには、香港型の委託加工が大きな威力を発揮した。次には、ASEANでは弱点である中堅・中小企業は、中国では比較的足腰が強いことである。これには、軍事技術が絡んでいると思われるが、中国の項でさらに見ることにしたい。

以上、東アジアの第2次世界大戦後の目覚しい発展を簡単に見てきた。こうした日本、アジアNIEs、ASEAN4、中国・ベトナムと発展が波及する様子を、群れを成して移動する雁に例えた「雁行形態論」により説明されることがある。しかし、現実の動きは必ずしも理論と一致しないものであり、入門段階では理論を意識するよりも、これまで現実に起こったこと、今後起こりつつあることを把握することが重要である。本章の後半部分においては、「雁行形態論」も含めたこれまで学者や専門家が指摘した東アジア発展論について、紹介と検証を行いながら、読者に考える機会を与えることにしたい。

表2−1　東アジア各国・地域の経済成長率推移

(単位：年率%)

年・年代	韓国	台湾	香港	シンガポール	インドネシア	タイ	マレーシア	フィリピン	中国
60年代	7.6	9.1	8.7	8.7	3.0	8.2	−	4.8	2.0
70年代	9.3	10.2	8.9	9.4	7.7	7.3	8.0	6.1	7.3
80年代	8.0	8.1	7.2	7.4	5.7	7.2	5.7	1.9	9.7
90年代	5.8	6.2	3.8	7.6	4.4	5.5	6.9	2.7	10.0
1990	9.5	5.4	3.4	9.0	7.2	11.2	9.7	3.0	3.8
1991	9.2	7.6	5.1	7.3	7.0	8.6	8.6	▲0.7	9.2
1992	5.4	6.8	6.3	6.2	6.5	8.1	7.8	0.5	14.2
1993	5.5	6.3	6.1	10.4	6.5	8.4	8.3	2.1	13.5
1994	8.3	6.5	5.4	10.5	7.5	8.9	9.3	4.4	12.6
1995	8.9	6.0	3.9	8.7	8.2	8.8	9.4	4.8	10.5
1996	6.8	5.7	4.6	7.5	8.0	5.5	8.6	5.8	9.6
1997	5.0	6.8	5.3	8.0	4.6	▲0.4	7.7	5.2	8.8
1998	▲5.8	4.8	▲5.1	1.5	▲13.7	▲8.0	▲6.7	▲0.5	7.8

(出所) 経済企画庁「アジア経済1999」

2　東アジア各種発展論の検証

　これまで簡単に、第2次大戦後の東アジアが辿った経済発展、過去10年以上にわたる高度成長の軌跡を見てきたが、こうした好パフォーマンスが世界の注目を集め、著名な学者や専門家により東アジアの発展に関する論文や理論が数多く発表されるようになった。代表的なものとしては、世界銀行の1993年リポート「東アジアの奇跡」があるが、1997年7月のアジア通貨危機前までは、東アジア賞賛論がほぼ大勢を占めた。こうした評価は、次の章で見るように見直されることになるが、東アジア論の入門段階では、これまでの理論を一通り整理する必要があると思われ、以下簡単に触れることにしたい。

　まず、東アジアの高度成長をどう見るかが、1つの重要なポイントとなろう。例えば、前出の渡辺利夫教授は、その著書の中で西欧、アメリカ、日本と韓国を例示し、韓国の「漢江の奇跡」は日本の戦後の高度成長さえ上回る速度であった

ことを強調している。実質成長率で見る限り、これまでのところ19世紀の英国産業革命以降、世界のどの国や地域で達成されたよりも高い数値を示していることは確かである。しかも、平均8～10％もの実績を過去10年から30年にもわたって達成したことが、世界銀行をして奇跡（ミラクル）と言わしめた所以でもある。

　こうした東アジアが示した好パフォーマンスを、素直に政府や民間の能力と実績によるものと素直に評価するのか、後にポール・クルーグマン教授が示したような投入増大効果で説明がつくとするのか、確かに答えるのが難しい質問であろう。実際、経済理論でも、いくつかの異なった見解が示されている。代表的なものとして、古典派理論、新古典派理論、内生的成長理論の3つをあげることができる。詳しくは専門書に譲るとして、東アジアの過去における発展との関係においては、貿易や投資など経済活動を自由化したことの利益を強調する古典派理論、経済規模と投資規模との関係に注目した新古典派理論、知識への投資が効果を大きいものにするという内生的成長理論にあてはめることになる。

　経済規模が大きくなるにつれ、同一単位の投資による成長寄与度が低下するという新古典派理論は、東アジアの成長を投入増大によるものと主張したクルーグマン教授に近いと見ることもできる。経済水準が欧米先進国に近づけば、成長率もほぼ同様に収斂することになる。実際、香港、シンガポール、台湾といった高所得国・地域では、実質成長率の長期的な緩やかな低下傾向が見られる。新古典派理論との関連では、ガーシェンクロンの「後発性の利益」も指摘される。例えば、韓国や台湾の工業化においては、日本の資本や生産設備、工場運営や企業経営の経験やノウハウが生かされたことである。

　古典派理論では、アダム・スミスのレッセ・フェールの流れを汲み、政治や経済の障壁がなければ、経済発展は効率的に波及することになる。こうした典型例として、関税を排除した低税率の香港をあげることができるが、中国の内陸部やインドネシアの離島などには発展は波及しにくいことになる。内生的成長理論は、新古典派が主張する成長逓減を認めず、知的投資によって従来の実績を上回る成長が生まれると主張するものである。これは、日本の経済企画庁が、クルーグマン理論への反論に用いた、東アジアの高い転換能力となるかもしれない。しかし、現在までのところ、東アジアが内生的成長を遂げたという確たる証拠はなく、また他の2つの理論についても一長一短があることに留意したい。

東アジアの発展が、こうした3つの理論の利点を引用した仮説を、以下のように示したい。「東アジア諸国は、自らが不足する資本と技術を欧米や日本から導入して工業化を始めた。こうした資本や技術は、先進国では旧式となって移転されたものであるが、所得や技術の水準が低かった当時の東アジアにおいては優れたもので、生産によって雇用が確保され、競争力のある製品を輸出することにより高度成長局面に入った。経済成長により賃金水準が上昇するが、新たな投資により高度成長の維持に成功する。また、投資の一部は高付加価値の知的投資につながり、次第に成長率は低下するが、好調な発展は維持する。」

　もちろん、これは非常に大雑把、あるいは乱暴かもしれない。しかし、現在までのところ、東アジアの持続的高度成長について、万人が納得できる理論は示されていない。新古典派の理論が大筋正しいとしても、韓国や台湾で見られたような民間資本の急激な発展が、内生的成長理論によって説明できるものかもしれないし、新古典派では人口動態、労働異動、人口構成の高齢化などの要素までは考慮されていない。また、グローバルな波及を主張する古典派では、香港のような開放経済では恩恵を受けるものの、中国の内陸部やインドネシアの離島は永久に取り残されることになるし、東アジアが一貫して自由化を進めたとの主張は、韓国や台湾など工業化を早くに進めた地域においても必ずしもあてはまらない。

　また、内外情勢など高度経済成長に好条件が揃っていたとしても、それらは後に見ることになるが、アジア通貨危機前までアジアNIEsで30年にわたり、フィリピンを除くASEAN4では10年以上にわたり、ほぼ一貫して高度経済が維持された要因はいずれの理論でも十分には説明しがたい。まして、成長率の高さと先進国との比較による速度という数字だけによる判断では、大勢を見誤ることにもなりかねない。今後学習を進める入門段階では、これらの理論や論議があることを頭の片隅に留め、個別の国や地域に当たった時に、自分なりに考えて結論を出してみるという姿勢が重要になるものと思われる。

　第2には、東アジアの高度成長を、アメリカ、日本とのトライアングルを用いて説明する手法がしばしば引用される。東アジアの国・地域は、日本から資本と技術を導入し、資本や借り入れで生産施設や原材料を購入し、加工・組立により製品を産出し、それらを米国市場に輸出して外貨を得て、高度経済成長を達成した。初期においては、日本の戦争賠償金や米国の軍事を中心とした各種の援助も、

資本や技術を導入する上で役立った。戦後西側諸国のリーダーとなったアメリカは、経済面においても国際復興開発銀行（世界銀行）、国際通貨基金（ＩＭＦ）、ＷＴＯの前身であるＧＡＴＴの中心的存在となり、アジアＮＩＥｓやＡＳＥＡＮ４など東アジア諸国は、こうしたアメリカ中心の体制に組み込まれた。

　1960年代初期において、東アジア各国は世界銀行の調査団を受け入れ、その勧告に基づき経済復興・開発計画を実施に移した。現在も各国において5か年計画として続いているが、この時の勧告の要点は、経済の中心は民間部門が担い、政府の役割はマクロ経済政策やインフラ整備など補助的なものに限定されるべきとするものである。こうした勧告自体、アメリカの外交戦略上好都合だったかもしれないが、これにより、各国とも自由経済・貿易体制の恩恵を受けることができるようになった。また、アメリカの有名大学留学者が、閣僚や高級官僚など政府の要職を占め、親米的な政策が採られるようになった。

　当時のアメリカのアジア外交は、米ソ冷戦の真っ只中にあって、共産化したベトナムに介入したように、反共・防共を第一としていたことは確かである。その結果、防波堤の役割を果たした東南アジア諸国には、フィリピンのスービック・クラークの両基地、タイにおける道路や港湾の整備など、通常の経済原則を上回るような投資が行われた。それと同時に、一部の戦略的に重要な特定産業を除き、東アジアなど発展途上国には特恵関税（ＧＳＰ）を適用するなど、国内市場を全面的に開放した。市場開放も援助同様外交政策の一環であり、東アジア諸国はそうした好条件を利用したとの見方もできようが、より積極的にアメリカ市場に認められるモノ作りに努力したとの評価もできる。

　図表2－Ａは、東アジア、アメリカ、日本のトライアングルの関係を簡単にまとめたものである。この図は、著名エコノミストで東アジア研究者でもある大蔵省（現財務省）の原田泰氏が著書で引用しているものを、多少アレンジしてまとめたものである。それぞれ三者・三様に絡み合っているが、ここでの大きな特徴は、アメリカが東アジアと日本の両方に対して、純額ベースで債務超過ということである。その分の帳尻は、日本の機関投資家の米国債購入や株や不動産などの購入、さらには大手製造業の投資で賄われることになるが、究極的にはアメリカがドル紙幣増発で対処するため、長期的には米ドルが下落傾向を辿る。原田氏はこうした三者関係を「歪んだ三角形」と呼んでおられる。

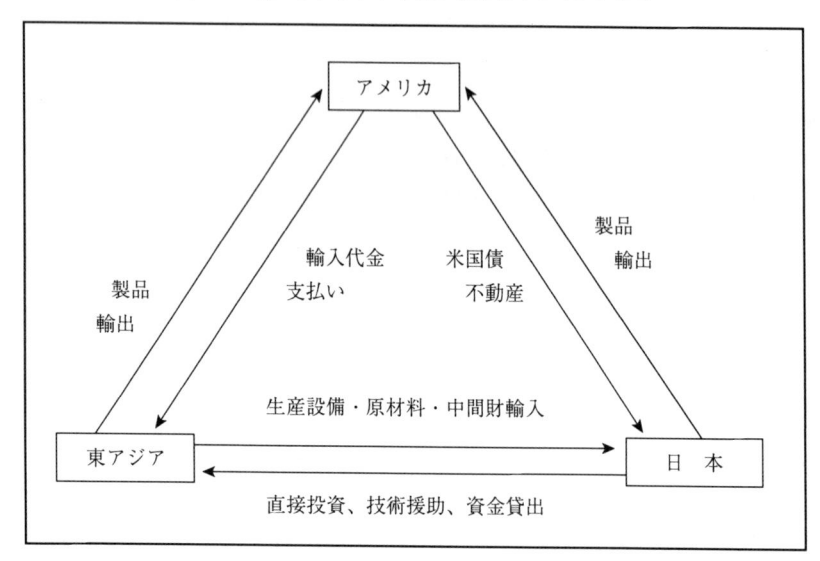

図2−1 東アジア、アメリカ、日本のトライアングル

```
                    アメリカ
                   ↗      ↖
                  ↙        ↘
          輸入代金      米国債
          支払い       不動産
     製品                        製品
     輸出                        輸出
                生産設備・原材料・中間財輸入
      東アジア ←――――――――――――→ 日本
                直接投資、技術援助、資金貸出
```

　もちろん、ここに書かれているのはあくまで代表的な取引であって、東アジアではコーラやトイレタリーなどアメリカ製品の人気が高く、日本も東アジア各国から農作物や繊維製品、最近では現地子会社の組立完成品などを数多く輸入しているが、アジアNIEsの工業化初期段階には、ほぼこのような構図になっていた。東アジアにとって、資本や技術の提供者である日本と、製品のアブソーバーであるアメリカ、とりわけアメリカの存在が大きなものとなっている。日本に対しては、国内市場が閉鎖的なことや、独特の取引慣行の存在などで、輸出拡大が思うように達成されず、不満が大きなものとなる。

　東アジア各国の対米輸出依存度の高さは、アメリカが世界一の経済・政治大国で、米ドルが唯一の国際基軸通貨という事情も加わり、米ドルとの為替レートを重視する政策への誘因となった。対米ドルでの為替安定が望ましいが、輸出を拡大したい局面では、しばしば通貨切り下げが行われた。国別では、韓国ウォンやインドネシア・ルピアが長期的に緩やかな下落傾向で、香港ドルやタイ・バーツは対米ドル固定相場を採用した。輸出が好調な台湾は、1980年代半ばから通貨切り上げ圧力を受けるようになった。米ドルとの通貨リンクにより、他の主要通貨

との関係が不安定になり、米ドル安の局面では輸出に有利に働いたものの、アジア通貨危機直前の米ドル独歩高時にはなす術がなかった。

表2-2 東アジア諸国の対米、対日貿易依存度の推移

(単位：％)

国・地域	1974年 アメリカ 輸出	1974年 アメリカ 輸入	1974年 日本 輸出	1974年 日本 輸入	1999年 アメリカ 輸出	1999年 アメリカ 輸入	1999年 日本 輸出	1999年 日本 輸入
韓国	33.5	24.9	30.9	38.3	20.5	20.8	11.0	20.2
台湾	37.2	24.1	15.4	31.8	25.4	17.8	9.8	27.6
香港	26.4	13.5	6.9	20.9	23.9	7.1	5.4	11.7
シンガポール	14.2	13.2	11.6	17.8	19.2	17.1	7.4	16.7
タイ	50.7	25.6	12.6	31.4	23.1	10.8	13.6	24.8
マレーシア	14.1	16.9	9.6	22.0	21.6	19.6	10.5	19.7
インドネシア	20.5	53.1	16.0	30.3	19.1	8.9	23.6	22.6
フィリピン	42.4	24.1	34.9	26.8	32.5	25.1	14.0	30.1
中国	37.2	24.1	15.4	31.8	20.7	11.5	16.2	20.1

注）マレーシア、中国の1999年欄は1998年分。アメリカと国交回復が1995年のベトナムは除外

（出所）IMF、Direction of Trade 等

一方、東アジア諸国の対日貿易、通貨の日本円との関係では、米ドルとの関係ほど重視されなかった。日本からの輸入は輸出生産用の資本財や原材料であり、最大の受け入れODAは円借款でありながら、日本円との為替レートはあくまで対米ドルとの関係で従属的であり、輸出や輸入における決済通貨としても選好されなかった。こうした背景には、日本の法律や規制が厳しく円を持つメリットが少なかったことに加えて、1ドル＝360円体制が崩れた1971年代前半以降、長期的に一貫した円高・ドル安傾向が続き、東アジア諸国の輸出に有利に働いたことがあげられる。アジア通貨危機前までは、適切な政策だったということであるが、円の国際化を遅らせた日本に対する批判も根強いものとなっている。

アメリカは、自国市場を開放した一方で、見返りの要求を強くは行わなかった。1つには、東西冷戦構造における政治・外交的な配慮からであるが、もう1つにはアメリカ企業にとって東アジアに市場としての魅力が少なかったこともある。実

際、東南アジア諸国が輸入代替工業化に転換し、完成品輸出ができなくなった段階で、日本企業が市場を確保しようと進出したのに対し、アメリカ企業はそれほど熱心ではなかった。その影響が現在にも残り、乗用車や家電製品では、日本ブランドが大きなシェアーを握っている。韓国や台湾は、輸出を奨励する一方、輸入制限や高関税で自国内市場を外国製品から守ったが、80年代中頃からアメリカの市場開放圧力が強くなり、徐々に市場開放を進めることになる。

　アジアNIEsが輸出主導の工業化でテークオフしたのに続き、ASEAN4が輸入代替から輸出志向に転じて高度経済成長を達成したとして、輸出の重要性が強調される。輸出を拡大しようとすれば、価格や品質の面で厳しい国際競争に飛び込むことになる。国内市場であれば、政府に規制や保護を求めることで、外国製品やライバル企業を排除することも可能である。この点からも、輸出が工業を発展させる上でのインパクトになることが分かる。自国の高度化に向けての技術やノウハウがなければ、外国資本を導入することになるが、そのためには、電力や道路などハード面、質の高い労働者の供給や企業活動に有利な法制・税制と、ハード・ソフト両面でのインフラ整備が必要となる。

　しかし、アジアNIEsとASEAN4との工業化時期の違いは、一概に輸出志向と輸入代替だけでは説明できない点もある。確かに、ASEAN4にはそれぞれ有力な輸出品があり、アジアNIEsに比べ輸出志向への誘因がなかったかもしれないが、アジアNIEsは人口規模で最大でも韓国の4,000万人であり、国土が広くかつ人口も多い、地域間格差や民族・宗教問題まで抱えるASEAN4に比べ、政策運営が容易だったと考えられる。ASEAN4にとって、輸入代替を飛び越えていきなり輸出志向に入ることは、雇用確保の面などで相当な冒険を覚悟しなければならなかった。これに対しアジアNIEsでは、労働力移動など柔軟な政策が容易で、輸出志向段階に入りやすかったとも考えられる。

　社会主義計画経済から市場経済を導入した中国については、ASEAN4と同じパターンに見えるが、事情はやや異なる。中国は1978年の改革・開放以降、輸出志向型の外資製造業を誘致する一方、国内市場は国有（当時は国営）企業のため厳格に保護した。アジアNIEsと同様の輸出志向が起こった一方、ASEAN4と同様の輸入代替は起こらなかった。輸入は原則的に輸出用の生産財や原材料に限られ、輸出により十二分に回収された。このため、ASEAN4のような、

輸出以上に輸入が伸び経常収支が悪化するという状況は中国では見られなかった。もっとも、中国も2000年5月にＷＴＯ体制への復帰が正式に決まり、これまでのような国内保護的な政策は今後とれなくなる。

　政策が話題になったところで、東アジアの発展における政治について、少し触れることにしたい。東アジアの発展の要因として、民主を後回しにした指導力の強い政府の貢献がしばしば評価される。経済発展と民主化の関係については、日本を除くアジアで最も民主的な政権交代が行われたインドを例示し、民主化が進んだ国ほど経済は停滞するとの極論さえ聞かれたことがあった。東アジアの高度成長期では、住民が政治に無関心を装った香港を除けば、初期段階に指導力の強い権威主義的な政府が出現し、強力な経済政策を実施したことは、特徴の1つとしてあげることができるかもしれない。

　政治の民主化は、自由や人権の観点から見られることが多いが、経済発展論の観点からは、適切な政策を実施したかどうか、チェック機能が働くかどうかの観点が重要である。例えば、自治権を獲得して以来一貫して人民行動党（ＰＡＰ）が政権を保持しているシンガポールは、世界的にも汚職のない清潔な政府と高い評価を受けており、資源のない小国を先進国上位の経済水準に導いた。これに対し、32年の長期にわたるインドネシアのスハルト政権は、クロニーと呼ばれる取り巻きや身内を優遇して高度成長を達成したが、アジア通貨危機に巻き込まれて、そうした綻びが露呈して経済はどん底に落ちてしまった。

　民主を軽視することは、けっして評価されるべきことではないが、東アジアのこれまでの目覚しい発展に話を限れば、優秀な官僚を有する指導力の強い政府が、入り組んだ利害関係をうまく調整し、国・地域の発展に最適の道と方向を示す役割を果たしたとも考えられる。見方を変えれば、民主化の進み具合は、生産者と消費者のどちらの利益が優先されるかでも判断できる。ＡＳＥＡＮ諸国の完成車輸入禁止政策は、国内の消費者に先進国の3倍以上もの高価格を押し付けてしまったが、こうした政策に真っ向から異議申し立てができる国民や消費者はいなかった。民主化が進めば、特定の生産者の利益から大多数の一般消費者の利益へと、優先順位が変更されやすくなる。

　また、東アジアでは、経済発展に伴い民主化の進展が見られる。中国とベトナムの共産党一党体制には変化はないが、軍事政権や特定政党が支配した韓国と台

湾では、経済発展に伴って民主化が進み、両者とも国民の直接投票により指導者が選出される制度を確立した。1998年5月にスハルト政権が崩壊したインドネシアでは、後を継いだハビビ暫定政権が一気に改革を進め、国軍議席という遺物は一部で残ったものの、大統領は民選議員が大多数の国民協議会により選出されるようになった。直接選挙が導入されていない中国やベトナムでも、周辺諸国の状況を見て危機意識が強くなり、政権基盤である国民の支持を維持しようと、官僚や政治家の汚職を徹底的に取り締まりを強化するようになった。

東アジアの政治に関して、この後は読者一人ひとりでもう少し考えてもらいたいが、筆者なりのヒントを紹介すると、経済発展の初期段階では、資本、技術、人材を効率的に運営する上で、政府の強力な指導力が有効であった。しかし、経済発展段階が進み、国民の生活・教育水準が向上するにつれ、また政権や指導者が長くなるにつれ、次第に経済政策や権力構造に歪みや綻びが生じる。それらは、民主化によってチェックされ、是正されてゆく。民主化が進まない場合は、長期政権の後継者問題などで、政治リスクを抱えることになる。最も民主化の進んだインドの場合、当初は民主化が混乱につながってしまったが、これをもって民主化が経済成長に役立たないとの結論は早計であろう。

次に、日本企業の対東アジア投資を考えてみたい。日本、アジアNIEs、ASEAN4、中国・ベトナムと発展が波及する様子を、群れを成して飛ぶ雁に例える「雁行形態論」を用いて説明されることが多い。確かに、発展段階を基準とすれば、順序よく発展の波が移っているように見え、実際、直接投資や技術移転も波及の順に行われているものが多い。しかし、すべてをこれに結びつけるには、少し無理があるとも思われる。この後、東アジア発展論などより高度な分野に進む場合、雁行形態論が再び登場することになるが、入門段階では、こうした論もあることを片隅にとどめておく程度でよいと思われる。

日本企業の直接投資においては、アジアNIEsやASEAN各国の技術水準の向上に一定の貢献を果たした。しかし、そうした技術移転が脅威となることがある。投げると元に戻ってくるブーメランに例え、「ブーメラン効果」と呼ばれる。ブーメラン効果でよく引用されるのは、日本と韓国の関係である。韓国の朴政権は、日本をモデルにした工業化を推進した。新日本製鉄から技術支援を受けて完成した浦項製鉄など、韓国の産業・企業は日本の資本や技術を導入して発展

した。受け入れ側の韓国財閥企業が力をつけてくると、低価格を武器に日本企業に競争を挑むようになり、アメリカなどで市場が奪われ、中東での建設入札に敗れるに至り、日本では韓国脅威論が叫ばれるようになった。

日本市場においても、70年代後半から韓国製品を中心としたＮＩＣｓ（現在のＮＩＥｓ）ショップがブームとなった。こうなると、これまで好意的に技術移転を行っていた日本企業は、韓国への技術移転を渋るようになる。これに対し韓国は、器量が小さいとして日本を批判し、技術移転要求をより一層強め、政府間交渉でも議題とするようになる。日本側は、技術移転は民間の問題であると一蹴し、韓国に進出した企業は賃金高騰や労働問題から撤退するようになる。日本の技術移転を得られなくなった韓国企業は、輸出に必要な部品を日本からの輸入に依存するため、対日貿易赤字が膨らんでしまい、これも政治問題化してしまう。80年代半ばまでには、ＮＩＣｓショップもほぼ姿を消してしまった。

台湾についても、韓国と同様に対日赤字問題を抱え、日本からの製品輸入制限で対抗した。しかし、韓国が主要輸出品で真っ向から日本に勝負を挑んだのに対し、台湾は相手ブランド名によるＯＥＭ生産など、間隙市場を狙い輸出を拡大した。また、日本との貿易赤字以上に、アメリカから貿易黒字を稼いだように、貿易構造の問題をむしろ利用した。台湾でも同様に生産コストが上昇し、韓国と同様日本企業が中国などへ生産拠点を移転する動きを強め、台湾企業も対外投資を活発化させたが、台湾域内では電子部品やパソコンなどのハイテク製造業への投資が活発化し、堅調な経済発展を進めている。

日本企業のＡＳＥＡＮ投資は、60年代から70年代に大手企業の加工組立型の進出、プラザ合意以降の80年代後半からの大手の拡張や中小の新規進出と、大きく2つの波が起こった。第1の波は、国内市場確保のための進出で、日本ブランド製品が溢れた当時のＡＳＥＡＮ4では、73年にインドネシアで田中首相訪問時に大規模抗議デモが起こったように、日本のプレゼンス増大に対する反発と警戒感が強まった。経済・産業の観点からも、輸入代替で多少の外貨節約効果はあったものの、人材や裾野産業の育成面では、ほとんど効果が見られず、当時の日本企業に対する評価は必ずしも高くはなかった。

1985年9月のプラザ合意以降、日本企業のＡＳＥＡＮ4への進出は第2の波を起こしたが、コスト高による輸出拠点の移転という日本側の思惑に、1次産品価

格暴落以降の輸出多角化を目指す現地側の要求が一致し、部品製造の関連・下請会社の進出も急増し、部品国産化率の向上や、現地の人材の育成面でも日本企業に対する評価が高くなった。また、地道な生産活動とそれまでの実績が認められ、70年代に見られた日本企業批判はほぼ見られなくなった。また、早期回収を重視するアジアNIEs企業の進出が増え、比較の対象ができたことにより、長期的利益を重視する日本企業が評価を高めたことも考えられる。

　国際展開を行う日本の大手企業は、軌道に乗ったＡＳＥＡＮ４の生産拠点を、市場確保や労働コスト削減という消極的な理由から、より積極的な理由で活用するようになった。数多くの部品の中には、コストのみならず品質でも日本の工場生産分を上回るものが出現する。そうなると、日本の工場から東南アジアの製造拠点に生産を移管するもの、あるいは日本の工場自体を閉鎖して、東南アジアに全面移管する製品も出現する。家電製品では、タイ製の扇風機、冷蔵庫、洗濯機などが日本国内市場に広く流通しているし、半導体でも日本の工場と東南アジアの生産拠点で明確に生産分担を行っている企業もある。

　ＡＳＥＡＮにおいても、こうした生産分担を加速する動きが出ている。タイのアナン暫定首相が提唱したＡＦＴＡにより、域内貿易の関税を2003年（後に2002年）までに０～５％へと引き下げるもので、これが完全実施されれば、東南アジア諸国内で生産分業体制が容易となり、各国に生産拠点を持つ日本企業は、その国で優位の部品や製品に特化する動きを強めることになろう。もちろん、各国の利害関係が微妙にあるいは複雑に絡むだけに、現在でも各国の例外品目の主張があり、各国の産業・貿易構造が補完的というより競合的であるため、完全実施後も予断を許さないという見方もある。

　「分業」といえば、一時期「垂直分業」と「水平分業」が盛んに論じられたことがある。前出の渡辺利夫教授が著書でよく引用され、日本と東南アジアとの分業は、かつての垂直分業からいまや水平分業になったとするものである。主旨は、東南アジアにおける生産や技術の水準が向上し、付加価値と技術水準に違いのある分業体制から、水準に差のない分業体制になったとするものであるが、こうした用法は先の雁行形態論同様に注意を要する。「分業」自体分かりにくい概念である上に、この論自体何らの実証研究はない。それに、ハイテク・ローテクをイメージさせる用語は、初期段階では避けた方が無難である。

以上、簡単に東アジアの高度成長と工業化の発展を簡単に振り返り、関連する学説や主張を紹介した。渡辺利夫教授の論を借りれば、「停滞のアジア」が「成長のアジア」に転じ、世界のどの地域もできなかった高度成長を達成したことは、偶然に奇跡が発生したのではなく、数々の外的・内的な好条件を東アジア諸国が適切に判断し、政策や企業活動を実施した賜物と考えるのが妥当であろう。しかし、次の章で紹介するように、1997年7月のアジア通貨危機により、数々の綻びが露呈してしまった。本章と次章は裏腹の関係でもあり、あわせて読めば東アジアの発展に関する本質の理解が深まることになろう。

第3章　アジア通貨危機

1　アジア通貨危機の背景

　1997年7月2日、タイ政府は通貨バーツを変動相場制に移行すると発表した。タイ・バーツの暴落が、以降周辺東アジア諸国を苦しめるアジア通貨危機の序曲となってしまった。東南アジアの一局地通貨でしかないタイ・バーツの暴落が、何故後にあわや世界大恐慌かとも思わせるような深刻な通貨・金融・経済危機、さらには政治危機にもつながってしまったのか、数多くの論議が既にマスコミや論壇を通じて紹介されているが、現在でも万人を納得させる学説が出された訳ではない。それどころか、対米ドル固定為替相場や華僑・華人式経営など、東アジアの高度成長の原動力と賞賛された数々の点が、同じ学者によって通貨危機以降は構造問題に置き換えられる一貫性のなさまで目立ってしまった。
　かくいう筆者も、そうした学者の1人と評価されるかもしれない。それゆえ、反省の意味も含めて、アジア通貨危機について自分なりの分析や見解を加えて振り返ることにしたい。アジア通貨危機は、前章で紹介した東アジアの目覚しい発展過程とはコインの表裏の関係にあるとも考えられる。急速に走り過ぎたがゆえに、周りの状況が見えにくくなったと同時に、減速が必要な時にブレーキがかからなかった、あるいはかけることができなかったことが災難を大きくしてしまった。こうした比喩は、漠然として分かりづらいかもしれないが、本章を読み進めてゆくうちに、あるいはアジア通貨危機に関する他の著書も参照にすることによって、理解が深まってゆくことになろう。
　タイ・バーツが暴落してアジア通貨危機が始まった1997年7月2日の前日、即ち1997年7月1日は香港の主権が中国に返還された歴史的な1日であり、東アジアにとって2つの大きな出来事が1日違いのほぼ同時に発生してしまった。この因果関係については、未だ明確な学説をもって解明されたとは言えない。単なる

偶然で何の関係もないとする見方がある一方、後に紹介するヘッジ・ファンドの為替投機が香港返還を目がけて集中攻撃をかけた、国際金融センター香港を通じて周辺アジア諸国にファイナンスされていた資金が香港返還にリスクを感じて逆流に転じた、などの見方も示されているが、いずれにせよ、1997年の年央を境に東アジアは激変の道を辿ることになってしまった。

アジア通貨危機の発生源となったタイは、1985年9月のプラザ合意以降、日本やアジアＮＩＥｓ企業の投資が集中し、1988年から90年にかけて3年連続で2桁成長を達成し、次なるＮＩＥｓに最も近い国、5匹目の龍の有力候補とさえ評価されていた。そのタイが震源地となったところに、アジア通貨危機の本質の一部を垣間見ることができる。そうした点は後に詳しく触れるとして、通貨バーツ暴落を契機として、優等生と称えられた好調な経済は一気に後退局面に入り、周辺インドシナ諸国の盟主さえ宣言したプライドも完全に傷つけられてしまった。91社のうち58社ものノンバンクが営業停止となり、首都バンコックでは、途中で建設がストップしたビルが至る所で見られるようになった。

タイは、1984年12月に通貨バスケット制を導入し、通貨バーツを実質米ドルにリンクさせ、通貨危機発生前には1ドル＝25バーツ台で安定していた。通貨の番人であるタイ中央銀行が、各商業銀行に毎日基準レートを通知し、商業銀行はそれに基づき対顧客レートを決定する仕組みであったが、1997年7月2日にはこの基準レートが公表されなくなり、市場実勢に委ねられたバーツは暴落した。激しいバーツ売りに中央銀行はドル売りで防戦したが、外貨準備が枯渇寸前となって基準レートの維持を断念したためである。優等生と言われたタイの高度成長は、通貨バーツの対米ドルでの安定を前提としたものだっただけに、この前提が崩れた時の悲惨さは想像を絶するものとなってしまった。

バーツの暴落は、輸入物価の高騰、金利の急上昇、外貨債務の為替差損、金融機関の不良債権急増、企業の生産活動不振、失業者の急増、国内需要の減退を引き起こした。とりわけ、金融と不動産は大打撃を被り、不動産バブルが崩壊したことにより、先に触れたノンバンクだけではなく、金融制度の中心である商業銀行も巨額の不良債権を抱え経営を悪化させてしまった。金融制度の壊滅的状況は、アジアのモーターランドとして注目された自動車産業にも深刻な打撃となった。タイ国民は、ノンバンクのローンにより自動車を購入していたためで、96年に59

万台を記録した国内新車販売数は、危機発生後の98年には1／5以下に落ち込み、外資自動車メーカー各社は、過剰な設備と人員に頭を抱えてしまった。

表3-1　ＩＭＦ支援3か国の対米ドル為替レート推移（各月末）

(単位：対米ドル、％)

	タイ・バーツ		インドネシア・ルピア		韓国・ウォン	
	対米ドル	騰落率	対米ドル	騰落率	対米ドル	騰落率
1997.6	24.70	基　準	2,432	基　準	887.85	基　準
1997.7	31.85	▲ 22.45	2,615	▲ 7.00	889.35	▲ 0.17
1997.8	34.15	▲ 27.67	2,900	▲ 16.14	902.20	▲ 1.59
1997.9	35.85	▲ 31.10	3,285	▲ 35.97	914.45	▲ 2.91
1997.10	40.30	▲ 38.71	3,590	▲ 32.26	964.50	▲ 7.95
1997.11	40.75	▲ 39.39	3,674	▲ 33.81	1,170.50	▲ 24.15
1997.12	48.15	▲ 48.70	4,375	▲ 44.41	1,691.00	▲ 47.50
1998.1	52.85	▲ 53.26	10,550	▲ 76.95	1,525.50	▲ 41.80
1998.2	43.05	▲ 42.62	8,800	▲ 72.36	1,633.50	▲ 45.65
1998.3	39.35	▲ 37.42	8,700	▲ 72.05	1,384.00	▲ 35.85
1998.4	38.61	▲ 36.03	8,085	▲ 69.92	1,335.50	▲ 33.52
1998.5	40.39	▲ 38.85	11,350	▲ 78.57	1,407.00	▲ 36.90
1998.6	38.45	▲ 35.76	14,750	▲ 83.51	1,373.50	▲ 35.36
1998.7	40.80	▲ 39.46	13,150	▲ 81.51	1,230.00	▲ 27.82
1998.8	41.91	▲ 41.06	11,200	▲ 78.29	1,349.50	▲ 34.21
1998.9	39.03	▲ 36.72	10,750	▲ 77.38	1,390.50	▲ 36.15
1998.10	36.72	▲ 32.73	7,700	▲ 68.42	1,318.80	▲ 32.68
1998.11	36.08	▲ 31.54	7,425	▲ 67.25	1,245.80	▲ 28.73
1998.12	36.55	▲ 32.42	7,850	▲ 69.02	1,202.50	▲ 26.17
1999.6	36.88	▲ 33.03	6,663	▲ 63.50	1,157.50	▲ 23.30
1999.12	37.60	▲ 34.31	7,110	▲ 65.79	1,137.30	▲ 21.93
2000.6	39.19	▲ 36.97	8,745	▲ 72.19	1,114.90	▲ 20.37
2000.12	43.40	▲ 43.09	9,675	▲ 74.86	1,265.00	▲ 29.81

注）下落率は1997年6月末を基準に、
　　ＩＭＦ方式　▲［（基準レート－当該レート）／当該レート×100］にて産出
（出所）The Asian Wall Street Journal

　タイ・バーツを暴落させた通貨売りは、瞬く間にフィリピン、インドネシア、マレーシアの周辺東南アジア諸国、さらに歴史的な返還を終えたばかりの香港に

も押し寄せた。タイと同様の通貨制度を採用していた東南アジア諸国は、通貨売りに堪え切れなくなり、為替水準の切り下がりを容認するようになるが、一見タイと同様の対米ドル固定相場の香港は、強力な通貨防衛体制により圧力を簡単に退ける。また、後に触れるように、97年から大手財閥が破綻し始めた韓国でも、資本引き揚げの動きが顕著化し、通貨ウォンの売りから為替レートが下落傾向を辿る。経済パフォーマンスが良好な台湾やシンガポールも、通貨売りに見舞われ為替レート水準の調整を余儀なくされた。

　タイに始まった通貨売りが、瞬く間に周辺東アジア諸国に波及した。タイが抱える構造問題は即ち東アジア全体の問題とばかり、東アジアに対する投資家の信頼が急低下し、それまで大量に流入していた投資資金が、一転大量流出に転じてしまった。長年高度成長が続いたとはいえ、東アジア各国の経済規模は依然欧米先進国に比べて小さく、年間100億米ドル規模でも資金の逆流が起こったことにより、経済には大打撃となってしまったのである。見方を変えれば、今回通貨危機に陥った東アジア各国の高度成長は、海外の投資資金に支えられたもので、移り気な資金に頼ったことにより、自らの安定を脅かしたとも言える。それほど、高度成長の神話は内外とも惑わせたのである。

　アジア通貨危機の発生源となったタイを例にとると、過去30年にわたりほぼ一貫して経常赤字が続き、通貨危機直前の96年には対国内総生産（GDP）比で8.1％もの高い水準に達していた。タイほどではないが、インドネシア、マレーシア、韓国なども同2～4％台の数値を示しており、高度成長に経常収支の問題点が見過ごされていた。経常収支は、大まかに言うと、物・サービスの収支に所得と移転の収支を加えたもので、家計で言えば輸出が収入、輸入が支出、収支が差額の関係に相当する。通常家計では、支出が収入を上回れば貯蓄を取り崩すか借金で不足分を賄うが、そうした状況は長くは続かない。収入を増やすか、支出を切り詰めるか、またはその両方により不足を解消しなければならない。

　例えは適切ではなかったかもしれないが、今回のアジア通貨危機でIMFの緊急支援を仰いだタイ、インドネシア、韓国の3か国は、程度の差はあるものの、基本的には支出が収入を上回る生活を長年にわたり続けたが、生活維持のための借金もできなくなって、破産を申し立てた状態と考えれば分りやすい。優雅な生活、つまりは高度経済成長に固執したばかりに、生活を切り詰めること、つまり

輸入を減少させることができなかったのである。不足分を解消するにはライフ・スタイルの変化、経常赤字の縮小では輸出増大と輸入縮小が求められるが、為替レートの切り下げがそうした調整を促進する手段となる。しかし、これらの国々は、高度成長を抑制するような調整政策には敢えて踏み込まなかった。

マクロ経済的には、民間の貯蓄率と投資率の差に財政収支を差し引いたものが経常収支となるが、東アジア各国は財政状況がほぼ健全であったので、経常収支の赤字は民間の投資率が貯蓄率を上回っていたものである。それでは、東アジア諸国の貯蓄率が低かったかといえば、決してそうではない。同様の通貨危機を経験した中南米との比較で、むしろ高い貯蓄率が強調されるほどである。そうした高い貯蓄率を大きく上回るほどの投資を行っていたことになる。投資は、雇用や建設など需要を喚起し、経済成長を加速する原動力となるが、生産性や収益性に問題のある過剰な投資は、競争力のない製品やサービスを生み出し、将来的には膨大な在庫や遊休施設を抱えるなどお荷物となってしまう。

アジア通貨危機の根本原因については、ヘッジ・ファンドなど為替投機による「陰謀説」、東アジア側から見れば「被害者説」と、脆弱な金融制度や産業構造など東アジア自身に問題があり、その間隙を為替投機に突かれたとする「自責説」が現在に至るも鋭く対立している。マレーシア、フィリピン、タイ、韓国の4か国では、96年に930億米ドルの資本純流入から、97年に120億米ドルの純流出へと、1年で1,050億米ドルもの逆流が起こったことは、前者の被害者説を勇気づけ、被害にあった国には同情を禁じえないことになろう。しかし、容易に被害に遭遇してしまう危険な状態をつくり、あるいは放置したことについては、当該国の政府や経済・産業界の責任が大きいと言われても仕方がない。

アジア通貨危機の発生源タイは、高度経済成長となった1988年から対GDP比での経常収支赤字幅が急拡大した。しかし、投資は生産につながり、生産物が輸出され外貨を稼ぐとして、投資主導の高度経済成長路線を続けた。その前提となったのが、対米ドルでの通貨バーツの為替レート安定である。安定したバーツにより、国内外の投資家は安心して資金投入、銀行借り入れ、生産財や原材料の輸入、輸出代金の回収など一連の投資・生産活動を行うことができる。経常収支が一貫して赤字基調であるので、常に米ドルの需要が発生し、反対取引の手当はコスト高となってしまう。バーツ暴落の際、ほとんどの借り手が米ドル資金をカバ

ーしていなかったのは、こうした状況によるものである。

　資金の出し手側も、高度成長の東アジアにおける優等生のタイとばかり、一貫した経常赤字体質にも疑問を挟むことなく、資金貸出競争をむしろ激化させた。資金の出し手、即ち投資家側にも、タイ向け投融資を拡大する魅力があった。まず、80年台後半以降の主要通貨の低金利傾向により、投資資金が行き場を探していたが、成長著しい東アジアと構造改革を終えた中南米に資金が集中投入されるようになった。そうしたところ、94年末にメキシコ通貨危機が起こり、東アジア市場により多くの資金が集中するようになった。実質米ドル固定相場を維持したタイでは、高金利のバーツと低金利の米ドルとの間で、容易に高い投資収益が得られる状況となり、経常赤字を上回る資本の純流入さえ起こった。

　タイ政府は、こうした状況を睨みながら、国内地場銀行と国内バーツ金融市場を厳しい規制で保護する一方、資本取引の自由化を徐々に進めていった。1990年には、貿易を中心とする経常取引を原則自由化するＩＭＦ８条国へと移行した。さらに、1993年には周辺インドシナ諸国のための金融ハブを視野に入れ、バンコック・オフショアー金融市場（ＢＩＢＦ）が開設された。オフショアーとはいえ、周辺諸国には金融サービスへの需要がなく、実際にはタイ国内に外貨資金を流入する動きを加速した。そうした外貨資金はバーツに転換され、バーツの過剰流動性を高めるとともに、製造業やインフラ建設などの投資活動に加え、不動産など投機的な分野にも貸し出されるようになった。

　高度成長のタイには、一貫して経常収支を上回る資本資金が流入した。しかし、資本資金の内容は、時とともに変遷を辿る。大まかに言えば、戦後から60年代はアメリカの援助や世界銀行の借款、それに日本の戦後賠償、70年代から80年代前半は日本の円借款や無償援助、80年代後半から90年代前半は日本やアジアＮＩＥｓの直接投資、90年代中頃からは銀行借り入れとなっている。経済発展が進めば、返済条件の緩やかな政府間援助は減少せざるを得ないし、直接投資も一巡すれば持続的な増加は期待できない。勢い商業ベースの銀行借款や証券投資に比重が移るが、タイの場合、「コロガシ」と呼ばれる短期資金の借り換えが中心となり、これが後々問題を大きくすることになった。

　タイの金融制度は、15の地場商業銀行と91の金融会社が中心となっていた。他にも国有の政策金融機関、外国銀行の支店、公設質屋などがあったが、15の地場

商業銀行、とりわけ上位4銀行の力は圧倒的である。タイの金融は潮州系華人の独壇場で、地場大手銀行と証券業を兼ねる大手金融会社をほぼ掌中に置いていた。1962年の改正銀行法により、銀行の新設と外国銀行の支店開設は実質禁止され、既存外国支店も、自国進出企業に対する金融サービスに業務を実質限定された。バーツ金融市場の拡大は、地場大手銀行に委ねられたが、高度成長による資金需要拡大には応じ切れず、バーツ金利は米ドルを大きく上回り、米ドルとの金利差を利用する裁定の機会を提供してしまうことになる。

　1980年代後半以降の米ドル低金利傾向によって、またＢＩＢＦができたこともあって、タイには巨額の資金が投資され、過剰とも思われる生産設備や投機的な不動産にも向かった。しかし、1995年頃から不動産市況に飽和感が生じ、輸出においても賃金などコスト上昇で競争力に陰りが出て、96年には対前年でマイナスの伸びとなった。輸出競争力の低下については、巨大中国が94年に人民元を実質33％切り下げた一方、タイなど東南アジア諸国が対米ドル安定相場に固執したことも指摘される。こうした状況に至り、世界の投資家の間で、タイがおかしいあるいは危ないという評判が出始め、96年の中頃からタイへの新規投資を躊躇するとともに、既存投資を引き揚げる動きを強める。

　ジョージ・ソロス氏に代表されるヘッジ・ファンドは、バーツ売りによる為替投機圧力を強める。タイ中央銀行は、ドル売り・バーツ買いで必死に防戦するも、ついに力尽きて97年7月2日に実質米ドル・リンクの通貨バスケット制度を断念する。その後の状況は、この章の初めに書いたとおり、またこの後の「アジア通貨危機の経過とその後」で紹介するとおりであるが、何故これほどまでに通貨バスケットに固執したのであろうか。それはタイの社会・経済、それに政治に至るまで、タイの利益となる構造が築き上げられてしまったからである。それだけに、中央銀行や大蔵省など通貨・金融当局は必死になって防衛し、防衛を断念して以降の被害は甚大なものとなってしまったのである。

　それでは、利益を受けていた者は誰かといえば、1つには資金需要側の企業である。企業といっても、地場民間企業だけではなく、政府系の大手国有企業や進出外国資本企業も含まれる。バーツ金利が高くかつ十分な量が得られないことから、低金利のドル資金を調達した。先にも紹介したように、先物予約などカバーをすれば、バーツ資金以上にコスト高となるため、タイ政府を信じて先物予約な

ど返済手当をしないまま、米ドルをバーツに転換し、バーツで運用して利鞘を稼ぐものである。対米ドルでバーツが安定している限り、高い収益が確保されるが、実際バーツ暴落前の10数年間はそうした状況であった。バーツ暴落によって、タイ王室系のサイアム・セメントは莫大な為替差損を被ってしまった。

　資金を必要とする企業が利益者であることは容易に理解できようが、企業に資金を貸し出す地場商業銀行および金融会社も、バーツの安定による利益者、企業以上の利益者だったのである。何故利益になるかといえば、既得権が手厚く保護されたからである。高度成長経済によって、国内バーツ資金への需要が急拡大すれば、資金を供給する銀行への圧力が高まる。そうなれば、銀行部門や金融会社により厳しい競争原理を導入して、外国銀行へも門戸を開こうという機運が高まる。大手の寡占によって既得権益が守られているタイの地場銀行にとっては、低利のドル資金が国内に流入することにより圧力をかわし、競争制限的なバーツ金融市場から高い利鞘が確保され、大きなメリットを享受できたからである。

　タイの地場商業銀行は、政府系のクルンタイ銀行と王室系のサイアム・コマーシャル銀行、国軍系のタイ・ミリタリー銀行を除けば、すべてが華人系である。こうした華人資本の銀行は、ファミリー企業の金庫番としての生い立ちを有し、現在でも系列企業には明に暗に多額の融資を行っている。また、自らの既得権益を維持するため、小党分立の政治状況の中、特定の政治家との緊密な関係を維持している。このため、有能な官僚や有識者の金融緩和の声にも、最終的には政治の反対で改革案はことごとく潰された。金融会社は、こうした華人金融資本の別働隊で、過剰な系列融資や投機的な不動産融資のために利用されたものである。従って、金融会社には不動産バブルの崩壊が直撃となった。

　もう1つには、金融監督体制の責任である。過剰、投機的、縁故、担保不十分など問題融資を見抜き、適切な指導や処置を講じておけば、バーツ暴落による被害は、より小さなもので済んだかもしれない。今から振り返れば、タイの金融については、制度・仕組み、個別機関、監督体制などいずれも不備だらけだったことが指摘される。しかし、最大の問題は、国民経済にとって両輪、即ち実物と金融について、実物経済での自由化や発展を促進しながら、もう一方の車輪である金融には極度のブレーキをかけ、発展に不均衡をきたしたことであり、アジア通貨危機のまさに核心部分である。従って、それ以降の改革を見るポイントは、こ

うした根本的な既得権にメスが入っているかということである。

　タイについては、さらにいくつか押さえておかないポイントがある。まず、産業構造上の問題点である。プラザ合意以降の日本など輸出志向型の外資製造業が大量に進出し、タイの輸出品構成も、伝統的なコメなど農産品から製造品へ、同じ製造品でも繊維・アパレルや履物から家電、電子部品、化学品、機械へと高度化しているが、生産施設や主要部品などは依然親会社からの輸入に依存しており、極端な場合はタイにおける付加価値は労賃だけということもある。主要輸出品に成長した半導体では、親会社で前工程を済ませた部品をタイに持ち込み、組み立ての後工程を行うという現状である。経済成長に伴う消費材輸入拡大もあって、輸入の伸びは常に輸出の伸びを上回ってしまった。

　第2には、タイに極端に見られた傾向であるが、基本的には農村中心社会で、高度経済成長にも進学率、とりわけ大学など高等教育への伸びは緩やかだった。このため、外資企業の集中的な進出にも、地元の優秀な人材は十分には供給されず、限られた人材の引き抜き合いが頻繁に起こり、そうした人材の賃金を高騰させてしまった。これが全体の賃金水準にも波及し、賃金水準の上昇が生産性を上回るものとなり、タイの輸出競争力を低下させた。これに、95年4月以降の円安・ドル高と、94年の中国人民元実質33％切り下げの影響も加わり、タイの輸出競争力低下は決定的なものとなってしまった。96年の輸出の伸びがマイナスとなったことを受け、タイの国際的な評価も一気に低下してしまった。

　ここまでは、アジア通貨危機の発生源となったタイの状況を中心に紹介したが、タイ・バーツの暴落が瞬く間に周辺東南アジア諸国通貨、さらには韓国や香港などアジアNIEsの通貨にも波及したのは、海外投資家の目には、東アジアの作り上げた経済や産業の構造が、程度の差こそあれ同じに映ったからである。このため、タイが危ないのならすべてが危ないとばかり、東アジアから一斉に資金を引き揚げる動きを強めたのである。東アジアの通貨売りは、当初の通貨売りを仕掛けた投機筋から、貸し出しを行っている国際銀行の引き揚げ、さらには外貨借り入れを行っている企業の返済手当てへと及ぶに至り、こうした急激な行動が社会や経済の混乱に拍車をかける結果となってしまったのである。

　多様性の東アジアと紹介しているように、アジア通貨危機は国や地域による差は大きく、また一国内でも直撃された都市部と無関係の農村部といった地方によ

る差も見られ、全体としてまとめることは難しいが、以下簡単に見ることにしたい。まず、ルピアの暴落がスハルト政権の崩壊まで至ったインドネシアは、ルピアの為替相場はバーツほど対ドルで固定されていなかったが、スハルト政権下で為替規制がなかったこと、米ドルとの金利差により裁定を許したことはタイと同様である。さらに、政権と経済界の癒着により産業構造を脆弱なものとしたこと、地元大手企業がカバーなしで米ドル資金を調達したこと、金融部門が徹底的に傷んだことは、タイとほぼ同様のパターンと見ることができる。

ただ、インドネシアの場合、当初ＡＳＥＡＮの盟友タイへの支援を表明する余裕があったように、スハルト政権が適切に対応すれば、98年にマイナス13％も記録するようなことはなかったはずである。適切な処置とは、ＩＭＦとの合意に基づいた改革案を地道に実行することである。それができなかったのは、スハルト政権を取り巻くファミリー・ビジネスや華人資本家など「クロニー」の存在があったからである。スハルト政権が、ＩＭＦとの合意を破るごとに、ルピアが徹底的に売り込まれ、ルピア下落は輸入インフレや為替差損の拡大につながった。国民には耐乏生活を強いる一方、自分の取り巻きの利益を守ろうとする姿勢に、国民の怒りがついに爆発し、98年5月の歴史的な政権交代につながったものである。

タイと同様のパターンは、韓国にも見られた。韓国経済の原動力である財閥（チェボル）は、産業発展による国力強化を目指す当時の朴正熙政権の庇護下、直接規制や低利融資など数々の保護・育成を受け、1996年にはＯＥＣＤに加盟するまでに至った。しかし、収益性を考慮しない事業拡張と巨額の銀行借り入れにより、負債比率が極端に高くなるなど財務内容が不健全化した。80年代に形の上では民営化したものの、銀行は実質政府のコントロール下にあり、政府の指示どおりの低利貸し出しを財閥企業に行った。銀行側も、問題財閥への融資に疑問を持ったとしても、いざとなれば政府が救済に乗り出すとばかり、借り手ともに倫理観の欠如（モラル・ハザード）の状態に陥ってしまった。

財閥の投資や事業拡張の膨大な資金は、韓国国内では賄い切ることができず、外貨借り入れに依存するようになった。韓国の対外債務は、1980年当時すでに危険水域と見られた500億米ドルを突破した。それでも、財閥各社の事業多角化および拡張の競争は止むことなく、鉄鋼、自動車、造船、半導体、建設、石油化学など、世界に誇る輸出産業を育てあげた。1970年代後半から80年代初めにかけ、

低価格を武器に韓国は日本に競争を挑み、日本の産業界には韓国脅威論さえ起こった。それ以前は好意的に技術移転を行っていた日本の産業界も、ブーメラン効果を恐れて韓国への技術移転を渋るようになり、韓国の反発を招くとともに、主要部品を日本の輸入に依存する産業構造が定着してしまった。

　過去ほぼ順調に発展を遂げた韓国経済であるが、日本を追いかける形で輸出競争を挑んだだけに、最も重要な景気のバロメーターとなったのは円・ドル相場である。韓国ウォンも、他の東アジア通貨と同様、米ドルとの相関関係が強く、円高の時に輸出競争力が強化さる構造となっている。このため、1995年4月の1ドル＝80円までの円高・ドル安時には、韓国は輸出を大きく伸ばし、それに伴い国内需要も拡大した。強気になった財閥企業は拡張投資を続けたところ、それ以降円安・ドル高となって、過剰生産施設を抱えることになってしまった。96年の世界的な半導体不況は、韓国企業の過剰生産によるところが大きいが、韓国国内も不動産や建設など内需型の産業を直撃するようになってしまった。

　1997年1月、中堅財閥の鋼材メーカー韓宝が倒産した。韓宝の倒産は、直接的には不動産バブル崩壊の影響を受けたものであるが、負債比率の高い韓国財閥の体質を浮き彫りにした。それに、当時の金泳三大統領の次男が韓宝の汚職スキャンダルに関わっていたことから、政治の求心力もなくなってしまった。さらに、大美特殊鋼、真露、韓拏、起亜と97年だけで、大手・中堅財閥が立て続けに倒産した。これらに共通するのは、負債比率が極端に高い放漫経営を行っていたことで、これらに多額の融資を行っていた銀行も、回収不能の不良債権が増加した。総合金融会社と呼ばれるノンバンクも、過剰な不動産融資から経営に行き詰まり、韓国の金融システムに対する不安も高まっていった。

　こうした韓国の状況は、タイとの比較でいくつかの共通点が見られる。もちろん、急速な重化学工業化により先進国レベルに達した韓国と、新興国とはいえ基本的には農村社会であるタイとの違いは大きい。また、資本や技術の点でも、財閥企業が中心となって蓄積した韓国と、依然多くを外資製造業に依存するタイとでは、同列に論じるレベルにはないかもしれない。そうした点を念頭において、これまで紹介した状況から共通点を探せば、長年にわたる経常赤字体質、経済規模に比べて巨額の対外債務、脆弱な金融部門、不動産バブル、政官民の癒着および不透明な関係ということになろう。これらの要因が重なり合い、企業や銀行の

倫理が欠如し、無謀な拡張に走り破綻をきたしたということになる。

　これに対し、香港はタイや韓国とはやや状況が異なる。アジアの国際金融センター香港は、歴史的な中国返還後直ちに投機の通貨売りに見舞われた。返還後3か月後の97年10月23日の大規模通貨売りを機に、お祭りのような返還ブームの好景気が、一転して不動産や株価など資産価格の急落を伴う景気後退局面となってしまった。香港が通貨売りの標的となったのは、1米ドル＝7.8HK$にリンクした香港ドルが割高と見られたからである。貿易・サービス合わせた香港の対外収支は、返還前数年を除きほぼ一貫して黒字を維持しており、健全な財政運営で巨額の財政余剰を外貨準備として保有している。金融監督体制についても、欧米一流当局に匹敵すると評価されるほど優れたものとなっている。

　香港の問題点は、民間の経済活動に干渉しないレッセ・フェールの伝統から、また1983年10月に導入した香港ドルの対米ドル通貨リンク制度により、行政サイドの金融政策手段が限られることである。この点、同じアジアの国際金融センターでも、首相の頭脳ＥＤＢが国家の青写真を描き、指導力を発揮するシンガポールとは好対照をなしている。米ドル・リンク制度では、金利裁定を生じさせないために、香港ドルの金利水準は同種類の米ドル金利と原則一致する。このため、香港域内の景気が過熱してインフレが懸念される状況になっても、米ドルが低金利の状況下では、香港ドルの金利水準を引き上げることはできない。実際、返還前の過去10数年は、そうした状況が続いた。

　域内経済規模が相対的に小さく、開放的な香港経済は、対外情勢に影響されやすい構造となっている。経済的には最大の輸出市場であるアメリカ経済の動向、政治・外交的には中国情勢が決定的な影響力を持つ。第2次世界大戦後だけを見ても、新中国誕生、大躍進、文化大革命、天安門事件と、大事件が起こるたびに香港社会・経済は動揺し、信頼低下から株価や不動産は大きく下げた。しかし、長期的には、中国の窓口かつ自由貿易港としての地理的好条件を生かし、奇跡とも評価される右肩上がりの経済発展を達成した。土地が狭い香港では、右肩上がりの経済は不動産価格に直結し、返還直前には中心地である金融街セントラル地区のオフィース賃料は、世界1、2位の水準まで高騰してしまった。

　香港の中国への主権返還が1984年に決定して以来、中国の主権下になる将来についての楽観論と悲観論が盛んに論議されるようになった。しかし、次第に楽観

論が優勢となり、返還直前には面子をかけた中国が香港返還を盛り上げるとの思惑から、株と不動産が買い進まれ、これら資産価格はさらに急騰した。特に、レッド・チップスと呼ばれる中国本土資本の上場銘柄は、新規公開の際に数千倍の公募倍率を示すほど人気が高騰した。また、主要産業の1つである観光も、返還前の最後の香港を見ようとばかり、日本人観光客が数多く押し寄せ、ホテル宿泊やレストランなどの観光関連価格も急騰した。こうした返還ブームに乗った資産価格の高騰に、疑問を呈する向きはほとんどなくなってしまった。

バブル的に資産価格や生産関連コストが高騰した一方、香港ドルの為替レートは1米ドル＝7.8HKドルにリンクされ、為替レートでアメリカとのインフレ率の差は調整されることなく、香港ドルは割高との評価が定着した。定量的に計測する方法はいくつかあるが、通貨リンク制度を導入した1983年10月以降の香港とアメリカとの実質成長率とインフレ率との違いから、15～20％割高との評価が一般的となった。それでも、過去の香港ドルの暴落が社会不安を引き起こしたとの苦い過去の経験から、香港当局の通貨リンク維持に対する決意は固く、インフレ高進や金利上昇という犠牲を払っても、対米ドルでの為替レート安定を唯一の政策目標とし、それが国際金融センター香港の前提条件ともなっている。

1997年7月1日の返還以降訪れるようになった香港ドルへの為替投機は、タイ・バーツの攻略に成功した勢いに乗ったものであるが、基本的には香港ドルを割高と見て、実勢と乖離した部分の利益を取ろうとしたものである。しかし、香港の通貨リンク制度は、タイ・バーツの通貨バスケットと同様の対米ドル固定相場に見えるが、タイとは桁違いの通貨防衛力を誇っている。実際、アジア通貨危機を乗り切り、現在ではより強固な制度になって維持されている。香港ドルの通貨防衛体制が強固であることは、百戦練磨の為替投機は十分理解しており、為替投機が狙いと見せながら、実は返還バブルで膨れ上がったハンセン33銘柄を中心とする香港の株式市場を狙ったのである。

香港も98年にマイナス5.1％もの厳しいマイナス成長となったが、外貨流動性が不足してIMF管理下に入ったタイ、インドネシア、韓国の3か国とは異なり、貿易・サービスを合わせた対外収支は、返還前の数年間を除き過去一貫して黒字基調、効率的な行政により財政運営は健全、巨額の財政余剰は日本、中国に次ぐ世界第3位の外貨準備高となっている。それ以上に決定的な違いは、金融部門の

強固さと健全さである。国際金融センター香港は、中央銀行が存在しないように、自由放任により市場が飛躍的に拡大したが、この過程で不祥事が相次ぎ、また不安定が予想される返還過渡期を控えて、金融に関する規制は国際基準並みに強化され、金融監督体制はいまや世界でも超一流と評価されるほどである。

　従って、現在に至るも香港に関しては、アジア通貨危機に巻き込まれたのか、評価が分かれるところである。この次の項でも触れるように、香港経済が厳しいデフレ局面となったのは、タイ・バーツ暴落や韓国の財閥危機、インドネシア向け貸し出しの焦げ付きなど、いずれも香港の外で起こったことが波及した結果である。ただ、返還バブル期に資産価格が異様に高騰してしまい、実勢に比べて香港ドルの割高感が強くなったところを、名うての通貨投機に攻め込まれる隙をつくってしまったことは、不介入主義堅持下での行き過ぎ調整という大きな課題を将来に残したものと言えよう。それに、製造業者が既に中国に移転した香港では、産業の高付加価値化という大きな課題も抱えている。

　これまで、簡単にアジア通貨危機の影響の大きかった3か国と、返還バブルの厳しい調整に見舞われた香港について、簡単に背景を探ってみたが、他の6つの国・地域に関しても、程度の大小こそあれ、アジア通貨危機の影響を受けてきた。

　タイと同様経常赤字の大きかったマレーシアは、マハティール首相がジョージ・ソロス氏を代表とする欧米為替投機への批判を強め、98年には為替規制を導入して通貨リンギットを1米ドル＝3.8リンギットとする固定相場制に移行した。また、後継者と目されたアンワル副首相と経済路線で対立し、政治スキャンダル事件が起こって、アンワル氏が失脚させられてしまったように、タイやインドネシアと同様の構造問題を露呈させてしまった。

　中国とベトナムは、資本市場を開放していないことが幸いし、為替投機の標的とはならず、資本流出から通貨下落が起こるという事態は避けられたが、周辺諸国の通貨下落および経済不振の影響を受けてしまった。94年の人民元レート一本化が東南アジア諸国の輸出競争力低下の原因と指摘されるが、アジア通貨危機によって東南アジア通貨が下落したことにより、今度は中国が輸出競争力を回復するため、人民元を切り下げるとの観測が強くなり、通貨切り下げ競争が世界恐慌を引き起こすと恐れられるようになった。こうした観測が出るのも、中国が赤字国有企業と貸し出した国有銀行の問題を抱えているからである。経済エースの朱

鎔基氏を首相に昇格させ、現在3大改革に懸命に取り組んでいる。

　ドイモイ転換以降、潜在力が注目されるようになったベトナムは、90年代に入り年8％以上の高度成長が続いていたが、周辺諸国の不振が2つの面から直撃となった。1つには、高度成長の原動力となった直接投資が、主な投資提供先であるタイ、韓国、香港など周辺東アジア諸国が経済不振に陥ったことによって激減したことである。もう1つには、コメや衣料品などの輸出品で競合する東南アジア諸国、とりわけコメ輸出で世界1、2位を争うタイの通貨バーツが急落したため、ベトナムの輸出競争力に陰りが出て、通貨ドンに切り下げ圧力がかかったことである。通貨下落が悲惨な経済状況に陥った周辺東南アジアを目の当たりにしただけに、中国やベトナムも対岸の火事という感覚ではなかった。

　これに対し、台湾、シンガポール、フィリピンの3か国は、アジア通貨危機の影響が比較的小さかった。これら3か国については、それぞれ韓国、香港、タイと比較すると理解しやすくなる。韓国が大手財閥の拡張主義により経常赤字と対外債務を拡大したのに対し、活力ある中小企業が政府や銀行に頼ることなく輸出を拡大した台湾は、アジア通貨危機でも5％前後の好調な経済を維持した。民間の自由に任せて変動幅の大きい香港に対し、政府が行き過ぎを調整できるシンガポールは、98年通年ではマイナス成長を免れることができた。また、プラザ合意以降外資が集中したタイに対し、マルコス時代の失われた10年を強いられたフィリピンは、短期の投機的資金が入ることなく通貨下落は比較的軽く済んだ。

　以上、アジア通貨危機の本質に迫るべく、背景や各国状況を簡単に紹介した。まとめることは難しいが、1つには経常収支赤字、2つには脆弱な金融制度、3つには過剰投資とバブルの調整、4つには不適切な政策である。経済や景気には変動がつきものであり、好調な時期もあれば、停滞する時期も当然ある。アジア通貨危機は、基本的には高度成長が長く続いたがゆえの調整局面である。ただ、クルーグマン理論が的中したかのような、デフレを伴う厳しいマイナス成長となったのは、これら4つの要因が複雑に絡み合い、あるいは相乗効果となったものである。実際、経常赤字から黒字に転じ、供給過剰やバブルの調整が一段落した時点で、各国・地域とも経済回復傾向が鮮明となっている。

　アジア通貨危機には、さらにいくつかの論点がある。代表的なものには、東アジア各国通貨が、米ドルに固定あるいは連動していたことである。95年4月の1

米ドル＝80円をピークに、円高・ドル安が円安・ドル高に転じたため、米ドルにリンクした東アジア通貨は米ドル以外の主要通貨比で割高となり、輸出競争力の低下を招いてしまった。これに、94年の人民元レート一本化のインパクトが加わった。先にも紹介したように、自国通貨を米ドルに連動することは、東アジア各国・地域の経済・産業のメカニズムに組み込まれてしまっていたため、自国通貨の水準切り下げで調整することは既にできなかった。これまで円の国際決済通貨化を怠った上に、このような急激な円安を招いた日本を批判する論調も根強い。

しかし、この点に関する日本批判は、的外れと言わざるを得ない。東アジア諸国は、少なくとも70年代以降は、一貫して円高・ドル安を利用し、輸出主導の高度成長を謳歌することができた。追い風が長く続いたとはいえ、あくまでも偶然の所産であり、永遠に順風が続くと考えるのは少々虫がよすぎる。東アジア各国とも、経済成長と産業発達が一段落した段階で、外国資金や特定の国に依存しない経済構造を作るチャンスがあったはずである。実際、円高から円安になった局面は1981年と1990年にもあり、この時の経験を生かすことができれば、もちろん「タラ」、「レバ」は慎まなければならないが、今回のアジア通貨危機においても、より柔軟に対応してショックを和らげることはできたはずである。

アジア通貨危機の為替投機陰謀説とともに、ＩＭＦが緊急融資対象3か国に課した条件（コンディショナリティー）が、むしろ各国の経済ファンダメンタルズを壊したとする被害者意識も根強い。ＩＭＦが貯蓄率や財政状況の健全な東アジアに対し、放漫財政や過剰消費から外貨危機に陥った中南米と同様の処方箋、つまり需要抑制と緊縮財政を強制したことは、通貨危機によって痛んだ経済に追い打ちをかけた上に、本来の外貨流動性危機とは関係のない構造改革にまで踏み込んだことにより、インドネシアのスハルト政権が崩壊してしまい、政治危機まで引き起こし混乱に拍車をかけてしまった。要するに、ＩＭＦの指導が適切であれば、アジア危機の被害はより小さなもので済んだということである。

しかし、この点に関しても、ＩＭＦを擁護する訳ではないが、批判は必ずしも正しくない。抑制や緊縮の面では状況判断に課題を残したが、構造改革に踏み込んだことは極めて適切であった。というのは、この機会を逃しては、これまで指摘した東アジアの構造問題は、永久に改革されなかった可能性があるからである。そうなれば、国際競争がより厳しくなる21世紀において、東アジアは世界の発展

から取り残されることにもなりかねない。実際、改革当初強烈なＩＭＦ批判が起こった韓国では、ＩＭＦの核心を突いた改革が経済回復を確かなものにしたと評価する声が高まっている。次には、97年7月のアジア通貨危機発生から2000年末までの状況を、簡単に振り返ることにしたい。

2　アジア通貨危機の経過

　ここまで、アジア通貨危機の背景や本質を、個人的な見解を交えて簡単に紹介したが、これらを基礎知識として念頭に置きながら、この項ではアジア通貨危機発生の1997年7月から20世紀最後の2,000年末までを振り返ることにしたい。その際、明確に定義される訳ではないが、97年7月の危機発生から回復への明るい展望が見え始めた98年末までを、便宜的に四半期、つまり3か月を単位に区切ると、状況が理解しやすくなるように思われる。以下、節目の3か月を一応の単位とし、各国の危機や混乱の状況と回復に向けての道のりを紹介するとともに、各国が取り組むようになった構造改革を吟味し、その上で、21世紀の東アジアの展望にも踏み込んでみることにしたい。

　タイ・バーツは、実質米ドル固定相場の通貨バスケット制度維持断念が発表されると、当日の97年7月2日だけで、対米ドルで14％も暴落してしまった。このショックから、バーツのオーバーナイト金利は一時2,000％に達した。バーツ暴落が、輸入物価と金利水準の高騰を引き起こし、外貨債務の為替差損を発生させ、不動産バブルの崩壊と企業の生産意欲減退、消費や投資など国内需要の大幅減退にまでつながってしまった。バーツ暴落のショックは止むことなく、資本流出と外貨手当からタイの外貨準備は枯渇寸前となり、タイ政府は国際通貨基金ＩＭＦに支援を求めた。97年8月にはＩＭＦとの間で総額172億米ドルの緊急支援がまとまり、ＩＭＦとの合意による改革が実施されることになった。

　タイの状況をより悪くしたのは、金融部門が壊滅的な状況に陥ったことである。投機的な不動産融資を過剰に行っていた91社の金融会社は、計57社を8月までに営業停止処分に、うち再建見込みのない56社を年末までに閉鎖して破綻処理を行った。金融部門の中心である商業銀行についても、同族企業などへの縁故融資に

加え、経済悪化による企業業績不振が加わり、貸し出しに対する不良債権の比率は急上昇し、引当や償却によって収益が急減し、中小銀行では経営に行き詰まるところも出てきた。このように、タイはバーツ急落による通貨危機が金融危機につながり、金融危機が経済危機へと拡大する様相をみせた。首都バンコックの街は、建設がストップしたビルや失業者が目立つようになった。

表3－2 アジア通貨危機の3か月ごとの状況

期間、期の特徴	主要な出来事および特徴
1997年第3四半期 （7～9月） 発生期	7月1日　世界が注目する中、香港の主権が英国から中国へ返還 7月2日　タイ・バーツ変動相場制に移行、暴落からアジア通貨危機に 8月14日　ＩＭＦ中心の172億ドルの対タイ支援が決定 7～9月、周辺東南アジア通貨、タイ・バーツにつられて下落
1997年第4四半期 （10～12月） 拡大期	10月20日　台湾、介入を断念し、台湾元を実勢に委ねる 10月23日　香港ドルへ大規模売り、介入により株価と不動産下落 10月30日　インドネシア、ＩＭＦと支援合意、翌月16の銀行閉鎖 12月18日　韓国大統領選で金大中氏当選、ＩＭＦ合意遵守を宣言
1998年第1四半期 （1～3月） 揺動期	1月　インドネシア新年度予算案、ＩＭＦ合意を破る膨張型 1月　香港最大証券会社、インドネシア向け債権焦げ付きで倒産 2月　韓国、短期外貨債務繰り延べで債権側と合意 3月　スハルト大統領7選、ＩＭＦ合意違反の政策次々と発表
1998年第2四半期 （4～6月） 最悪期	5月　インドネシアで政治危機高まる、スハルト21日に退陣 6月　1ドル＝140円の円安に、中国人民元切り下げ観測強まる
1998年第3四半期 （7～9月） 反転期	8月　ロシア危機、国債元利払い停止でヘッジ・ファンド打撃 8月　香港当局、外貨準備で株式市場に介入、為替投機は打撃 10月　円安から円高に転じる、東アジアの輸出競争力にプラス
1998年第4四半期 （10～12月） 回復期	10月　米国大手ヘッジ・ファンド倒産、円安は正方向に 12月　東アジア経済回復基調に、プラス成長への回復基調に 年（期）末　多くの国でプラス成長に転じ、明るい兆し現れる

（出所）各種資料より筆者作成

タイ・バーツの暴落は、直ちに周辺東南アジア諸国の通貨にも波及し、各国の中央銀行は介入を試みるが、外貨準備の関係から通貨下落を容認せざるを得なくなり、インドネシアは8月半ばにルピアをバンド制から完全変動相場制へと移行

した。返還を終えたばかりの香港にも通貨売りが見られるようになるが、97年9月まではこうした圧力を簡単に撥ね退け、株価や不動産がさらに上がるなど、返還ムードの余韻さえ残っていた。これに対し、財閥の破綻が顕著となった韓国では、アジア通貨危機発生以降外貨資金の調達が難しくなり、既存の短期資金は引き揚げの動きを見せるようになる。最初の3か月は、タイがバーツ暴落から悲惨な状況に陥り、周辺諸国は通貨売り圧力が強まった時期と言えよう。

1997年10月になると、アジアNIEsへの通貨売りが強まり、それによる影響が出てくる。10月20日、台湾当局は台湾元レート維持のための介入を断念し、対米ドルで約8％切り下がった。しかし、台湾の場合これがむしろほどよい調整となり、株価や金利に好影響を与えるとともに、輸出競争力にも役立つものとなった。台湾で勢いづいた為替投機は、3日後の10月23日、香港ドルに大規模な売りを仕掛けた。香港の金融当局である香港金融管理局は、これに対抗して市場から香港ドル流動資金を猛烈な勢いで吸い上げたため、市場金利は一時300％にも跳ね上がった。この強烈なインパクトに、株式市場と不動産市況は即座に反応し、香港返還ブームの好景気はここに終わりを告げた。

97年1月の韓宝から財閥の倒産が相次いだ韓国では、タイ・バーツ下落によるアジア通貨危機が国際信用の低下に拍車をかけ、97年第4四半期になると短期債務の借り換えを渋る債権者が多くなった。通貨ウォンの下落傾向が鮮明となり、11月には1ドル＝1,000ウォンの壁を突破した。IMF緊急融資時の厳しい見返り条件を恐れて、当初は日本に外貨を融資するよう打診した。しかし、日本からはIMFと交渉するようにと勧告され、11月末に総額570億米ドルの緊急融資がまとまった。IMFの見返り条件は、経常赤字削減や財政緊縮などマクロ抑制策の他、金融や財閥の抜本改革、外資規制大幅緩和などにも踏み込んだもので、12月の大統領選挙における有力3候補すべてに合意をとりつけた。

97年第3四半期は、インドネシアにとっても転換点となった。アジア通貨危機発生当初、通貨ルピアはタイ・バーツにつられて下落したが、ルピアの為替制度はバーツより柔軟性が高く、スハルト政権の強い指導力のもと、強い輸出品である原油が稼ぐ外貨を武器に、多少成長率を落としても、無事に乗り切るものと見られていた。実際、当初はASEANの盟友であるタイに対し、5億米ドルの支援を表明する余裕さえあった。さらに、隣国マレーシアのマハティール首相がヘ

ッジ・ファンド批判で欧米と対決姿勢を鮮明にしたのに対し、インドネシアは9月に外資規制緩和などを盛り込んだ9項目の市場活性化策を打ち出したことで、国際的に高い評価を受けていた。

　ところが、第4四半期の10月になるとルピアの下落幅が拡大した。外貨を借り入れたインドネシア企業、より具体的には国有企業と大手華人財閥企業が、将来ルピアがより安くなることを恐れて、返済手当のための米ドル買い・ルピア売りの動きを強めたからである。インドネシア政府は、米国留学組の経済官僚を窓口に、ＩＭＦに緊急融資を申し入れた。緊急融資といっても、この段階のインドネシアでは、将来予想される外貨返済に備えるための予備的な性格であった。10月末にはＩＭＦとの間で総額430億米ドルの緊急融資がまとまり、11月初めには16の銀行が予告なく直ちに閉鎖された。ＩＭＦとの合意に基づく改革の一環であるが、後から振り返れば人々に与えたショックは絶大であった。

　インドネシアの銀行部門は、タイとは逆に1988年に大幅な規制緩和が行われ、多くの地場民間銀行が誕生した。規制緩和は、投資主導の高度成長による資金需要に応じるため、国内金融市場を拡大することを狙ったものであったが、その反面縁故融資や不動産投機などがはびこるようになり、銀行増加で金融当局の管理・監督体制も手薄になったことも加わり、金融制度全体としては決して健全には発展しなかった。また、オランダから接収した銀行を改編した大手国有銀行は、スハルト・ファミリー企業に多額の融資を行う役割も担わされるなど、極めて問題の多い部門であった。それでも、90年代に入ってからの高度成長により、金融部門の問題はごく一部を除き露呈することはなかった。

　閉鎖された16の銀行の中には、スハルト大統領の次男がオーナーの銀行もあった。人々の銀行に対する不安は高まったが、ファミリー・ビジネスにメスを入れたことで、改革を評価する声が高まった。しかし、後に次男には別の銀行を斡旋したことが判明し、ＩＭＦとの合意に基づく巨大インフラ・プロジェクトの中止・延期も発表されたが、大統領の長女の企業が請け負った高速道路や火力発電所などは、例外として続行されることになった。こうしたスハルト大統領の身内や取り巻きを優遇する姿勢に、次第にインドネシアの人心が離れるようになり、ルピアの下落幅はより大きくなった。12月には重要な会議を欠席したことから、スハルト大統領の健康問題が取りざたされ、ルピア売りは一層加速した。

98年第1四半期には、インドネシアの悪化が決定的となる。1月初めに恒例の新年度予算案が発表されたが、IMF合意を反故にする膨張型だったことから、インドネシアの国際信用は急低下し、失望売りからルピアは1ドル=10,000ルピアの大台を突破してしまった。インドネシアの混乱が周辺東南アジア通貨の売りにもつながり、タイ・バーツは1ドル=50バーツ台の最安値を更新する。また、インドネシア向け債権が焦げ付いた香港最大の証券会社が倒産し、香港経済もマイナス成長に陥った。3月にスハルト大統領が全会一致で7選を決定するが、ルピアの対米ドル・ペッグ制など、国際的信用を低下させる政策を次々と打ち出し、国内各地で独立運動や反政府のデモが頻発するようになった。

98年第1四半期は、金大中政権が発足した韓国にとって、最大の山場となった。期限の迫った外貨の短期債務を中長期に乗り換えるための国際銀行団との交渉は難航した。それでも、IMFと合意した改革を断行する姿勢を鮮明とすることにより、1月中に大筋で繰り延べの合意を取り付けることに成功した。3月には、公的資金64兆ウォンを投入する金融改革案を打ち出し、銀行や総合金融会社の再編に本格着手した。また、金大中大統領は、労働者の反発が予想される中、長年の懸案であった整理解雇制の導入にも踏み切った。この期間中には、外資の出資規制も大幅に緩和し、これにより外国資本が韓国企業のリストラに参画しやすくなり、韓国の国際信用も急速に回復した。

1998年第2四半期になると、インドネシアで政治危機への展開を見せた。アジア通貨危機発生以降、IMFの緊急支援を受けたタイと韓国では政権が交代し、経済政策を発端とするマレーシアの政治スキャンダルなど、政治面での変化や対立が起こったが、インドネシアでは世界が固唾を飲むほどの大事となった。事の発端は、IMFとの合意に基づき、インドネシア政府が5月初めに燃料料金の引き上げを実施したところ、これに反発するデモが国内各地で発生し、首都ジャカルタにおけるスハルト政権退陣を求める大規模デモへと発展し、スハルト大統領は5月21日ついに退陣を決意した。この段階で経済的優位にある華人への攻撃もあり、首都ジャカルタは一時大混乱となった。

ハビビ副大統領が大統領職を引き継ぎ、民衆にはスハルト子飼いのハビビ氏への不満はあったものの、スハルト退陣という大目標が達成されとりあえず混乱は収まった。後継のハビビ大統領は、スハルト時代に蔓延した汚職、癒着、縁故

（インドネシア語の頭文字でＫＫＮ）の排除を宣言し、スハルト時代に失われた国際信用の回復と、デモや暴動も加わって壊滅状態となった経済の立て直しに着手することになった。ドイツ留学組のハビビ氏は、国際社会から好意的な反応を引き出し、債務繰り延べや支援増額の交渉には成功したものの、スハルト氏の汚職捜査では足踏みしてしまい、与党ゴルカルの銀行を巡る汚職事件も発覚してしまったため、1年後にはワヒド政権が誕生した。

1998年第2四半期は、もう1つの意味でアジア通貨危機の将来を占う最大の山場が訪れた。それは、世界が最も恐れた中国人民元の切り下げ観測が急速に高まったことである。先にも紹介したように、タイ・バーツ下落を発端とするアジア通貨危機の背景の1つに、1994年の中国人民元の通貨改革、人民元レート一本化が指摘される。この中国の通貨改革は、人民元の33％切り下げとしばしば誤解されることがある。何故誤解かといえば、この時には1ドル＝5.8元の公定レートが廃止され、既に存在した1ドル＝8.7元の市場レートに統一したからである。公定レートと市場レートの差33％分が切り下げと理解されたようであるが、この時点で大部分の取引が既に市場レートとなっていたからである。

中国の為替レート改革は成功し、以降中国は輸出を大幅に伸ばした。貿易黒字は、97年に史上最高の404億米ドルを記録し、97年末の外貨準備高は日本に次ぐ世界第2位の1,400億米ドルに達した。一方、バーツを割高に維持する通貨バスケット制度に固執したタイは、96年に輸出の伸びがマイナスを記録し、経常収支の赤字を拡大させてしまった。もっとも、東南アジア通貨と中国人民元の競合関係は、いま一つ定かではない。繊維や雑貨など類似する輸出品は数多くあるが、製品の品質や輸出市場による明確な競合関係はごく一部にしか見られない。ただ、タイと中国の両方に進出している日本の大手家電メーカーが、為替レート変動により洗濯機や冷蔵庫などの生産をシフトしたことは確かである。

しかし、因果関係はどうあれ、中国人民元の実質33％切り下げがアジア通貨危機の一因と信じられるようになると、東南アジア通貨の暴落により輸出競争力を相対的に低下させた中国が、今度は人民元を切り下げて対抗すると恐れられるようになった。何故恐れられたかといえば、中国人民元の切り下げが、東南アジア通貨への新たな切り下げ圧力となり、通貨切り下げ競争がスパイラル（悪循環）的に世界大恐慌へとつながる可能性があったからである。このため、中国の動静

に注目が集まるようになった。その中国といえば、輸出の好調さにも国内に数多くの問題を抱えており、というより、改革・開放以降中国経済が次第に輸出依存型へとシフトしていたため、中国の輸出動向にはとりわけ注目が集まった。

当の中国は、そうした世界の注目を意識してか、1998年3月の全人代で首相に昇格した当時の朱鎔基副首相や、人民銀行総裁など政府の要人は、事あるごとに人民元の切り下げはないと強調し、実際人民元レートは、94年の通貨改革当時の1ドル＝8.7元から97年7月のアジア通貨危機発生時には1ドル＝8.28元まで切り上がり、その後もほぼ安定して推移していた。ここで注意しなければならないのは、中国の為替制度は管理変動相場制であり、管理とはいっても原則的には市場の需給状況で為替レートが決まることである。もちろん、外為市場の絶対的規模が小さいことから、政府の意図が絶対的に反映するが、市場実勢に任せて人民元が下落した場合、厳密には切り下げとは呼べないのである。

こうしたことも念頭に置きながら、アジア通貨危機発生以降の中国経済の状況、とりわけ注目された輸出の状況を見ると、第1に中国の国内経済は、92年の鄧小平新春講話以降実質2桁の高度成長経済局面となり、過熱抑制に経済エースの朱鎔基副首相が人民銀行の総裁を兼任して手腕を振るったが、97年後半までには過熱抑制はほぼ達成され、98年にはデフレさえ懸念されるようになった。成長率は1桁に低下し、代表的インフレ指数である小売物価上昇率は、98年になるとマイナスに転じた。輸出については、97年全体では対前年比21％の高い伸び率を示し、貿易黒字と外貨準備高は史上最高を記録したが、東南アジア通貨が下落した97年後半から伸び率が大幅に低下した。

中国にとって、最大の懸案は赤字国有企業の問題である。しかし、一気に改革しようとすると、従業員や家族の福利まで抱えているため、失業など社会問題を引き起こしてしまう。また、そうした国有企業に多額の融資を行った国有銀行も、多額の不良債権を抱えて問題部門となってしまった。国有部門発の混乱を引き起こさないためには、中国にとって8％成長が最低ラインと見られる。98年3月の全人代において、8％成長達成を掲げたのもこうした事情からで、8％を大きく下回るようであれば、輸出に活路を見出すべく、為替レート調整が必至と見られた。ＷＴＯ体制復帰を悲願とする中国は、国内需要により成長率を維持すべく、国債増発による財政支出拡大で必死に内需を盛り上げようとした。

こうした中国の通貨人民元にとって、最大の山場となったのが98年第2四半期に属する6月である。この時期1ドル＝140円超えの円安となり、中国に限らず他の東アジア諸国からも悲鳴があがる状況となった。とりわけ、通貨危機前から通貨安定を堅持している香港にとって、円安による貿易加重の実効レートの上昇が痛手となり、実体経済の弱化から通貨リンク制度断念かという観測も強くなった。そうなれば、返還後の香港を自らの金融センターとして、国有企業の資金調達に利用しようとしていた中国にとっても大打撃となる。このため、かねてから人民元の切り下げはないと公言していた中国政府高官も、この時期になって円安が続けば人民元レートの安定は保証できないと示唆するようになった。

　これに慌てたのが、クリントン政権のアメリカである。アジア通貨危機が円安・ドル高によるとの指摘にも、円安は日本の国内問題だとして、アメリカは当初外為市場に介入する姿勢を見せなかった。一方の日本も、97年末の金融危機からようやく脱出したものの、経済にはまるで勢いがなく、周辺東アジアの経済を回復させ円高にしてくれとの要請にも、まるで応えることができなかった。しかし、世界大恐慌につながりかねない中国人民元の切り下げが示唆されたことで、アメリカはドル売り・円買いの介入に出た。アメリカ介入の効果は大きく、これをピークに円安・ドル高は是正に向かい、中国も引き続き国有企業や金融の改革、公共事業による国内需要盛り上げで乗り切る姿勢を鮮明にした。

　98年第2四半期には、韓国も今後を占う重大な局面を迎えていた。金大中政権下での大手財閥の事業交換、いわゆる「ビック・ディール」である。韓国の財閥は、他の財閥にライバル意識を剥き出しに事業を拡張した。それが過剰投資につながり、半導体のように世界的な供給過剰まで引き起こすものもあった。こうした状況により通貨危機に巻き込まれたとの認識から、大手財閥は自分の得意分野に事業特化することで各財閥とも合意した。しかし、いざ各論の個別交渉に入ると、各財閥の利害が錯綜して実のある成果が得られないのがこれまでの常であった。しかし、今回は三星が自動車事業から撤退し、ＬＧの半導体が現代に譲渡されるなど、注目される事業交換・再編強化の実績が見られた。

　98年第3四半期になると、東アジア側が為替投機に対して反撃に出た。8月には、香港行政府が約150億米ドルの外貨準備を使い、株式市場からハンセン指数構成33銘柄を買いあげた。これにより、香港ドルを狙いと見せながら実は返還バ

ブルで膨れあがった株価を下落させることにより利益を吸い上げていたヘッジ・ファンドなど為替投機筋は、株価上昇により大打撃を受けてしまった。9月に入ると、香港は株価先物規制とカレンシー・ボード（通貨リンク制度の別名）強化策を矢継ぎ早に打ち出し、これらが功を奏し香港は当面為替投機圧力から解放されることになった。しかし、こうした株価操作（ＰＫＯ）により、経済活動に介入しないという香港の名声は著しく傷ついてしまった。

こうした香港の通貨投機への反撃、それに8月にはロシア通貨危機が発生し、ロシア国債に巨額を投じていた米国大手ヘッジ・ファンドが倒産したこともあって、東アジア通貨を攻撃した国際的フローが反転した。このため、東アジア通貨売り攻撃も一段落し、東アジア通貨はほぼ安定を取り戻し、それに伴い金利が低下し、インフレも沈静化し、輸出競争力を奪っていた円安・ドル高が、98年10月には1ドル＝108円までの円高に戻ったことも追い風となって、98年第2四半期まで多くの国でマイナス成長幅を拡大していた東アジア経済であるが、政治混乱が続いたインドネシアを除き98年第3四半期までにはほぼ下げ止まり、98年第4四半期にはプラス成長を取り戻す国も出てきた。

もう1つには、アジア通貨危機前には経常赤字だった国も、アジア通貨危機以降はほぼすべて黒字基調に転じた。これは、通貨下落による輸出拡大というよりも、経済危機による輸入抑制の面が強いが、結果として経常黒字基調は、経済回復の良薬として作用した。99年第1四半期になると、インドネシアを除いてすべての国でプラス成長を取り戻し、99年通年では高度成長期に近い高い成長率を達成した国もある。もちろん、前年マイナス成長となった国は、基準値が低いことを割り引いて考える必要がある。しかし、2000年までには、韓国とタイはＩＭＦの支援体制を脱し、韓国では外貨準備高が史上最高の800億米ドルを超えるなど、深刻な危機からは完全に脱したと考えることはできよう。

2000年になると、経済回復傾向はより鮮明となり、99年に10.7％の高い成長率を記録した韓国に続き、2000年第2半期には香港が年率14.3％を記録した。アジア通貨危機では周辺諸国の資産買いに回ったシンガポールや、為替投機との対立姿勢を鮮明として98年9月に資本規制と1ドル＝3.8リンギの固定相場制を導入したマレーシアも、2000年に入り四半期単位で10％前後の高い成長率を達成している。人民元の安定を守って国際的評価を高めた中国は、2000年5月に悲願のＷＴ

○体制復帰を確実にし、貿易や投資の分野における国内市場開放のより一層の開放を進めることになった。ＩＭＦやアジア開発銀行など主要機関は、東アジア各国の成長率予測を発表ごとに上方修正している。

表3－3　東アジアの経済成長率推移

（実質年率：％）

国／年	1996	1997	1998	1999	2000	97 Ⅳ	98 Ⅰ	98 Ⅱ	98 Ⅲ	98 Ⅳ
韓　国	6.8	5.0	▲6.7	10.7	8.6	3.6	▲4.6	▲8.0	▲8.1	▲5.9
台　湾	6.1	6.7	4.6	5.7	6.5	7.0	5.7	5.2	4.1	3.4
香　港	4.5	5.0	▲5.3	3.1	8.9	2.5	▲2.8	▲5.3	▲7.0	▲5.7
シンガポール	7.5	8.4	0.4	5.4	7.4	7.8	4.7	0.4	▲1.9	▲1.2
タ　イ	5.9	▲1.7	▲10.2	4.2	4.9	▲5.1	▲7.5	▲13.7	▲12.7	▲6.8
インドネシア	7.8	4.7	▲13.2	0.2	3.5	1.1	▲4.1	▲14.5	▲16.2	▲17.6
マレーシア	10.0	7.5	▲7.6	5.8	8.0	5.6	▲2.5	▲5.9	▲10.5	▲10.9
フィリピン	5.8	5.2	▲0.5	3.2	3.7	4.7	2.0	▲0.9	▲0.8	▲2.2
中　国	9.6	8.8	7.8	7.1	8.0	8.8	7.2	7.0	7.2	7.8

注）2000年はＩＭＦ予測
（出所）各国政府資料

以上簡単にアジア通貨危機を振り返ったが、表3－2で示したように、1997年7月から1998年12月までの1年半を3か月の四半期ごとに分けると、発生期、拡大期、揺動期、最悪期、反転期、回復期となる。もちろん、これは筆者の個人的な分類方法で、今回初めて紹介することを付け加えておきたい。これは、通常のマクロ経済や製品市場のサイクルと同様であり、為替投機や円ドル・レートなど、対外要因も複雑に絡み合っているが、基本的には、過剰投資による生産設備の供給過剰と、過剰流動性による株価や不動産など資産価格の上げすぎを、デフレによって調整させられた過程と考えることができる。こうした上げすぎを許したところが、東アジア各国の高度成長に対する過信だったとも言える。

アジア通貨危機から立ち直りを見せている東アジアであるが、現状をどのように理解し、将来をどう展望したらよいのか、いくつかのポイントから紹介してみることにしたい。最大のポイントは、アジア通貨危機の原因と指摘されるようになった構造問題を、各国の政府や民間が解決を課題と認識し、真剣に改革に取り

組んでいるのか、それとも上辺だけを取り繕っているのか、検証することが重要である。ただ、この章の初めにも紹介したように、通貨危機に陥らせしめたと指摘されるようになった構造問題は、それ以前には東アジアの高度成長の原動力と賞賛されていたものもあるように、これらの構造問題とアジア通貨危機との相関関係は、必ずしも証明されていないことは留意する必要がある。

　まず、投機的な外貨資金を無制限に流入させた仕組みであるが、タイやインドネシアが自由度の高い変動相場制に移行し、マレーシアが資本規制を導入したことにより、通貨危機前よりは相当改善されたと考えることができる。欧米や日本など貸し手サイドも、成長神話が崩れたことにより、東アジアへの投融資に慎重な姿勢となったことでも、行き過ぎた資金の流れを抑制することが期待される。また、流動性危機の怖さを知った東アジア各国の中央銀行が、緊急時に外貨準備を融通し合う協定を結んだことも、今後にとって大きな前進と言える。しかし、いずれにしても完璧ではなく、将来東アジアに再び高度成長志向が戻り、今回のアジア通貨危機の記憶が薄れた場合には不安が残る。

　次には、金融・銀行部門の改革である。今回のアジア通貨危機で、ＩＭＦの緊急支援を受けた3か国をはじめ、直接打撃を受けなかった中国も含め、東アジアの金融部門の脆弱さが露呈した。各国により事情は多少異なるが、銀行の貸し出し行動に倫理観が欠けていたことが根本的な原因となった。不動産バブルの崩壊もあって、健全さを欠く貸し出しは不良債権化し、通貨下落による為替差損分も返済不能として加わり、生産活動に必要な資金供給という本来の役割を果たせなくなったものである。各国政府にとって、金融部門の再生が経済再建における最優先課題の1つとなり、金融監督体制の強化、不良金融機関の閉鎖、公的資金の投入などの方法で改革が進められるようになった。

　東アジア、とりわけ東南アジアの金融部門は、華人資本の牙城である。そうした華人資本の銀行や金融会社は、政府や政治家、官僚とのつながりが深く、自らの既得権には敏感である。こうした既得権を保護したことが、高度成長による資金需要に応じる金融市場の拡大にとって阻害要因となった訳であるが、アジア通貨危機を契機とした改革でも、そのように受け取られかねない兆候も見られる。例えば、アジア通貨危機の発火点となったタイでは、金融部門の立て直しに外資規制を緩和したが、外国資本が過半数を持てる期間を10年に限定した。金融資本

の抵抗に政府が押し切られたことは容易に想像できるが、通貨危機の反省が見られない中途半端な改革は、将来禍根を残すことになる。

　もっとも、金融改革については、既得権以前の問題がある。それは、国民全体の負担となる公的資金の投入にも、不良債権の処理が容易には進まず、経済回復の原動力となる新規貸し出し、とりわけ中小企業向けを拡大できないことである。一般の人々の銀行に対する信頼も低下し、中小・零細銀行から大銀行への預金の移動が起こり、預金が流出した銀行は一層経営体力が低下する一方、貸し出し原資の増えた大手の銀行も、アジア通貨危機時の経験から、貸し出しの拡大には慎重になっている。こうした状況を打破すべく、政府は中小企業に対する信用保証制度を拡充するようになった。しかし、巨額の財政負担は将来の重荷になる可能性も高く、決して楽観できる状況にはないことは確かであろう。

　アジア通貨危機では、各国企業の過剰投資体質が問題点として浮上した。韓国の財閥企業を例にとれば、既存分野の拡張や新規事業への進出に、銀行から無制限に近い融資を引き出すことができた。収益性や将来性に問題があっても、いざとなれば政府が救済してくれるとの安易な発想から、外部負債／自己資本で産出される負債比率が、倒産したところで数千％、平均でも500％という水準まで上昇した。財閥企業に対する無制限の融資が、外貨債務の増大も招いた。これに対し、アジア通貨危機で強さを見せた台湾企業では、負債比率は平均60％と、韓国とは大きな差がある。外部負債は、不況時にも利払いと元本返済が猶予されるものではなく、適切な水準を維持することは企業経営の基本でもある。

　東アジアの企業は、資本主義の歴史が浅いこともあって、オーナー個人や家族による経営が依然数多く、企業内容はなかなか開示されない。韓国の財閥企業や東南アジアの華人企業では、オーナーのトップダウンにより、企業またはグループ全体の経営方針・戦略が決まる。東アジアで証券市場が発達しないのも、こうした事情によるところが大きい。東京に次ぐアジア第2位の株式市場は、重化学工業大企業の多い韓国のソウルではなく、不動産や銀行などサービスの発達した香港である。こうした企業経営の不透明さは、往々にして政府との関係にも持ち込まれる。こうした形態が必ずしも悪いという訳ではないが、チェック機能が働かないことで、暴走を許しがちになることはやはり問題である。

　アジア通貨危機以降、「コーポレートガバナンス」の重要性が盛んに論じられ

るようになった。企業統治の不適切さ、倫理観の欠如がアジア通貨危機を招いた原因の1つとの反省に立ち、優れたコーポレートガバナンスを確立しようとする機運が高まっている。十分な検討より即断・即決、正式な契約書より個人的な信頼関係を重視する華人式経営が、東アジアの高度成長の原動力と東アジアの高度成長の原動力と賞賛された頃とは隔世の感があるが、それはともかく、銀行部門の改革とともに、コーポレートガバナンスの確立も、東アジアの経済回復、さらには長期的な安定成長の重要な鍵との認識が高まり、企業そのものの努力とともに、各国政府も正面や側面からの支援に真剣に取り組む姿勢を見せるようになった。

東アジア各国政府の取り組みとしては、法律や制度の整備があげられる。タイやインドネシアの東南アジアは、これまで破産や更生など企業に関する法的枠組みはほぼ未整備であった。タイでは、小切手や手形の不渡り制度すらなかった。こうした状況が長く続いたことがむしろ不思議とも言えるが、高度成長時代には外資企業が押し寄せ、問題が表面化することなく企業活動を行うことができた。アジア通貨危機以降、企業倒産など債権者に関わる問題が数多く生じ、経済立て直しに必要不可欠な債務交渉に支障が生じたため、各国政府は法律の整備を急いだ。その結果、チュアン政権となったタイとスハルト政権が崩壊したインドネシアでは、先進国をモデルにしたこれらの法律が整備された。

しかし、法律を整備さえすればよいというものではなく、法律に基づく運用体制が重要である。適切に運用するには、破産法廷に関係する判事や弁護士など人材の質量ともの充実が求められる。法律は施行されたものの、国際的に認知される水準の運営には依然程遠く、長期間を要するものと思われる。それに、こうした枠組みを避けようとする動きも出ている。インドネシアでは、破産法廷への申請手続きがなかなか受け付けられない上に、企業間の自主的な債務交渉を促す「ジャカルタ・イニシアティブ」まで採択された。こうした動きは、法律どおりに運用されれば、弱い立場の地場企業が地すべり的に倒産するとの政府の危機感の現れと思われるが、こちらの面でも長時間を要するものと思われる。

これに対し、韓国は大胆な改革が進んだ印象である。金大中政権は、これまで聖域であった財閥改革に踏み込み、得意分野に特化させるビック・ディールを大筋成功させた上に、各財閥の複雑な債務保証関係を解消させ、大手財閥は負債比

率を200％に低下させた。銀行が大胆にリストラされたために、これまでのように無制限の融資引き出しが不能となり、慎重な事業計画が要求されるようになった。外資規制が緩和されたことにより、財閥企業の危機感が高まり、自己資本調達や国際信用向上に向けた企業内容開示にも積極的に取り組むようになった。自動車、半導体、石油化学など韓国の主要産業は、世界的な大再編の荒波にあるが、現在の路線を続けることにより、明るい将来展望が開けることであろう。

　以上、アジア通貨危機を簡単に振り返ったが、次は5つの章にわたり、東アジアを構成する主要な10の国・地域をそれぞれ紹介することにしたい。便宜的に1つの章を2つに分け、経済発展段階、産業構造・構成、統治や政策などの面で、しばしば比較の対象となる国・地域を割り当てた。各国論最初の次章は、韓国と台湾である。

第4章　韓国、台湾

1　「漢江の奇跡」韓国

　1960年代から目覚しい発展を遂げた韓国経済は、首都ソウルを流れる漢江（ハンガン）の沿岸が近代的に変貌する様子から、「漢江の奇跡」と賞賛される。1945年8月15日に独立を果たしたが、北緯38度線を境に朝鮮半島が分断され、同じ民族が対立する悲劇を味わうことになる。1950から53年までの朝鮮戦争は、戦後の東西冷戦構造がそのまま持ち込まれ、戦火により韓国の国土は荒廃を余儀なくされてしまった。少しでも良い生活を追求する韓国の経済発展は、まさにこうしたゼロまたはマイナスからのスタートとなった。戦後まもなく、親米的な李承晩政権が誕生し、米国から30億米ドル超の援助を受けたが、朝鮮戦争もあって経済運営に失敗し、1961年には朴正煕将軍が大統領となり政権を握った。
　朴大統領の統治は、後に民主化を抑圧した強権政治との厳しい評価を受け、夫人そして自らが銃弾に倒れるという悲劇的な結末を迎えてしまったが、韓国の工業化の基礎をつくった功労者として、経済面では高く評価されることもある。朴大統領が就任した翌年の62年には、第1次5か年計画による政府主導の経済発展戦略が早速始められた。第1次5か年計画は、外資導入による輸入代替工業化と、農業生産増大による農民の所得水準向上を目指したものであったが、外資導入は予定どおりに進まず、計画の目標は下方修正を余儀なくされた。こうした朴政権の経済政策の不成功は、政治・外交上の追い風によって十分補われた。それは、ベトナム戦争への派兵と日本との国交回復である。
　1965年のベトナム戦争派兵は、アメリカから見返りの援助と特需につながり、同年の日本との国交回復は、日本から戦後賠償（Compensation）や政府開発援助（ＯＤＡ）を得る契機となった。このように外交的なポイントを稼いだ上で、1967年には第2次5か年計画が始まった。第2次5か年計画期に、輸出志向の工業

化が本格化した。68年には、日本政府の資金協力と新日本製鉄の技術援助により、韓国初の一貫製鉄所の基礎会社が設立された。この会社の第一炉は1973年に稼動し、現在では粗鋼生産世界第2位の浦項総合製鉄所（ＰＯＳＣＯ）へと発展している。また、第2次計画期は、化学繊維、セメント、電気など、重化学工業化の基礎となる工場が、相次いで生産を開始した時期でもあった。

表4－1　韓国の基礎データ

国名	大韓民国	宗教	キリスト教、仏教、儒教
面積	9万9,274km^2	政体	共和制
人口	4,643万人	元首	金大中大統領（1998年2月就任、任期5年）
首都	ソウル	議会	国会（定数299名、直接選挙、任期4年）
言語	韓国語（朝鮮語）	内閣	林泰俊秘国務総理
会計年度	暦年に同じ	通貨	ウォン（1米ドル＝1,265ウォン、2000年末）

最近の主要経済指標
　国内総生産（ＧＤＰ）　　97年4,448億ドル　　98年2,847億ドル　　99年4,067億ドル
　1人当たりＧＤＰ　　　　97年　9,672ドル　98年　6,132ドル　99年　8,581ドル
　ＧＤＰ伸び率　　　　　　97年　5.0%　98年▲6.7%　99年　10.7%　外貨準備高
　消費者物価上昇率　　　　97年　4.5%　98年　7.5%　99年　0.8%　（2000年6月）
　失業率　　　　　　　　　97年　2.6%　98年　6.8%　99年　4.8%　902億ドル
　ＧＤＰ産業別構成比（98年）
　　　農林水産6.0%　　製造業29.4%　　建設業10.5%　　金融19.2%　　商業12.2%

（出所）「The World 2000」日本貿易振興会（ジェトロ）

　韓国の工業化は、前出のＰＯＳＣＯや運輸、通信、電力など公益事業関連の国有企業とともに、民間資本ではチェボルと呼ばれる財閥企業が原動力となった。財閥という用語自体日本語を韓国語読みしたものであり、現在は韓国版独占禁止法である公正取引法で、上位30位までが監視対象となっている。現在の財閥は、もともと繊維、製糖、製粉などいわゆる「三白」の零細な事業者だったが、朴政権はこれら特定の事業者に目をつけ、生産設備や原材料など輸入のための外貨を優先的に割り当て、民間から国有へと改組した銀行に優先的にしかも低利の融資を行わせた。また、厳しい産業規制によって、事業への参入は特定の業者に限定

したため、指定業者には独占的な利益が保証されるようになった。

　当時の韓国は人件費など生産関連のコストが低く、アメリカや日本などから製造業投資が行われるようになった。進出した外資企業は、原則すべての生産物の輸出を義務付けられ、規模が小さかった韓国の国内市場は、特定財閥企業のために保護された。資本や技術、それに人材と経営資源に乏しかった当時の財閥は、実質的に政府から保証された無制限に近い銀行融資を利用するとともに、外資との提携により技術を導入した。日本企業など外資にとって、当時の韓国企業はライバルという意識はなかったため、韓国側の要求に応じ自社のもつ比較的最新の技術や経営ノウハウを移転した。また、輸出振興のために、大手財閥は日本の総合商社をモデルとした貿易会社をグループ企業として設立した。

　60年代に繊維など軽工業品において輸入代替と輸出拡大に成功すると、72年に始まる第3次5か年計画では、重化学工業化に弾みがついた。この時期には、73年のＰＯＳＣＯ粗鋼生産開始、74年の現代造船大型ドック竣工をはじめ、乗用車生産の開始、中東での建設工事受注と、韓国産業界にとって記念すべき出来事が相次いだ。日本に新興工業国韓国を印象づけたのは、74年に中東の大型建設案件の受注で、日本のゼネコンが現代建設に敗れたことである。また、繊維など軽工業品をはじめ、造船、自動車、家電、重機械などの産業でも、低価格を武器にアメリカなど欧米市場において、日本製品に正面から競争を挑むようになった。日本の産業界も、この頃から韓国への技術移転を渋り始めた。

　70年代には、73年と79年の2度にわたり石油ショックが発生し、石油資源のない韓国も大きな打撃を受けた。しかし、73年の第1次石油ショック時には、石油価格高騰の恩恵を受けた中東諸国から建設案件を受注することで、ショックを和らげることに成功した。79年の第2次石油ショック時には、重化学工業への大型投資が軌道に乗った時期であり、また同年には朴大統領が暗殺されやはり軍人の全斗煥大統領が政権を握り、翌80年には光州事件が起こって国内混乱となった影響もあって、初のマイナス成長を記録した。しかし、60年代、70年代と年平均10％を超える高い経済成長を達成し、1人当たり所得は、朴政権初期の1965年の100米ドルから、80年には1,600米ドルへと大きく伸びた。

　ここで、韓国経済の発展の立役者となったチェボル、財閥に話を移すことにしたい。現在、韓国の5大財閥といえば、現代、三星、大宇、ＬＧ、ＳＫという名

前がすぐに思い浮かぶことであろう。この勢力図は、この後触れるようにアジア通貨危機以降崩れてしまったが、「漢江の奇跡」と呼ばれた頃の高度成長時代には、韓国経済の代表として事業と輸出を拡大した。5大財閥に就職することは、高い収入と地位を保証されることになり、優秀な大学生はこれら企業への就職を目指す。韓国の財閥は、日本の三井、三菱、住友など日本の財閥と比べ歴史が浅いこともあって、オーナー一族の権限が絶大で、企業数や組織が拡大した割には、所有と経営の分離が進まない個人商店的な特徴も有している。

表4－2　韓国五大財閥の概要

財閥名	現　代	三　星	大　宇	ＬＧ	ＳＫ
創始者	鄭周永	李秉喆	金宇中	具仁会（楽）	崔鐘賢
沿革	1947年に現代建設設立、韓国重化学工業の重鎮的な存在	1938年設立の貿易会社を土台に多角化、半導体を重点に	1967年設立の繊維商社、自動車など重工業に重点	金成坤（金）1958年設立、化学・薬品の楽喜と電子の金星主力	1950年代に台頭した新興財閥
総資産	536千億W	517千億W	355千億W	384千億W	229千億
負債比率： 上97末 下98末	527.3% 449.3%	365.5% 275.7%	473.6% 526.5%	507.8% 341.0%	466.2% 354.9%
企業数： 上危機直前 下改革案	63 32	65 40	41 10	53 32	49 22
得意分野 収益事業	建設、造船、自動車、電子	電子・半導体、石油化学、保険	自動車、造船、半導体、機械	化学・薬品、電子・家電	石油精製繊維化学
業績、経営などの特色	鄭周永会長のワンマン経営、最近ではお家騒動も発覚	2代目で第2の創業、外部の優秀な人材を積極的に登用	アジア通貨危機で実質倒産現在外資など売却先を探す	通貨危機で化学と電子に特化するリストラ	危機後、得意の石油化学とテレコムに特化

（出所）各種資料から筆者作成

韓国の財閥企業は、独立前の1938年に開業した三星などの例もあるが、大部分は独立後に設立または開業した戦後派である。現代を例にとれば、総帥の鄭周永（1915〜2001）名誉会長が、現在北朝鮮にある出身地から独立前にソウルへと渡り、日雇い労働者として働き始めた。蓄えた資金で独立後まもなく現代建設を設立し、そこからサクセス・ストーリーが始まった。他の主要財閥は、独立後日本から接収した会社や工場の払い下げを受け、50年代までに紡績、製糖、製粉の「三白」などの事業に進出し、政府から独占販売権などの保護を受けた特恵財閥と、現代のように創業者が無一文から事業を興し、60年代になって朴政権の輸出工業化政策に乗って事業を拡大した新興財閥に分けることができる。

　韓国企業の1つの特徴は、横並び意識が強いことである。他社がある事業に参入すると、自社にその事業がないと気後れし、新規参入を試みる。この段階では、事業の収益性や将来性よりも、見栄やプライドが優先する。5大財閥の系列企業数の多さは、こうした事業参入・拡張競争の結果でもある。新規参入は、政府の奨励産業への指定が契機となる。大型投資となる場合、政府に事業参入の承認を得て、国有銀行から多額の融資を引き出し、生産設備や原材料の輸入外貨は優先的に割り当てを受けることになる。国の発展にとって有望な産業と判断されれば、参入過多で生産過剰を起こしても、債務が多額に膨らんだとしても、政府、財閥、銀行の三者とも互いを信じて突き進むようになった。

　財閥の横並び意識、剥き出しのライバル心は、しばしば多方面で歪みをもたらした。例えば、ライバルの参入を阻止すべく、有力政治家に圧力をかけ、それが汚職につながることもしばしばであった。李承晩政権の崩壊は、政治と財閥との癒着に対する民衆の不満が発端となったものである。また、基準の不明確な規制の強化と緩和の繰り返しが、韓国国内のみならず、国際的にも市況の不均衡をもたらすこともしばしばあった。それ以上の問題は、財閥の拡張競争が華やかな最先端産業を目指すあまり、地道な産業育成を疎かにしたことである。典型的には、輸出競争力を維持するため、原材料や部品を日本などからの輸入に依存し、下請けとなるべき中小企業の育成を怠ったことである。

　60年代になると、軍事などアメリカの援助が削減され、巨額の投資資金は外国からの借款に依存するようになる。経済発展の段階で国内貯蓄も増加するが、朴政権が推進する重工業化には絶対的に不足していた。政府間や国際機関からの公

的借款は、道路、電力、通信など社会基盤の建設に充当され、民間銀行間の商業借款は、60年代前半は肥料やセメントなど輸入代替物資生産のため、60年代後半からは輸出産業育成に充当された。こうした対外借款を利用できた財閥が成長軌道に乗ることができたが、この時期はとりわけ、拡大する政府の公共事業を受注した現代のような建設関連業者が急成長した。対外債務の急増は、後に大きな問題となるが、「漢江の奇跡」の頃には軽視されていた。

70年代になると、先にも紹介したように、重化学工業化と財閥企業の多角化経営が鮮明となる。重化学工業化の段階になると、投資金額が巨額となり、事業のリスクも高くなるため、参入する財閥の数は絞り込まれた。これが後に、5大財閥とその他の財閥との格差を広げることになった。5大財閥は、ほぼすべての業種を有する総合型になったのに対し、6位以下の大手や中堅では、7位の起亜が自動車、14位の韓宝が鉄鋼、27位の真露が建設など、主要業務への特化型となっていった。また、大手でありながらも、重化学工業化の流れに乗り残され、後に消えていったところもある。さらに、巨額投資を必要とする重化学工業化は、特定大手財閥への集中を進めることにもなった。

韓国の重化学工業化において、借款の他にも外国の投資や技術にも大きく依存した。先に紹介した一貫製鉄所POSCOの他にも、自動車、造船、石油化学、重機械など現在の韓国を代表する産業は、いずれも外資、とりわけ日本から技術を導入することにより発展が図られた。韓国政府は、1970年に外国人投資奨励方針を発表し、返済負担の重い借款から利益を配当する直接投資へと重点を移す姿勢を鮮明にした。外資企業の進出を促進するため、台湾でも導入された輸出加工区（EPZ）を慶尚道の馬山に設置し、外資企業には、法人所得税の免除などの恩典を付与した。外資企業は、韓国の豊富かつ低廉な労働力を利用し、輸出を拡大し韓国経済の発展に貢献することになる。

しかし、外国企業の直接投資は、限定的な役割にとどまった。もとより韓国国内市場は財閥のために保護された上に、外資に対する警戒感が強くなり、出資比率の制限など外資規制も厳しくなる。それでも、賃金などコストが低い段階では、輸出拠点として魅力はあったが、経済成長に伴い賃金などコストが上昇すると、タイなど東南アジア諸国の追い上げもあって、外資の韓国に対する関心は薄くなった。1987年に民主化宣言が行われると、それ以前は抑制された労働組合活動も

活発となったことから、賃金は生産性を大きく上回り高騰してしまい、韓国の風土が外国企業や外国人に馴染みにくいこともあって、外資企業は80年代には韓国から撤退の動きさえ見せるようになった。

外資の直接投資が頭打ちさらには減少傾向になるが、財閥企業の新規投資意欲は衰えることなく、設備や技術の外国からの買い入れに、より一層銀行借り入れ依存を高め、銀行は対外商業借款への依存度をより高め、外貨債務の拡大に歯止めがかからなくなった。また、70年代後半には、低価格を売り物にした韓国製品が、アメリカなど世界の主要市場で、日本製品に本格的に競争を挑むようになり、現代自動車の小型車などアメリカ市場で日本製品が市場を奪われるケースも現れた。日本にも、低価格のＰＯＳＣＯの鉄鋼が輸入されるようになると、相手への支援が自らに仇となって返る「ブーメラン効果」が盛んに論じられるようになり、韓国製品を中心に扱うＮＩＣｓショップも各地に出現した。

朴大統領が暗殺され、やはり軍人の全斗換将軍が大統領になった後の80年は、対外的には第2次石油ショックによる世界不況、国内では光州事件による社会混乱の影響で、韓国経済はマイナス成長となった。この頃になると、財閥の過剰投資の弊害、政府の財閥に対する過保護が問題視されるようになり、全斗換大統領は自らが先頭に立って、財閥の事業再編に乗り出した。しかし、この時の政府による調整は、財閥各社に危機感が薄かったこともあって、大手銀行の民営化が行われたこと以外、形式的なものに終わってしまった。今から振り返れば、この時点で実のあるリストラが行われていたら、97年以降のアジア通貨危機による被害は、より小さなもので済んでいたのかもしれない。

80年代の前半になると、欧米先進国で安値攻勢の韓国製品への警戒感が高まり、鉄鋼や自動車など主要輸出品が、輸入制限品目となってしまう。そこで、大手財閥は、重厚長大の素材産業から、最先端のハイテク産業、より具体的には電機・電子、半導体に活路を求めるようになる。現在世界一のＤ-ＲＡＭ生産メーカーとなった69年設立の三星電子は、ソウル近郊の水原（スウォン）に巨大な半導体工場を83年に建設し翌84年に生産を始めた。大宇を除く他の5大財閥も次々と半導体事業に参入し、輸出品の第2位にまで押し上げた。85年9月のプラザ合意以降の円高・ドル安、低金利、原油安のいわゆる「三低」が追い風となり、88年のソウル・オリンピックまでには、インフレなき高度成長を達成した。

日本を追いかける形で輸出工業化を果たした韓国は、最大の輸出市場であるアメリカの景気動向、生産設備や原材料の供給源である日本、とりわけ輸出競争力を左右する円の対ドル為替レートに影響されてきた。「漢江の奇跡」にとって幸運だったことは、71年のニクソン・ショック以降、長期的に円高・ドル安が続いたことである。その一方で、輸出生産用の生産設備や主要部品は日本からの輸入に頼らざるを得ず、対米黒字・対日赤字の貿易構造が定着した。韓国の輸出が好調だった年には、日本との貿易赤字は150億米ドル以上に達した。アメリカからは不均衡是正と市場開放圧力の要求が高まる一方、日本に対しては貿易不均衡を理由に、自動車や家電製品など日本製品の輸入を全面禁止とした。

　経済力をつけた韓国は、80年代後半から周辺東アジア諸国への対外投資を活発化する。90年代になると、中国やロシアなど北朝鮮の同盟国である東側諸国と次々と国交を回復し、大手財閥が自動車や家電などの業種で進出するようになる。日本企業もプラザ合意以降東南アジアへの進出を加速するが、日本企業の強いタイやインドネシアで市場奪取を試みるとともに、ベトナムなど日本が出遅れた国には素早く進出した。国交を回復した中国にも、対岸の山東省に韓国企業向け工業団地が設置されるなど、政治的な違いより経済的な実利を重視する交流を進めるようになった。家電や自動車などの韓国製耐久消費財は、欧米から東南アジア、旧ソ連・東欧、南米と輸出市場を次第に拡大していった。

　輸出市場を拡大し、先進国クラブであるＯＥＣＤ入りも視野に入るが、輸出用の生産設備や主要部品を輸入に依存する産業・貿易構造は改善される兆候は見られなかった。生産量世界一となった三星電子の半導体でも、核心部分のウェーハーはアメリカや日本からの輸入に依存している。こうした韓国の産業構造の弱さについては、韓国は日本が技術移転を渋っているためで、ブーメラン効果を恐れる日本の姿勢にしばしば不満を表明する。これに対し、技術移転はあくまで民間企業間の商業ベースで進むものと、日本側は一蹴してしまう。金泳三政権までの韓国と日本の関係は、貿易不均衡の問題がしばしば過去の問題と結び付けられてしまい、感情論が先行してしまった印象が強い。

　しかし、こうした産業構造はやはり韓国側の問題である。先にも紹介したように、投入できる資源が限られた発展初期では、特定の財閥を優先せざるを得ず、品質の良い部品を供給する中小企業が育成できなかったのも、やむを得ない選択

であったかもしれない。しかし、70年代から80年代にかけて輸出工業化が軌道に乗った段階で、最先端産業に飛びつくよりも既存の部門の足腰を強化する、即ち中小企業を育成する方向もあったはずである。もう1つ指摘されるのは、李朝からの伝統である「両班（ヤンバン）の思想」である。ヤンバンのように楽して暮らすことを理想とする韓国では、社長自らが汗水たらして働かなければならない中小企業は、育つ土壌ではないとする分析である。

財閥間の横並び意識、総花的拡張主義も、面子とプライドを重んじる韓国の伝統と言えるかもしれない。他財閥が参入した事業には自らも新規参入、しかもより大型の投資で対抗するため、投資のオーバー・シュート、生産過剰に陥ってしまう。自動車を例にとれば、アジア通貨危機前の97年には年間150万台程度の国内市場に対し、400万台もの生産体制となっていた。稼働率を上げるには輸出に依存せざるを得ない。16メガビットの価格が前年の1/5の10ドルにまで暴落した96年の半導体不況は、韓国企業の生産過剰が原因の1つとなった。主力の半導体の輸出不振から、96年の経常赤字は230億米ドルへと拡大し、これが大手財閥の破綻とＩＭＦの支援を仰ぐ直接の原因となってしまった。

アジア通貨危機における韓国については、前の第3章で取り上げたので、重複しないよう今後のポイントを紹介すると、1つには金大中大統領が推進した財閥改革、ビックディールの精神が忘れられることなく、健全な企業経営を確立するかということである。この点に関しては、少なくとも周りの状況が許さなくなったと言えよう。財閥に過剰な融資を行ってきた銀行部門は、従業員が半減するほどの大リストラを断行されてしまい、もはや過剰な融資をする余裕はない。これまで財閥を過保護にした政府も、ＩＭＦの指導を受けて、出資比率の制限撤廃など外資規制を大幅に緩和した。日本製品を対象とした輸入多角化政策も廃止され、財閥は外国企業や製品とも厳しい競争を強いられることになった。

もっとも、アジア通貨危機を境に、「漢江の奇跡」を支えた財閥（チェボル）が崩れたと言えるかもしれない。5大財閥のうち、大宇は99年7月に実質倒産状態にあることが判明し、主力の自動車部門は外資への売却を模索している。ＬＧとＳＫは、事業の絞り込みと規模大幅縮小により、もはや財閥の体を成さなくなった。残る現代と三星の両雄は、優秀な人材を登用するなど改革を進め、主力の半導体が好調で最高益を更新する三星に対し、主力の自動車と建設が思わしくな

い上に、跡目相続のお家騒動まで発覚した現代とは、明暗がくっきり分かれてしまった。また、アジア通貨危機以降、財閥企業を見限りベンチャー企業を起こす優秀な人材も増えており、韓国の若者の意識も変化しているようである。

韓国は、1996年にOECD加盟を果たし、名実とも先進国の仲間入りをした。軍事クーデターと光州事件の首謀者として全斗煥、盧泰愚の両元大統領も法廷で裁かれ、世界にも誇れる民主国家となった。金大中大統領が未来志向の姿勢を打ち出したことで、日本との心理的な壁も取り払われ、日本人の韓国旅行が急増している。経済面でも、お互いの市場の競争に参入できるようになり、技術移転の促進を期待できる日韓の企業間提携のニュースも多くなってきた。下請けの中小企業育成という韓国の経済・産業構造上の課題は、決して簡単に解消できるものではないが、地道な努力を続けることにより、アメリカの景気や円・ドルレートに左右されない経済・産業構造を構築することが期待されよう。

2　「ハイテク・アイランド」台湾

中国福建省の対岸にある台湾は、日本の九州よりやや小さい面積の島で、亜熱帯性の温暖な気候に恵まれている。明朝の時代から対岸の福建省から中国人が移住し、アミ族など原住民に加え、古くから移住した中国人が後に本省人と呼ばれるようになり、1949年の新中国成立前後に、国民党とともに台湾に移住した支配層の外省人と、二重構造を成すようになった。こうした歴史的経緯もあって、台湾で使用される言語は、本省人が主に使用する台湾語と、外省人が公用語とした国語の2つに分かれる。台湾語は福建省の南部で使用される閩南語とほぼ同じで、国語とは中国の標準語である北京語である。台湾は、51年間の日本統治を経た後、蔣介石率いる国民党政権のもと経済発展を成し遂げることになる。

台湾に逃れた国民党政権は、基本的には亡命政権で、中国大陸への反攻を悲願とした。このため、台湾の経済発展は、住民を豊かにするためというより、大陸反攻のための国力を高めることに力点が置かれていたと言える。国民党政権のこうした考えは、経済政策にも反映されることになる。具体的には、国民党とともに台湾に渡った資本家や、公有企業には独占的な事業権を与え、台湾市場を手厚

く保護して与えた一方、中小企業を中心とする民間資本には、目立った保護や支援を行うことなく、自立することを促した。中小企業への目立った保護・育成策はなく、また台湾市場は主要な公有企業のために保護されたため、輸出市場を自ら開拓する活力ある中小企業の発展につながることになる。

台湾の国民党政権は、創設者の孫文以来「中華民国」を名乗り、現在でも国際的に目立たないよう使用しているが、1971年までは中国を代表して国連の常任理事国を務めた。中国が大国として台頭するにつれ、政治・外交的に台湾は孤立度を深めてしまう。当初は対中国強硬姿勢を続けた国民党政権も、絶対的指導者の蒋介石総統が1975年に他界し、後を継いだ蒋経国総統末期の80年代後半になると、次第に現実的なソフト路線へと変更を見せるようになる。対内的には、中国を敵国として非常事態を宣言していた戒厳令を1987年に解除するとともに、上からの民主化に着手した。対外的には、中国の呼びかけに応じる形で中国への親族訪問を解禁し、香港を通じた対中間接投資を容認するようになる。

国民党政府は、韓国のような強力な産業政策は打ち出さなかったが、経済発展のポイントとなるいくつかの政策を実施している。第1は1951年の農地改革で、これにより封建的な地主支配を終わらせるとともに、農民に土地を与えて生産意欲を高め、農業生産水準を向上させることに成功した。農地改革の効果は、農業にとどまらず輸出工業化にも大きな影響を及ぼした。旧地主層は、土地を没収された代償として、日本から接収した企業の株を与えられ、企業経営者に転身して台湾の工業化に貢献することになる。土地を与えられて農業生産性を向上させた農民は、余剰労働力を製造部門に供給するとともに、より長期的には子息の教育水準を向上させ、ハイテク製造部門に知的労働力の供給源になった。

第2には、当時の台湾に不足した資本や技術を、外資から導入する環境を整えたことである。その代表的なものとして、60年代に高雄と台中に設置した輸出加工区（EPZ）があげられる。EPZは、台湾域内とは独立した関税地域で、製品を輸出する限り原材料や生産設備の輸入関税は免除される。EPZには、日本から家電や電子部品の企業が多数進出し、賃金水準が低く豊富に供給される労働力を利用して製造を行い、加工製品はアメリカなど大市場に輸出され外貨を稼いだ。この過程で、台湾人は賃金収入を得て生活水準を向上させ、台湾としては製造技術と経営ノウハウを蓄積することに成功する。

第3には、現実的な外交である。1971年の国連追放、さらにはアメリカや日本との国交断絶は、台湾にとって痛手となった。しかし、これら諸国に感情論で迫ることなく、民間交流団体を介して経済関係を維持するという現実的な政策で対処した。これにより、日本から資本や技術の導入、輸出生産用の生産設備や原材料を輸入し、台湾で加工した製品をアメリカに輸出するという発展パターンを維持することができた。国連のみならず、ＧＡＴＴ（現在はＷＴＯ）など国際的な機関や協定からも追放されたが、これがかえって、自らの市場を外国製品から保護しながら、自らの強い製品を世界市場に輸出するという貿易構造を可能とした。アメリカも、外交面での負い目から、台湾には寛大に対応した。

　国民党政府は、台湾域内市場を公営企業のために保護した。電力や運輸・通信など公益事業をはじめ、鉄鋼、石油化学、造船など主要製造部門も公有企業とした。産業に資金を供給する金融についても、大手銀行はすべて公有とされた。台湾の公有企業は、国民党とともに台湾に渡った企業、日本から接収した企業や工場、台湾で設立された企業と、大きく3つのタイプに分けることができる。このうち、日本から接収した企業の中には、先にも紹介したように、旧地主に株式を譲渡して民営化されたものもある。代表的な企業が台湾セメントと台湾紙業で、台湾セメントの辜振甫会長は、政治面で表に出られない台湾政府にかわり、財界総理として外国との民間経済交流活動に精力的に活躍している。

　国民党系資本・企業については、公営企業として表舞台に登場したものと、民間企業になって表舞台から姿を消したものに分けられる。現在でも、国民党は世界一の金持ち政党と言われるように、国民党系企業は台湾を拠点に世界をまたにかけ営利活動を行っている。企業活動の実態、政治との関係など実態は明確でない部分が多いが、97年7月以降のアジア通貨危機においては、国民党政府の別働隊として台湾で金融危機が広がらないよう活躍したことは広く知られるところである。公営企業となった大陸系資本は、上海で栄えた紡績業などが主なものであったが、60年代以降民間に払い下げられるか、または他の公営企業に整理・統合されるかにより、公営部門としての役割を低下していった。

　これに対し、国民党政権が台湾に移ってから設立された、中国石油化学工業、中国鋼鉄、中国造船の3大公営重工業は、台湾の主要製造業に素材を供給する川上部門として、大きな役割を担ってきた。もっとも、80年代に中国造船の経営悪

化が表面化したように、業績や効率面では必ずしも順調という訳ではなかった。台湾経済に占める3大重工業企業を含む公営部門のシェアーは、60年代の初め40％前後から、70年代初めには15％程度にまで低下した。しかし、こうした低下傾向は、公営部門が停滞したというより、民間部門の伸びが著しかったためである。民間部門が著しい伸びから安定した伸びに変わった70年代以降、公営部門は15％前後の安定したシェアーを維持している。

　台湾が、インフラ整備など公共的な事業以外に、製造部門を公営企業としたことについては、2つの側面から捕えることができる。1つには、当時の台湾には民間資本が十分育っておらず、住民生活や産業発展に必要不可欠な巨額投資、しかもリスクの高い分野に、民間がやらないから政府が積極的に乗り出したと積極的に評価する見方である。もう1つには、産業の基礎となる川上の素材部門を押さえることにより、台湾における国民党統治の立場を強化する狙いがあったとする見方である。当時は、確かにこれらの分野に参入する民間資本は現れなかったかもしれないが、銀行やその他主要サービスも公有化したことから考えれば、後者の見方の方がどちらかと言えば有力になろう。

　公営部門と同様に、国民党に近い資本家や企業には、台湾市場を独占的に保護された上に、公営銀行から優先的に融資を受けることもできた。現在、従業員1,000人以上の大企業は約200であるが、業種としてはセメント、肥料、化学製品、紡績、合成繊維など、中小の製造業者や建設業者に素材を供給する川中分野が多い。その他では、食品や輸送機械と、外資との合弁の家電に大企業が見られるが、全般的に大企業は内需型で、自動車に代表されるように、台湾市場を保護されて国際的な競争力は弱い。台湾の代表的な大企業といえば、王永慶会長の台湾プラスチック集団がまず思い出されるが、複数企業にまたがっても本業集中型で、韓国のように多くの業種に進出する企業集団型ではない。

　これに対して中小企業は、狭い台湾域内市場を公営製造業と民間大手にほぼ占有されてしまい、海外市場つまり輸出に活路を見出すしかなかった。しかも、公営銀行は中小企業への融資姿勢が厳しく、事業活動に必要な資金は自らの力で調達することが求められた。

　台湾の中小企業は、主に2つの方法で資金を調達した。1つは、海外の台湾への注文により発行された輸出信用状を担保にした銀行からの運転資金借り入れであ

る。台湾が輸出志向になった1つの背景に、こうした制度をあげることができる。もう1つには、「漂会（ビャオフェイ）」と呼ばれる私的金融制度である。互助会方式の漂会は、経済統計に現れない裏の制度ではあるが、台湾の中小企業発展には積極的な評価を与えることができよう。

表4-3 台湾の基礎データ

国名	台湾地域	宗教	仏教、道教
面積	3万6,000km^2	政体	共和制
人口	2,201万人	元首	陳水扁総統
首都	台北	貨	台湾元（1ドル=33.12元、2000年末）
言語	漢語（北京語、閩南語、客家語）	会計年度	7～6月

最近の主要経済指標
 国内総生産（GDP）   97年2,832億ドル 98年2,607億ドル 99年2,886億ドル
 1人当たりGDP   97年13,449ドル   98年12,238ドル   99年13,111ドル
 GDP伸び率   97年6.7%   98年4.6%   99年5.7%   外貨準備高
 消費者物価上昇率   97年0.9%   98年1.7%   99年0.2%   （2000年6月）
 失業率   97年2.7%   98年2.7%   99年2.9%   1,138億米ドル
 GDP産業別構成比（98年）
  農林水産2.5% 製造業27.4% 商業17.8% 金融・保険・不動産業20.4%

（出所）「The World 2000」日本貿易振興会（ジェトロ）

　台湾の中小企業の逞しさ強さは、台湾内外に張り巡らされたネットワークに見られる。互助会的な漂会もその1つであるが、同業者の情報交換、注文の回し合い、繁閑時の仕事量調整など、力を合わせ柔軟に立ち回ることが大きな特徴である。輸出においても、大手財閥が総合商社機能を充実して輸出市場を開拓した韓国に対し、台湾の中小企業は、古くからの地縁や血縁など華僑・華人のネットワークに加え、アメリカに留学して定住した子弟などの情報網をフルに活用し、輸出市場の開拓と拡大を行ってきた。小回りの効く台湾の中小企業は、売れ筋商品の情報を入手するや、自らまたは知り合いを通じて製造活動に乗り出し、海外のバイヤーに積極的に売り込むことに長けている。
　中小企業が中心の台湾の輸出は、1960年代から大きく伸びる。日本など先進国

から多少古くなった機械や設備を導入し、当時は低賃金かつ豊富な台湾の労働力を利用し、繊維・縫製品や草履・履物、おもちゃ・玩具・スポーツ用品などを加工し、アメリカのクリスマス商戦めがけ輸出攻勢をかけた。こうした輸出戦略は、次の章で紹介する「ドライ・フラワー」の香港も同じである。台湾は時期的に香港にやや遅れたが、多分に香港を意識した輸出戦略をとったと思われる。台湾の輸出のもう1つの特徴は、輸入先の注文どおりに相手ブランド品を生産するOEM生産が多いことである。OEMの利点は、長期的に安定した取引ができることであり、日本製品に真っ向勝負を挑んだ韓国との相違点でもある。

　台湾の輸出工業化において、外資の果たした役割も大きい。外資導入の直接の契機は、アメリカの援助が1950年代末に打ち切られたことである。当時は所得水準が十分高くなく、経済発展に必要な投資を外資で補う必要に迫られた。当時の台湾に不足した生産技術や経営手法の導入も視野に入れ、59年改正外国人投資条例（利益・元本送金の保証）、62年技術導入条例、65年輸出加工区（ＥＰＺ）設置管理条例など法制面から外資企業の台湾進出の環境を整備した。外資企業は翌66年に高雄と台中に設置されたＥＰＺへの工業進出を奨励され、台湾市場ではなく輸出拡大を期待された。ＥＰＺへ進出した外資企業は、下請け企業への発注や従業員訓練により、台湾の技術水準向上に貢献することになる。

　中小企業と外資企業の生産活動により、台湾の輸出は60年代後半から年20％以上の伸びを示すようになり、域内総生産ＧＤＰに占める輸出の比率は、60年代前半の10％程度から70年に30％、80年に50％、ピークの86年には60％を超える水準にまで上昇した。貿易収支も、70年代に黒字基調が定着し、80年代中頃には年間100億米ドルを大きく上回る水準まで上昇すると、国際的な経済問題としても取り上げられるようになった。こうなると、国連追放で同情を集めた台湾にも圧力が大きくなる。最大の輸出市場のアメリカは、台湾市場を開放するよう要求するとともに、台湾元に切り上げ圧力をかけるようになる。台湾元は、87年に対米ドルで25％切り上げられ、輸出主導の発展戦略が転機を迎えた。

　台湾の中小企業は、輸出によって稼いだ外貨を、より高付加価値の製造分野に投資するようになる。こうした産業構造の変化が輸出品構成にも現れ、繊維、履物、雑貨など労働集約的な軽工業品から、次第に家電製品、電機・電子、機械、化学品など資本集約産業品へとシフトしていく。こうした変化に伴い、台湾の輸

入は日本の生産設備や部品・原材料への依存度が高まるようになり、最大の輸入先は65年にアメリカから日本へと変わり、以降日本からの輸入比率は40％前後となる。台湾の貿易構造は、対日赤字・対米黒字が定着し、台湾との貿易格差是正に努力しない日本への不満が高まり、80年代後半から台湾市場を徐々に開放するようになるが、日本製品だけは輸入禁止とする措置を続けた。

　サービス収支を加えた経常収支についても、台湾は長期的に黒字基調を維持し、外貨準備高は積みあがった。経常収支の黒字は、政府の財政が収支バランスしていれば、貯蓄率と投資率の差となるが、台湾の場合、貯蓄率が上昇する一方、投資は停滞または頭打ち傾向が続いた。限られた台湾市場を対象とする公営製造業や民間大手は、大規模な設備投資の必要はなく、輸出市場を開拓する中小企業には、国有銀行は慎重な姿勢を続けたからである。輸出産業に素材を供給する石油化学、合成繊維、プラスチック、鉄鋼などの業種では、公害による環境破壊に反対する工場近辺の住民運動が高まりを見せるようになり、企業側も大型投資を中止または延期せざるを得ない投資制約要因もあった。

　その一方、台湾に腰を落ち着けるようになった国民党政権は、70年代から台湾の住民生活向上に資する公共投資を積極的に拡大する。公共投資については、税金など財政資金が6割強、外貨借り入れは4割弱で賄ったが、外貨債務は90年代前半までにほぼ返済が終わっており、現在残高はほぼゼロである。とりわけ、74年から実施された十大建設、十二項目建設、十四項目建設の3大公共事業計画の果たした役割は大きい。これらの公共事業は、電力などエネルギー開発、南北高速道路、鉄道電化、国際空港、住宅建設、都市近代化、通信網などで、重化学工業を中心とした工業化を促進するとともに、財政支出や雇用の拡大などの面でも台湾経済の発展に大きく貢献したものと評価できる。

　台湾の工業化が進むにつれ、人件費などコスト上昇が重くのしかかるようになる。高付加価値産業への重点シフトが課題となるが、コスト低減のための海外への生産拠点移転も重要な選択肢となった。このため、80年代より華僑・華人のネットワークを通じた、東南アジアへの直接投資が目立ち始める。そして、中国が78年に対外開放へと転じると、対岸の福建省を中心に対中進出する中小企業も現れるようになった。もちろん、台湾の法律では対中投資は禁止されていたが、香港現地法人を通じるなど、直接投資とは分からないように行った。台湾企業にと

っては、言葉が違う異文化の東南アジアよりも、言葉や文化が同じ中国の方が企業活動を行いやすく、経済原則が政治の壁に先行するかたちとなった。

　現実的になった台湾政府も、こうした経済の実態を直視し、1986年に為替管理と対外投資規制を緩和したのに続き、2年後の88年には中国を想定した第三国経由の台湾中小企業による間接貿易および投資を認めるようになった。タイやマレーシアなど東南アジアで日本を凌ぐ投資先となるとともに、香港を通じた間接貿易・投資が急増する。台湾から生産設備や原材料を持ち込み、中国で加工された製品を世界に輸出することにより、台湾企業は競争力を回復する。しかし、中国への過度の依存は台湾の存立基盤を揺るがすとして、認められるのは中小企業による繊維や雑貨などの小型投資で、公営製造業や民間大手の1億米ドル規模以上の大型投資、または先端技術を持ち込むような投資は認められない。

　その一方、台湾域内は80年代から高付加価値のハイテク工業化が進む。その先導役となったのが、1980年に首都台北の南西70kmに開業した、新竹科学工業区園（以下新竹）である。新竹は、アメリカのシリコン・バレーをモデルとし、台湾内外のハイテク企業の集積により、台湾の技術水準向上を狙ったものである。台湾の輸出工業化に貢献した高雄と台中の輸出加工区では、人件費の高騰により外資企業は撤退し、中国南部などへの再移転の動きを加速していたが、新竹の出現は、新たなタイプの外資企業、つまりハイテク企業の台湾進出の誘因となった。新竹には、実はもう1つの狙いがあった。それは、アメリカに流出した台湾の優秀な頭脳が、台湾に戻るための受け皿作りである。

　台湾政府の狙いは見事に的中し、新竹には台湾内外のハイテク企業が多数進出するようになった。1999年では、数次にわたる拡張で605haとなった敷地に、操業する292企業の売上合計は200億米ドルを突破し、輸出は111億米ドル、輸入は106億米ドルとなっている。純外貨獲得効果は大きくないが、輸入は将来に有用な技術を備えた生産設備や部品である。進出企業は、半導体、コンピューター、通信機器、光学機器、精密機械などが多く、外資企業49のうちアメリカは32、日本は7となっている。アメリカ企業の大部分は、アメリカ国籍となったもと台湾人がオーナーである。こうした新竹は、「ハイテク・アイランド」台湾の象徴的な存在とも見られるようにもなっている。

表4-4　新竹科学工業区園の概要

(単位：100万米ドル)

年	86	87	88	89	90	91	92
売上	450	866	1737	2124	2443	2903	3406
年	93	94	95	96	97	98	99
売上	4,810	6,706	10,940	11,565	13,949	13,664	20,387

業　種　別	企業数	売上	国　　別	企業数	総投資 20,395
半導体	118	11,300	台　　湾	243	台湾資本　92%
コンピューター	51	6,292	アメリカ	32	外国資本　8%
通信機器	47	1,015	日　　本	7	輸出　11,124
光学機器	48	1,609	マレーシア	4	米国23%、日本19%
精密機器	13	150	英　　国	2	輸入　10,623
バイオ化学	15	21	スイス	2	日本35%、米国27%

(出所)　新竹科学工業区園管理事務所

　80年代の世界的な情報・通信、パソコン普及の流れは、発展意欲のある台湾の中小企業にも大きな刺激となった。台湾の中から、これら業種で数々のベンチャー企業が現れた。そうした代表が、台湾のみならず世界的にも有名になった宏基（エイサー）である。エイサーは、施振栄会長が7人の出資者とともに、1976年に設立したベンチャー企業である。パソコンと周辺機器を生産して世界中に販売することにより、わずか20年で台湾1、2位を争う製造企業へと成長した。エイサーを中心とした民間中小企業の活躍により、台湾は現在パソコン生産台数で毎年日本と世界一を競っている。マウスやキーボードなどパソコン主要部品については、台湾は世界の60％以上を生産するまさにパソコン王国である。

　台湾は、韓国との比較で中小企業の強さが強調されるが、国民党政府から自立を促されたこととともに、台湾人の独立志向の影響も大きい。現在、台湾には約107万の企業があり、台湾の人口からすれば、20人に1人は社長ということになる。台湾の若者には寄らば大樹の陰の発想はなく、アメリカ留学を志向するとともに、小さくとも自らの会社を持ち、一国一城の主となって活躍することにあこがれる。中国鋼鉄や台湾セメントなど台湾の一流大企業でも、優秀な人材はすぐに独立してしまう。エイサーのように台湾ドリームを手にしようと、台湾の中小企業のオーナーが才能を発揮し努力を続け、それが中小企業中心の台湾経済の活

力となり、ハイテクを追求する姿勢へとつながっているのである。

　台湾は、2代目蔣経国総統末期の80年代後半から上からの民主化に着手し、本省人の3代目李統輝総統の1996年には、初の総統直接選挙を実現し、欧米先進国からもそうした実績を高く評価されるようになった。2000年3月の総統選挙では、国民党が分裂したという要因はあったが、野党民進党の陳水扁氏が当選し、国民党は入台後初の政権転落となった。台湾にとっては、まさに歴史的な出来事であるが、こと中国大陸との関係は複雑で、将来が展望しにくくなった。政権の座についてから、民進党はこれまでの台湾独立を掲げていないが、4年の任期中に対中関係で重大な政治決断を迫られる可能性もある。しかし、台湾が民主化を確立したことは、将来に希望を持った台湾の優秀な頭脳を呼び戻すことに成功したとともに、対中関係における何にも勝る最大の交渉力となることであろう。

　アジア通貨危機を、ほぼ無傷で乗り切った台湾経済であるが、将来も引き続き明るいかといえば、決してそうではない。むしろ、これからが正念場である。台湾自慢の中小企業は、21世紀の世界大競争の時代となれば、これまでのように手薄な銀行融資や公的支援で対処できるとは限らない。3大公有銀行の民営化や民間銀行設立規制緩和など、80年代後半から金融自由化は加速しているが、依然中小企業への融資姿勢は慎重で、政府は大胆な中小企業対策を迫られるかもしれない。また、中国のＷＴＯ体制復帰が目前に迫り、台湾も直後の加盟が予想されるが、そうなれば、自動車や石油化学など競争力の弱い製造業、外資との競争にまったく晒されなかったサービス分野で、台湾経済は大打撃を被ることも考えられる。台湾各界は既に覚悟ができたようで、今後の成り行きが注目される。

第5章　香港、シンガポール

1　「東洋の真珠」香港

　1997年7月1日、中華人民共和国香港特別行政区（以下では香港またはＳＡＲ）が誕生した。これにより、20世紀最後の大イベントと言われた「香港返還」は無事終了し、英国の植民地だった香港は、中国主権下でそれまでの現状を50年間保証される「一国二制度」により、新たな門出を迎えた。東京都の半分ほどの面積で、中国南部の一地域でしかない香港の主権返還問題が、なぜこれほどまでに世界の注目を集めたのか、それは香港が世界経済、とりわけ貿易や金融において、重要な地位を占めるようになったからである。「自由放任（レッセ・フェール）」で繁栄を勝ち取った地域が、共産党一党支配下の社会主義体制の主権下となった後でも、繁栄を続けることができるのかに、とりわけ興味が集中した。

　香港は、香港島、九龍半島、離島を含む新界の3つの地域から構成される。アヘン戦争の戦利品として、当時の清朝から英国へ香港島が1842年に永久割譲された。その後九龍半島が1860年に永久割譲、新界は1898年に期限99年で租借され、3つの地区を合わせ現在の香港となった。新界の租借期限が1997年6月30日で、後に香港の1997年問題としてクローズ・アップされることになる。英国領となった岩だらけの小さな島が、1世紀半の時を経るうちに、光輝く東洋の真珠へと見事に変身した。統治者英国が香港に押し付けた関税を設定しない自由貿易政策、民間の経済活動に介入しない自由放任が、香港という真珠の美しさを引き出し、磨きをかけたのである。

　それでは、東洋の真珠である香港が、順調に磨きをかけられたかといえば、必ずしもそうではない。むしろ、小さいがゆえに周辺の状況に振り回され、くじけずに這い上がった歴史の繰り返しであると言える。とりわけ、中国大陸が動乱すれば、大量の難民が香港に流れ込み、香港社会が大きく混乱し、不動産や株式市

場は暴落してしまった。これというのも、香港が大陸出身の中国人によって構成される社会で、英国統治下となっても中国人としての心を持ち続けたからである。その一方、香港では英語教育が行われ、英語に強いことが国際ビジネス・金融センターとしての価値を高めた。また、香港では英国の慣習法がそのまま適用され、国際的な商取引を促進する要因となったことも重要である。

　香港は、その名が示すとおり、最大の所以は港である。「香」については諸説があるが、「港」については、香港島と九龍半島の間にあるビクトリア湾を指す。ビクトリア湾は、香港島の山が風を防ぐ、浚渫不要の天然の良港である。しかも、珠江を通じて中国南部の中心都市広州に通じるなど、中国との中継貿易拠点として、抜群の地理的条件も有している。後の航空時代となると、東アジアの主要都市にはほぼ2～3時間以内で行くことができる優位性も加わった。英国が山と岩だらけの島に目をつけたのも、まさにこうした地理的・戦略的な重要性ゆえであるが、第2次世界大戦前までは香港は、英国から中国へ綿織物など工業製品、中国から英国へは茶という貿易の中継拠点として栄えることになる。

　第2次世界大戦後もしばらくは、世界と中国を結ぶ中継貿易港の機能を果たすが、1949年に中国で共産党政権が誕生すると、国連が中国への経済封鎖を実施したため、生命線の中国絡みの中継貿易を絶たれ香港経済は困難に陥ってしまった。しかし、中国の共産化は、香港経済に飛躍のチャンスをももたらした。そのチャンスとは、当時世界最高水準と言われた上海の紡績資本家が、中国の共産化によって資本と技術を伴って香港に逃れたことである。1950年代に香港に移り住んだ上海出身の資本家は、早速得意の紡績を香港で起こした。紡績業が、縫製業、雑貨、玩具、時計、化学など軽工業へと枝分かれし、香港は世界に名だたる「メード・イン・ホンコン」の一大生産拠点へと発展することになる。

　香港は、資本・為替の規制を排除することで、世界の一流銀行を香港島の金融街中環（セントラル）に集積させ、世界有数の国際金融センターへと発展したと思われがちである。確かに、規制の排除は重要要件ではあるが、単に資金を右から左へ移すだけの金融センターでは、一時的ブームは起こせても、決して長続きはしない。それでは何が必要かと言えば、実際の経済活動に裏付けられた資金需要である。現在、ニューヨーク、ロンドン、東京と世界の国際金融センターにはそれぞれ背景と特徴があるが、香港の場合、資本・為替の規制排除とともに、軽

工業の製造活動に伴う運転・設備、貿易金融など金融サービスへの需要があった。製造活動こそ、国際金融センター香港を育成したのである。

　香港の軽工業は、当時どん底に近かった香港経済を立て直しただけでなく、50年代、60年代と年平均10％にも達する高度経済成長に大きく貢献することになる。1949年の新中国誕生、1958年の大躍進、1966年の文化大革命と中国が混乱するたびに、香港には大量の難民が訪れた。香港の軽工業は、そうした人々に職と収入を与えることになる。軽工業の製品は、アメリカを中心とする世界市場に輸出され、香港にとって貴重な外貨をもたらす。土地が狭く資源に恵まれない香港にとって、食糧やエネルギー、自動車など耐久消費財は輸入に依存せざるを得ず、そうした輸入を行うための外貨稼ぎ、つまり得意分野での製品やサービスの輸出こそ、香港の経済活動の基本である。

表5−1　香港の基礎データ

名称　中華人民共和国香港特別行政区（Hong Kong SAR）	
面積　1,095km^2（東京都の半分）	政体　高度な自治権を有する特別行政区
人口　697万人（99年末）	首長　董建華行政長官（1997年7月就任）
言語　広東語（英語は公用語に準じる）	議会　立法会（定数60）
宗教　仏教、キリスト教など	会計年度　4月〜3月
通貨　香港ドル（1USドル＝7.8HKドル、2000年末）	

最近の主要経済指標
　　国内総生産（GDP）　97年1,730億ドル　98年1,665億ドル　99年1,586億ドル
　　1人当たりGDP　　　97年26,601ドル　　98年24,471ドル　　99年23,177ドル
　　GDP伸び率　　　　97年　5.2%　98年▲5.1%　99年　2.9%　　外貨準備高
　　消費者物価上昇率　　97年　5.7%　98年　2.6%　99年▲3.3%　（2000年8月）
　　失業率　　　　　　　97年　2.2%　98年　4.7%　99年　6.0%　1,004億ドル
　　GDP産業別構成比（98年）
　商業・貿易業24%　金融・保険・不動産25%　社会・個人サービス19.9%　製造業6.2%

（出所）「The World 2000」日本貿易振興会（ジェトロ）

　軽工業の生産活動は、中国絡みの中継貿易を絶たれて苦境に陥った港湾機能にとっても、再生の起爆剤、というより飛躍の好機会を与えた。貿易関税を設定しない自由貿易政策の香港は、地域全体が先に紹介した台湾の輸出加工区と同様と

なる。従って、軽工業を営む企業にとっては、世界中から品質の良い生産施設や部品・原材料を何の制限もなく無税で輸入でき、加工や組み立てられた製品は、香港の優れた港湾を利用して世界の主要市場に輸出することができる。これを港湾機能の立場から見れば、中国絡みの中継貿易港から、域内製造業のための原材料輸入と、製品の輸出のための加工貿易港へと変身し、貨物取扱高も製造活動の活発化に伴って、飛躍的な伸びを示すようになる。

　香港の旺盛な企業家精神は、「ホンコン・シャツ」、「ドライ・フラワー」、「装飾腕時計」など世界に冠たる「メード・イン・ホンコン」のプロダクトを生み出した。小回りの効く中小企業である香港の軽工業は、アメリカのクリスマス商戦など、世界の主要輸出市場の情報を迅速かつ的確に把握し、売れ筋商品を大量に輸出することにより資本を蓄積した。蓄積された資本は、次の売れ筋商品のための再投資に使用されることになる。極端な場合、これまでの生産を何の未練もなくあきらめ、商売・儲けになると判断した未知の業種への積極的な転業も見られた。また、軽工業の従業員は、従業員時代の経験と蓄えをもとに、企業経営者を目指すようになり、それが香港軽工業の底辺を拡大することになった。

　こうして50年代、60年代、70年代前半と順調に輸出を伸ばした香港製品であるが、70年代後半になると輸出競争力に陰りが見られるようになる。高度成長による人件費高騰に加え、韓国や台湾などアジアNIEsのライバルとの競争激化、さらにはタイやマレーシアなどASEAN諸国の追い上げにあったためである。手頃な価格かつ品質の良い香港ブランドも、生産コストという大きな壁に突き当たるや、輸出戦略の見直しを迫られることになった。この時期になると、中国からの大量移民は既に制限されており、若者の製造業離れの傾向も現れて、産業活力の面でも問題となってきた。香港域内で活動する製造業にとっては、踏みとどまるか転廃業するかの大きな曲がり角に立たされてしまった。

　ちょうどその頃、隣の中国でも大きな変化が起こった。それは、1978年12月の第11期三中全会において、中国共産党が改革・開放へと政策を転換したことである。これにより、中国は市場経済手法を取り入れるとともに、外国からの直接投資の受け入れ体制も整えた。この中国の動きに対し最初に呼応したのは、香港の中小製造業者であった。住民の約7割が隣接する広東省の出身で、日常会話では中国の標準語ではなく広東語が使用されるという深い縁もあって、中国が改革・

開放に転じるや、堰を切ったように広東省へと進出した。中国側もそうした香港の動きを予測し、香港に隣接する深圳を経済特区に指定するなど、香港企業の投資を受け入れる体制を整えた。(中国の項でより詳しく紹介)

　広東省に進出した香港の製造業者は、広大な土地と香港の1/10以下の賃金で豊富に供給される中国の労働力を利用し、80年代前半から委託加工形式による輸出用生産を始めた。80年代全般にわたり、香港企業の広東省への大量進出は続き、広東省で製造された香港ブランドは、アメリカなどで爆発的な人気となる。資本取引が自由な香港では、香港企業の対外投資の数字は把握できないが、貿易統計からは実態を読み取ることができる。域内輸出品の地場輸出と、域内付加価値25％以下の再輸出とに分ける輸出では、製造業者の広東省での製造活動の活発化に伴い、再輸出が大きな伸びを示し、88年には再輸出の金額が地場輸出を上回り、90年代も再輸出のシェアーが一貫して拡大した。

　再び香港の港湾機能から見ると、中国の共産化と国連の経済封鎖によって伝統的な中継貿易港を断念し、域内製造業者の製造活動によって加工貿易港へといったんは性格を変えたが、域内製造業者の広東省進出により、生産設備や原材料の広東省への供給と、製品の世界市場への輸出のための新たな形の中継貿易港となった。外部に依存する伝統的な中継貿易機能とは異なり、新たな中継貿易機能では需要は香港企業が創出するため、香港の港湾機能は質量両面で飛躍的な成長を遂げることになる。とりわけ、国際海運の中心的存在となったコンテナ貨物では、60年代の取扱から一貫して増加傾向を辿り、70年代には新界の葵涌に世界最大級のコンテナ港を整備し、現在シンガポールと取扱量世界一を争っている。

　製造業が広東省に移転したのに伴い、香港経済も構造変化を遂げることになる。貿易、運輸、通信、金融、調査など香港のサービス産業は、元来製造活動に付随する形で発生したものであるが、人や投資が集まる国際都市としての不動産や観光も加わり、次第に国際競争力を備えた外貨獲得産業へと成長する。製造業が広東省に移転するや、広東省に展開する香港企業にもサービスを拡大し、香港は改革・開放の中国のためのサービス・センターとしての役割を鮮明にする。香港では、ＧＤＰに占める製造業と製造業従事者の比率が減少傾向を辿り、替わってサービス分野が台頭する。香港の産業が空洞化したと見るか、香港の経済圏が広東省に拡大したと見るかは、識者も意見が分かれるところである。

加工貿易港となってからの香港経済は、最大の輸出市場であるアメリカの景気動向に左右されやすくなったが、中国の改革・開放以降は、中国経済の影響をより受けるようになった。その中国経済は、78年の改革・改革以降、年平均8％以上の高度成長を遂げているが、1989年6月の天安門事件で景気後退となり、香港経済もその時点では社会不安も加わり打撃を受けた。しかし、92年新春の鄧小平南方講話により、中国の改革・開放が軌道に乗ってからは、巨大中国市場への窓口、サービス・センター機能が世界から注目されるようになった。返還までの90年代は、香港も年5％台の堅実な成長局面となり、香港の1人当たり所得は25,000ドルと宗主国である英国をも追い抜く高い経済水準を達成した。

　香港にとって最大の問題となったのは、中国への主権返還である。第2次世界大戦が終わってからも香港は英国の植民地として残り、東アジアの中では特異な存在として異彩を放ったが、先に紹介した新界の租借期限を機に、中国は香港を取り戻すことを決意する。英国も香港を手元に残そうと当時のサッチャー首相が奔走したが、1984年12月には香港返還を巡る中英共同声明が正式調印された。声明では、香港の主権は1997年7月1日に中国へと返還され、香港は社会主義を適用されない中国の独立行政区として、返還後50年間の現状維持が保証された。これにより香港は、歴史上初の試みとなる「一国二制度」のもと、返還後も国際金融センターとして発展を続ける条件が整えられた。

　1984年12月の中英共同声明から1997年6月30までの返還過渡期を、新旧の主人と香港自身で返還準備を進めることになったが、最大の課題は、香港社会を動揺させることなく、返還過渡期を無事に乗り越えることであった。しかし、この点ではまず躓いてしまった。1983年9月、ある程度の覚悟を決めたサッチャー首相は北京へ飛び、中国の最高実力者鄧小平氏と会談したが、会談が決裂したと伝えられるや、将来に絶望した香港住民は、株や不動産の叩き売り、さらには資本逃避を行ったため、香港ドルは1米ドル＝5.8HKドルが9.6HKドルへと暴落し、社会不安が広がってしまった。これに懲りた香港当局は93年10月17日、1米ドル＝7.8HKドルにリンクする現行の通貨制度を導入した。

　1973年の英国ポンド・スターリング離脱により、為替規制を完全撤廃した香港では、資本逃避による香港ドルの暴落は社会・経済を混乱させるが、資本や為替に対する規制・介入は国際金融センター機能にとって命とりになるというジレン

マを抱える。こうしたジレンマを解消するために、自由な資本・為替の取引を保証する一方、香港ドルの為替レートを1米ドル＝7.8HKドル近辺で安定させるのが、この通貨リンク（またはカレンシー・ボード）制度である。香港上海銀行とスタンダート・チャータード銀行（1993年に中国銀行が加わる）の発券銀行が、固定レートで米ドルを当局に預けて紙幣を発券し、市場レートが基準レートから乖離しても、裁定機能によって乖離が解消される仕組みである。

この通貨リンク制度は、同じ米ドル固定相場制でもアジア通貨危機で破綻したタイの通貨バスケットとは異なり、流通している香港ドル紙幣は、米ドルの裏付けのもと発行されており、為替投機には優れた防衛力を発揮する強固な制度である。しかも、香港の国際収支は、ＩＭＦベースの経常収支は算出できないが、商品・サービス収支では、商品貿易の赤字を大きく上回るサービス収支の黒字により、長年黒字基調が続いている。財政についても、英国植民地政府は低税率で効率的な行政を志向したため、香港方式の巨額の土地売却利益もあって、巨額の黒字を計上している。こうした国際収支と財政収支の黒字により、外貨準備は現在、日本、中国に次ぐ世界3位と豊富な水準を維持している。

国際金融センター香港は、いくつか特徴があるが、最大の特徴は中央銀行が存在しないことである。伝統的なレッセ・フェールは金融にも適用され、英国資本の香港上海銀行が発券業務など準中央銀行的な役割を担った。こうした不介入の姿勢は、銀行や金融機関の自由な銀行取引を促進し、香港の金融市場を拡大したが、反面地場銀行による不祥事も数多く発生した。その度ごとに、香港上海銀行が政庁の要請に応じ、リーダーとして香港の金融制度の秩序維持に貢献した。しかし、不安定が予想される返還過渡期を迎えるにあたり、次第に規制強化の方向に向かった。1993年4月設立の香港金融管理局（HKMA）は、紙幣を発行せず中央銀行ではないが、現在世界有数の金融当局と評価される。

国際金融センター香港のもう1つの特徴は、先に紹介した米ドル通貨リンク制度である。HKMAは、自らの使命として、1米ドル＝7.8HKドルの通貨リンク制度の堅持と公表している。オフショアー取引を国内市場と厳密に区別するシンガポールとは違い、香港の金融市場は香港ドル、外貨とも取引の自由な内外一体型の国際金融センターである。こうしたセンターを混乱なく維持しようとすれば、外貨とりわけ米ドルとの為替レート安定が生命線となる。この生命線を保証する

ことにより、香港を中心とする国際金融取引促進が促進され、香港経済も潤うことになる。先に紹介したように、香港当局者は香港ドル暴落を極端に恐れており、香港ドル暴落を狙う為替投機には命がけで戦うことになる。

通貨リンク制度は、1983年10月の導入以降、89年6月の中国北京の天安門事件でも香港ドルを下落させることなく、不安定が予想された返還過渡期を乗り切る上で貢献した制度と評価できるが、その反面大きな弱点を抱えている。それは、アジア通貨危機で広く知られるところとなったが、香港自らの景気判断による金融政策が実施できず、景気過熱やインフレに有効な手立てがないことである。自らの通貨を他の通貨に為替レートがリンクする場合、金利差による為替の裁定取引が起こらないよう、両通貨の金利水準が一致することになる。リンクするのは香港ドルであるので、香港域内経済がどのような状況であっても、アメリカの金利水準に従わざるを得ないことになる。

通貨リンク導入後のアメリカと香港の経済状況は、アメリカが安定した成長率と低いインフレ率を保ったのに対し、返還問題を抱えながらも香港経済は高い成長率を維持し、土地や労働力の不足から需要が供給を上回り、2桁に達する高いインフレ率が続いた。購買力からインフレ率の差は通常為替レートで調整されるが、香港は通貨リンクを一貫して維持したため、97年の返還前後には香港ドルは実勢より15～20％割高と評価されるようになった。先に製造業が広東省へと大量移転した状況を紹介したが、通貨調整をすることなく輸出競争力が低下したという意味では、通貨リンク制度が動きを加速させたという面もある。つまり、香港は国際金融センターとして生きてゆく姿勢を鮮明にしたとも言える。

返還後の楽観論と悲観論が入り乱れた香港も、返還直前となると楽観論が悲観論を圧倒し、株式や不動産も上げ一色となった。改革・開放の巨大中国市場の窓口として、鄧小平新春講話以降外資が集中的に押し寄せるようになった香港は、94年初には東京都心部を抜き不動産賃料世界一という半ば有難くない名声まで得てしまった。賃料コストは香港が世界に誇る金融などサービス産業にも跳ね返り、高料金が国際競争力を低下させると指摘されるも、それを上回るビジネス・チャンスがあると一蹴され、移民者の帰還や外資の進出が続いた。また、香港の経済や雇用の約1割を担う観光も、返還前最後の香港を見ようとばかり、強気の営業姿勢で日本人向けホテル料金の吊り上げまでやってしまった。

それが伝統的な香港のレッセ・フェールといえばそれまでであるが、アジア通貨危機の章で紹介したように、インフレやバブルの上げが急激だっただけに、デフレ調整も想像を絶する厳しさとなってしまった。アジア通貨危機に巻き込まれるや、中国主権下の報道や言論の自由など返還前の政治的な関心事は香港住民から消え去り、自らの職や家族の生活が唯一の関心事になったとも言われている。香港ドルを揺さぶった為替投機は、98年8月の香港当局の大規模な株価買い支え、いわゆるＰＫＯにより鳴りを潜めるようになり、香港ドルは通貨防衛に成功した。依然不動産価格やコストのデフレ調整は続くものの、香港経済は98年の大底から脱出し、99年にはプラス成長を取り戻した。

　しかし、課題はむしろ山積である。そもそも為替投機に狙われたのは、香港の高コストそして香港ドルの割高感である。土地や労働など資源の供給が限られるという根本的な制約条件はあるものの、民間の経済活動に行政が原則介入せず、通貨リンク制度により不動産など資産バブルに金融政策で対抗できないことなど、将来に向けて再び過熱やデフレ調整になった場合の不安点は残されたままである。この点、次に紹介するシンガポールとは好対照である。それ以上の課題は、香港域内の産業構造である。香港の製造業は、コスト高で迫られた調整を広東省移転で乗り切った。それが功を奏し、90年代はサービスに特化し、広東省の製造拠点と一体となって、返還バブルまで好景気を享受することができた。

　しかし、香港自慢のサービス産業も、コスト高で競争力の低下が見られる。巨大市場中国の窓口として香港には外資企業が集中的に進出したが、返還前後の時期から不動産などコスト高に堪えかねた撤退が目立つようになった。とりわけ、横並びで大量進出した日本の銀行と百貨店・スーパーは、一部を除いてほぼ全滅状態となった。観光産業も、返還ブームの反動と高い料金により思わしくない。また、広東省との関係では、地場企業の成長と独自のインフラ整備により、港湾使用料などコストの高い香港を通らない取引も増えている。香港も、新空港など巨大インフラ整備で対抗しているが、コスト高を解消しないことには、国際金融センター、ビジネス・ハブとしての地位の長期的低落は避けられない。

　コスト低下とともに、高付加価値化が課題となるが、その際に立ちはだかるのは、製造業を外に出したことである。もちろん、そうした判断は民間自らによるものであり、特定の企業や産業に支援を行わない原則から、高付加価値化に必要

な開発・研究ができなかったことが大きい。現在香港の経済は、金融などサービスが85％を占め、製造業は8％足らずでこうしたアンバランスが、アジア通貨危機で弱点として露呈したとも考えられる。財界出身の董建華行政長官は製造業復権に熱心と言われ、情報・通信産業の高度集積を狙ったサイバー・ポート建設など、側面支援に積極的である。こうした動きに、不動産大手財閥など民間が追従するのか、香港の将来を左右する重要な問題だけに行方が注目される。

　返還後の香港に関しては、返還前に危惧された中国の介入は表面的にはない。ただ、政治と経済との関係で言えば、返還前に英国統治最後のパッテン総統が盛り上げた民主化の機運が経済に影響する可能性がある。香港住民の権利意識が高まり、立法会の議員がそれを代弁するようになると、福祉など財政支出が大きくなる。そうなれば、英国統治時代に完成した効率的で小さな政府が維持できなくなり、税金や年金など企業の負担が重くなると、外資が香港を敬遠する傾向に拍車がかかることも考えられる。いずれにせよ、中国主権下の新生香港には、この先いくつもの試練が待ち構えているということである。

2　シンガポール「コーポレーション」

　マレー半島の最南端に位置する淡路島とほぼ同じ面積の小島シンガポールは、ユニークな発展戦略により、世界経済に確固たる地位を築いた。そのユニークな戦略とは、国家そのものがビジネスを行う企業（コーポレーション）となり、会社を大きくしていることである。会社を大きくすることとは、即ち国家全体はもちろんのこと、一人ひとりの国民を豊かにすることである。こうした国としての性格もあって、シンガポール政府の公務員は、お堅い役人というより、自社の製品やサービスを顧客、即ち世界の国々に売り込むセールスマンのイメージである。シンガポールにとって利益になること、それは主に直接投資であるが、自らを積極的に売り込んで、資本と技術を導入するのである。

　現在コンテナ貨物取扱高で世界1、2位を争う中継貿易港のシンガポールは、1819年に英国のスタンフォード・ラッフルズが、地理的に欧州・インド・中国を結ぶ主要航路上にあること、水深のある港湾に適した地形であることに目をつけ、

ジョホールのスルタンから譲り受けられて開発が進められていった。ラッフルズの功績は、現在でもシンガポールの繁華街においてホテルやアーケードの名前に残され称えられている。ラッフルズは、シンガポールをヒト、モノ、カネの出入りに一切制限を設けない自由貿易港としたことから、世界中から貿易商人が集まるようになった。こうしてほぼ無人に近かったシンガポール島は、東南アジアにおける中継貿易港として急速に発展することになった。

ヒトの出入りが自由だったことから、東西貿易取引を行うインド商人のほか、福建を中心とした中国大陸出身の商人がシンガポール島に住み着くようになり、現住マレー人とともに、複数民族から成る複合的社会を築くことになった。マレー半島にも、苦力（クーリー）と呼ばれる炭鉱や大規模農園への出稼ぎ労働者として、数多くの中国人が入植するようになるが、とりわけ中継貿易によって栄えているシンガポールには、血縁者や地縁者を頼って集中的に移住する。中国系人の移住に伴いシンガポールの人口は急増し、ラッフルズ上陸時の150人前後が、太平洋戦争前には77万人となった。中国系優位の社会となったシンガポールは、後にマレーシアとなるマレー人のマレー半島とは異質な社会となる。

1945年に第2次世界大戦が終わるが、英国はその後もしばらくシンガポールを直轄領として残した。49年に中国で共産党政権が誕生したのに伴い、シンガポールの華人も共産主義に刺激されて独立機運が高まる。華人の中から英国留学組のエリート指導者層が現れ、不満が高まっていた華人大衆の支持を得るようになる。その代表的な指導者が、弁護士のリー・クァンユー（李光耀）である。1954年に人民行動党（PAP）を結成したリーは、翌年英国から部分的な自治を与えられた直後の選挙で3議席を獲得した。1957年のマラヤ連邦独立に参加したシンガポールでは、59年に内政自治を獲得した後に選挙が実施され、リー率いるPAPは51議席中43議席を獲得し、リーが初代首相に就任した。

首相に就任したリーは、劣悪な住宅事情の改善と、深刻な失業問題の克服に取り掛からなければならなかった。中継貿易港による需要はもともと雇用吸収力が大きくない上に、領有権を巡るマレーシアとインドネシアの対立が先鋭化したことから、周辺諸国産品の集散機能が打撃を受けてしまったからである。リーのPAP政権は、シンガポールに製造業を振興し、マラヤと関係を維持することによって、製品の市場を確保することを重視した。シンガポール内の支持を取り付け

たリーは、1963年のマレーシア連邦結成に加わった。しかし、マレー人優位のマレーシアと華人優位のシンガポールとは相容れることなく、リーは不本意ながら、1965年にシンガポールの独立を宣言した。

　独立を果たしたと同時にマレーシア市場を失ったシンガポールは、完全な経済的自立を迫られることになった。雇用吸収力の大きい製造業に関しては、地場の民間資本が育っていなかったことから、製品輸出を行うことのできる外資製造業の誘致が緊急課題となった。自治権を得た後のシンガポールでは、59年に創始産業法と産業拡大法を制定し、最長5年間の法人所得税免除を実施したのに続き、61年の第1次国家経済開発計画施行を機に、実施機関として首相直轄の経済開発庁（EDB）が設立された。EDBは、元来インフラ部門を整備するための政府の持ち株会社として設立されたが、次第に国家の発展戦略の策定・実施という、政府の頭脳としての重要な役割を担うようになる。

　EDBは、63年までに島西部のジュロン地区に大規模な工業団地を造成した。外資との合弁案件においては、資本の不足する民間資本にかわり、シンガポール側パートナーとして造船・修船や石油化学など現在シンガポールを代表する大型製造業に出資した。金融分野でも、3大華人金融資本と並ぶ大手銀行のシンガポール開発銀行（DBS）を所有し、製造業への融資を促進した。行政機関としては、外資企業が投資手続きを行う際の窓口として、手続きを円滑に進めるとともに、各種の優遇措置を付与する権限も与えられた。EDBは、待ちの姿勢の単なる窓口ではなく、シンガポールにとって役立つと思われる外資製造業には、投資を行う利点を強調して積極的に勧誘するセールスマンである。

　もっとも、こうしたEDBを前面に出した積極的な外資誘致姿勢も、独立までの60年代前半は決して芳しくなく、投資件数の増加にも失業者の増加を食い止めるほどの規模にはならなかった。これは、投資の懐妊期間や地場資本の性格の問題もあったが、根本的にはマラヤ共産党の影響を受けた労働運動やそれに伴う賃上げなどの要求などに対する投資家の不信感であった。しかし、こうした状況も、社会主義戦線が63年の一斉検挙によって崩壊したことで目覚しく改善した。EDBの積極的な売り込みも功を奏し、電機・電子など雇用吸収力の大きい先進国大手企業が、ジュロンを中心に多数進出するようになった。

　失業と並ぶ深刻な社会問題、1世帯が一部屋に住むのが当たり前だった50年代

までの劣悪な住宅事情については、61年に改組された住宅建設開発局（HDB）が公共住宅建設の役割を担ったことにより大きく改善された。HDBは、65年までの5年間で5万4,000戸の公共住宅を建設し、人口の約25％を入居させる成果をあげた。その後もHDBの公共住宅建設は進められ、現在約9割弱のシンガポール国民が、HDBの公共住宅に居住している。残りは、地元の裕福層か幹部クラスの外国人で、民間の高級マンションなどに居住している。香港同様土地が狭く、庭付き一戸建てという訳にはいかず、高層アパートが一般的であるが、住宅に関しては不自由ない優れた水準を達成したと評価できよう。

表5-2　シンガポールの基礎データ

国名	シンガポール共和国	政体	共和制
面積	647.8km^2（淡路島とほぼ同じ）	元首	オン・テン・チョン大統領
人口	322万人（98年央推定居住者）	議会	国会（議員83名）
言語	英語、華語、マレー語、タミル語	内閣	ゴー・チョクトン首相
会計年度	4月～3月		リー・クァンユー上級大臣
宗教	仏教、イスラム教、ヒンドゥー教、キリスト教		
通貨	シンガポール・ドル（1米ドル＝1.7335　Sドル、2000年末）		

最近の主要経済指標			
国内総生産（GDP）	96年915億ドル	97年959億ドル	98年844億ドル
一人当たりGDP	96年30,061ドル	97年30,908ドル	98年26,242ドル
GDP伸び率	96年7.5％	97年8.0％	98年26,242ドル　外貨準備高
消費者物価上昇率	96年1.4％	97年2.0％	98年▲0.3％　（2000年3月）
失業率	96年2.0％	97年1.8％	98年3.2％　743億ドル
GDP産業別構成比（98年）	金融・ビジネスサービス28.4％　製造業23.4％		
	商業18.6％　輸送・通信業13.9％　建設業8.7％		

（出所）「The World 2000」日本貿易振興会（ジェトロ）

　政治的な安定をほぼ確立した独立3年後の68年になると、外資製造業の進出が急テンポで拡大する。シンガポール政府は、67年に経済拡大奨励法、68年に労使関係法と、矢継ぎ早に外資に有利な政策を実施に移すなど、製造活動への支援姿勢を鮮明とした。政治が安定した上に、労働組合運動が実質政府の管理下入り、公共住宅政策や中央積立基金（CPF）制度の充実、低コストの労働力の安定供

給体制と、投資や製造活動にとっての環境が整えられた。シンガポールに進出した外資製造業の企業活動は、長年の課題であったシンガポールの失業問題を、時間を要せず容易に解決することになる。さらに、製品はアメリカや欧州など大市場へと輸出され、再投資に必要な外貨も着々と蓄積されてゆく。

　国有企業についても、外資主導の輸出工業化に歩調を合わせ、組織を拡大して活動範囲を広げるようになる。68年には、工業団地の造成と管理を担当するジュロン・タウン公社、産業金融を担当するシンガポール開発銀行、輸出促進を担当する国際貿易公社が、それぞれEDBから機能を分割する形で設立された。EDB自体は、投資の誘致、政策立案・実施機関の役割、つまりシンガポールの頭脳に特化するようになる。EDBから独立した公社や国有企業は、組織の拡大や子会社設立などにより肥大化することになる。このように、シンガポールの工業化の過程において、政府の役割は当初の支援的なものから、次第に介入姿勢を強め、さらには営利活動への直接参加へと拡大していった。

　製造業における政府出資会社は、63年の10社から72年には38社へと増加し、国内総生産の15％程度を占めるようになる。その多くは外資との合弁で、造船や石油精製など重工業におけるシンガポール側パートナーとなったもので、結果的に重工業分野における政府の役割を高めた。しかし、これはあくまで外資側の要請に応える形で受け皿になった、受動的かつ単発的なもので、シンガポール政府が計画的に出資に参加したという訳ではない。経済開発政策についても同様で、1966から70年を対象とする第2次5か年計画は、途中の68年に放棄され、それ以降総合的かつ中長期的計画は公表されなくなり、毎年の予算演説において、中長期的な見通しを含む政策が発表されるようになった。

　こうしたシンガポール政府の支援と直接参加の効果、先進国側の対外進出ブームも相まって、シンガポールの輸出志向型工業化は加速する。70年代前半まで年平均で経済成長率は10％を超え、製造業実質付加価値は20％近い伸びを示した。深刻だった失業問題であるが、失業率はこの頃までに5％を下回り、完全雇用にほぼ目処がついた。外国直接投資は、投資額、生産額、雇用数のいずれにおいても急増し、外資100％所有企業による製造業付加価値は、40％を上回る水準に達した。これに外資と政府の合弁企業を考慮すれば、外資の比率はさらに上昇する。この数値を逆に読めば、この時期の工業化は、外資製造業と公企業によって担わ

れたもので、地場民間資本が停滞していたということでもある。

　完全雇用が達成された70年代後半になると、今度は労働需給がタイトになり、低賃金・労働集約型の工業化は見直しを迫られ、技術・技能水準の引き上げなど産業構造の高度化が課題となる。シンガポール政府は、「70年代経済戦略プログラム」を策定し、実施に移した。それは、グローバル・シティーへの変身である。シンガポールの目指すグローバル・シティーは、高い製造技術を有するとともに、港湾、航空、通信、観光、金融などの分野でもセンター機能を果たし、全世界を網羅する経済システムを形成するという意欲的なものである。シンガポールに不足する技術や経営などのノウハウを、多国籍企業に補完してもらうことを視野に入れたため、多国籍企業の誘致が重要なポイントとなった。

　数多くの多国籍企業を誘致し、シンガポールを拠点に活動させるべく、政府は2つの具体的な動きを見せた。1つには、72年に政府・労働組合、経営者の三者から構成される全国賃金評議会（NWC）を設立し、賃上げ幅やCPFへの労使拠出率を勧告するようになったことである。公務員の賃上げが全面的に勧告に従ったため、民間に対する拘束力も大きなものとなった。CPFについては、公共住宅政策とともにPAP政府が早期に導入した福祉制度であるが、本来の年金のみならず、貯蓄率向上や住宅政策などマクロ経済的に機動的な役割を果たすようになる。2つには、公社・公団と政府出資企業の集中管理を強めたことである。これらの動きに民間は不満を表明するが、政府により一蹴されてしまう。

　こうしたグローバル・シティー構想も、73年の第1次石油ショックにより、外国の直接投資が急速に減り、停滞を余儀なくされることになる。経済成長率と製造業付加価値の伸び率は、73年を起点に1桁台へと低下する。経済の減速と低調な外国投資により、従来型の低賃金・労働集約型の製造業への依存がむしろ高まるようになり、労働力不足から隣国マレーシアを中心とした外国人労働者が数多く流入する。外国人労働者の流入が、労働意欲の低下と技術革新の阻害要因となることを恐れた政府は、NWCを通じて79年から3年間にわたり、年平均30％賃金を引き上げるよう勧告を行った。同時に、競争力を失った産業・企業には、人件費の安い海外へ移転するなど、産業構造の転換も呼びかけた。

　しかし、思い切った賃金上昇政策は、80年代中盤に行き詰まってしまう。79年の第2次石油ショック以降、シンガポール製品の最大の輸出市場であるアメリカ

が不況に陥ってしまい、それに伴い輸出と生産の伸びも低下し、製造業の付加価値は、85年にマイナス7.5％と大きく落ち込んだ。当初79年から3年間だったNWSの勧告にも、2桁台の大幅賃上げが84年まで続いてしまい、周辺アジアNIEsやASEAN諸国と比べて、シンガポールの高コストが目立つようになり、輸出競争力の低下は鮮明になった。85年の成長率は、自治権獲得以来初のマイナス成長となるマイナス1.6％を記録してしまった。ここに至り、シンガポール政府は、発展戦略の大きな見直しを迫られることになる。

　シンガポール政府の対応は、迅速かつ適切なものであった。リー・クァンユー首相の息子リー・シェンロン商工大臣を長とする経済委員会が組成され、短期と中期の対応策が検討された。経済委員会は、国内外要因を分析した上で、生産コストの引き下げ、投資保護の拡充、賃金決定方法の柔軟化と3つの政策を提言した。この提言に基づき、政府は公共料金を引き下げ、労働組合の同意を取り付け大幅な賃金カットに踏み切った。中期的には、以降10年間の成長の原動力を、製造業からサービス業へと軸足を移したことが特徴である。多国籍企業の生産拠点のみならず、シンガポールが優位を持つサービス機能を活用し、地域営業本部（OHQ）を誘致することに活路を見出すという点にそれが見られる。

　この提言は、シンガポールをOHQに指定した内外の多国籍企業に、税制面で優遇するOHQステータスという政策に生かされた。80年代後半には、プラザ合意以降の円高・ドル安が先進国企業の東南アジア進出を加速させ、大胆なコスト削減を実施したシンガポールにも、電機・電子など技術水準の高い製造業による新増設投資が順調に増加する。OHQに指定された多国籍企業は、シンガポールをマレーシア、タイ、インドネシアなど周辺諸国に展開する量産工場のため、金融などサービス分野では全アジアの統括本部としてシンガポール拠点を活用し、シンガポール経済は90年代に入り、先進国レベルに達しながらも、高成長率と低インフレという優れた経済実績を示した。

　シンガポールは、現在香港と並ぶアジアの二大金融センターと言われる。中継貿易拠点として栄えたシンガポールでは、貿易関連サービスの金融への需要が高まる。こうした金融部門は、華人資本が担うようになった。華人の金融資本は、現在では華僑、大華、華連の3大資本に集約され、前出の政府系DBSを合わせ4大銀行を構成し、地場中小銀行は4大銀行の傘下に入った。狭いシンガポール国

内金融市場、これら地場の銀行を保護しながら、アジアの国際金融センターへと発展できたのは、やはりシンガポール政府の重要な決断によるところが大きい。その決断とは、多国籍企業のアメリカ銀行（ＢＯＡ）の勧誘に応じて、オフショアー金融取引勘定を設立したことである。

　1960年台半ば、アメリカ西海岸の銀行に華人預金が多いことに着目したＢＯＡは、その源泉である東南アジアでの主導権を確保すべく、アジア拠点となる金融センターを探した。当初は地理的な条件や人材確保の観点から、英国統治下の香港政庁と交渉した。しかし、税率15％の預金金利課税の免除を受けることができず、ＢＯＡはこの話をシンガポールに持ち込んだ。「金融立国」を国策の1つに掲げたシンガポール政府にとって、ＢＯＡの提案は渡りに船で、非居住者外貨預金に対する非課税に同意した。ＢＯＡはシンガポール支店内にアジア通貨勘定（ＡＣＵ）を設け、1968年10月1日に最初の取引が行われた。これにより、シンガポールはオフショアー金融センターとしてスタートを切った。

　香港が通貨リンク制度で内外一体化を実現したのに対し、シンガポールは国内通貨のシンガポール・ドル取引と、オフショアー外貨取引を厳格に区別することで、国内金融市場を過当競争から保護する方法を選んだ。外国銀行は、進出時期によって3種類に分けられる。他国の中央銀行に相当するシンガポール金融管理庁（ＭＡＳ）が設立された1972年を基準に、それ以前に進出を果たせばフルバンクとしてすべての銀行業務が許可され、ＭＡＳ設立以降73年4月までに認可を受ければ制限免許銀行、それ以降進出した場合はオフショアー銀行となる。後二者は、居住者との取引やシンガポール・ドル建ての取引は制限されるため、実質的に外貨建てのオフショアー取引だけを対象としなければならない。

　そうした制限はあったが、1970年代後半以降、シンガポールには相次いで外国銀行が進出するようになる。オフショアー勘定のＡＣＵは、開設以来年率50％にも達する急ペースで残高を拡大する。開設当初の70年代前半は、匿名預金制度が整備されたことから、周辺諸国の華人資産が預金となって押し寄せ、ロンドンのユーロ市場で運用された。80年代になると、タイ、マレーシア、インドネシアなど周辺東南アジア諸国が高度成長となり、それに伴い資金需要も旺盛になる。シンガポールのオフショアー・センターは、一転して資金調達の役割が求められるようになる。シンガポールに進出した先進国などの外国銀行は、本国を中心に資

金を調達し、周辺諸国へのシンジケート・ローンを拡大した。

シンガポールの発展戦略は、OHQやオフショアー金融で見たように、周辺諸国に先んじてセンター・ハブ機能を整備し、自らの付加価値を高めるというものである。こうした機能の整備は、港湾、通信、観光などのサービス部門でも意欲的に進められている。タンジュン・パガーのコンテナ埠頭は、香港の葵涌と並び世界最大級の取扱高を誇り、空の玄関チャンギ国際空港は、乗降旅客数が世界有数ということに加え、世界の航空ジャーナリズムからも施設とサービスで高い評価を受けている。また、外国人観光客誘致のため高級ホテルやショッピング施設を整備するとともに、国際会議のできるコンベンション施設をも数多く建設し、数多くの外国人を来させて外貨獲得にも貢献している。

先進的な製造業やサービス業を誘致するとともに、競争力が低下した製造業には、シンガポールを出て海外で展開することが奨励される。そうした環境も、シンガポール政府が積極的に整備する。1990年、シンガポール、インドネシア、マレーシアの3国政府は、「成長の三角地帯構想」で包括合意した。この構想は、それぞれの国の強みを出し合って、地域全体の発展を加速するものである。この合意に基づき、シンガポールとインドネシアの両国政府は、シンガポールのすぐ南にあるインドネシア・リアウ州の共同開発計画を進めた。シンガポールが工業団地開発や港湾・通信などのノウハウやインフラを提供し、インドネシアは土地と労働力を提供し、国内外の製造業を積極的に誘致するようになった。

1980年代後半以降のシンガポールは、経済交流面で東アジアのリーダー的な役割を果たしている。政治面では上級相となったリー・クァンユー元首相が、各国政府のアドバイザー的な役割を果たし、経済面ではシンガポールの発展の経験を基に、開発案件に積極関与するようになった。ジュロン工業団地開発で得たノウハウは、インドネシアのリアウ州の他、中国の無錫、ベトナム、ミャンマーなどの工業団地開発でも生かされている。これらの工業団地は、シンガポールの中小製造業者に生産拠点移転先を提供するとともに、先進国企業にもシンガポールの経験とノウハウが詰まった工業団地となる。ベトナムやミャンマーでは、政治問題から動きの遅い先進国に比べ、シンガポールの迅速さが目立った。

97年7月以降のアジア通貨危機においては、シンガポールもその影響から逃れることはできなかった。シンガポール・ドルにも売り圧力がかかり、コスト高の

調整を迫られるデフレや低成長に見舞われた。98年通年ではプラス成長を維持したものの、四半期ベースではマイナス成長を記録した。しかし、こうした調整局面に対し、前出のＮＷＣが賃金カットを勧告するなど迅速に対応し、99年には正常な水準の成長率を取り戻した。シンガポール・ドルの為替レートも切り下がったが、むしろ程よいコスト調整となった。それに、金融に関しては、ＭＡＳ管理下で香港同様に健全かつ強固で、ＤＢＳがタイ、香港、韓国で地場銀行に資本参加するなど、アジア通貨危機を機に外延的拡大を果たしている。

　このように、順風満帆に見えるシンガポールであるが、政治・経済両面で将来的に課題を抱えている。政治については、超管理国家と言われる体制を、続けることができるかであろう。現在のＰＡＰ統治の拠り所は、高い経済水準と清潔な行政である。シンガポールの公務員の清潔さは、国際的にも高く評価されており、国民が表立って不満を言う必要はないのかもしれない。しかし、リー・クァンユー上級相の影響力とて永遠ではない。それに、言論や情報を規制したままで、現在のような清潔で効率的な行政が維持できるという保証もない。シンガポールが先進国入りしないのも、人権など義務を課せられたくないからだと言われている。現在の体制が長期的に続くのか、変化が起こった場合にはどの程度のショックに止めることができるのか、専門家でも予測は極めて難しい。

　経済面でも、決して楽観はできない。シンガポール政府は、人件費コストに堪え得る付加価値創出のため、情報化投資や地元人材の育成に取り組んでいるが、資源に恵まれない小国である以上、将来的にも対外取引に依存せざるを得ない。その手段が、多国籍企業の活動であり、周辺諸国にとってのハブ機能である。しかし、周辺諸国が手足で、自らが頭脳といったご都合主義は、次第に通用しなくなっている。実際、アジア通貨危機を契機に、国内外を厳格に規制したオフショアー金融規制を緩和しようとの動きも出ている。これなどは、国際競争力に危機感を感じている証拠であろう。周辺諸国がシンガポールを素通りしないよう、相手にも評価される発展戦略の策定が重要な課題となることであろう。

第6章　タイ、マレーシア

1　「挫折した優等生」タイ

　微笑みの国とも称されるタイは、第2次世界大戦前に西欧列強諸国の植民地支配を受けることなく、東南アジアで唯一独立を守った王国である。現在のプミポン国王は、チャクリ（またはトンブリ）王朝のラーマ9世で、歴代国王では4世モンクット王、5世チュラロンコン大王などが、歴史に残る名君として現在でも称えられている。タイ国民の多くは敬虔な仏教徒で、オレンジ色の装束を纏った僧侶に対し、人々が寄進する光景を街の至る所で見ることができる。また、タイ国男児には、一定の期間仏門に入ることが義務づけられている。伝播経路が北方と南方と異なるとはいえ仏教国であること、王室と皇室を戴くという類似点から、タイは日本にとって親しみやすい国の1つとなっている。

　類似といえば、タイが世界に窓を開いたのは日本の開国とほぼ同時期で、ガス燈や鉄道など文明の利器が導入されたのも、1868年の明治維新直後だった日本と時期的にほぼ一致する。ただ、決定的に違ったのが、日本の明治政府が富国強兵を掲げて工業化に邁進したのに対し、コメという強力な輸出品で稼げたタイは、1855年のボウリング条約による自由貿易の利益を享受したことである。食糧はすべて自給できる上に、綿織物など消費物資は輸入できたため、自ら製造業を興すという誘因には乏しかった。独立を維持したという点では、アジアNIEsやASEAN諸国に対し、工業化で優位にあったとも考えられるが、本格的な工業化に着手したのは、後に見るように戦後の1960年代である。

　タイの発展における基礎条件として、「サクディナー制」にも言及する必要がある。サクディナーとは、権力・階位を表すサクディーと、水田のナーを組み合わせた合成語であるが、水田面積を基準にした15世紀以来のタイ式封建制度である。国王の土地を利用した農民は、代償として労役や特産品を提供することにな

るが、チャクリ朝の1850年頃には、タイに入植した中国大陸系人が徴税を請け負うようになる。徴税を請け負った華僑・華人は、多くが中国広東省の潮州出身者であるが、後には農業仲買人のミドルマンとなって流通を支配するとともに、一部は貿易、流通、金融などタイ経済を担う巨大資本へと発展する。サクディナー制は、潮州華人の経済支配を形成した制度という意味でも重要である。

1855年、タイはイギリスとの間でボウリング条約を締結する。これにより、タイの貿易は中国との朝貢貿易から、世界を相手にする自由貿易へと変わった。同様の通商条約は他の主要国との間でも締結され、コメ、胡椒、砂糖などタイの農産物輸出が急拡大するとともに、西欧の風がタイにも吹き込むようになり、封建的なタイの支配構造にも変化を促すことになる。サクディナー制度に依存した支配層は次々と崩壊へと追い込まれ、西欧の制度や規範を導入しようとするグループが勢いを増す。そうした代表が映画「王様と私」の主人公のモデルとなったラーマ5世、即ちチュラロンコン大王で、1868年の即位以来、政治、行政、社会、教育などの分野で後に「チャクリ改革」と呼ばれる改革を断行した。

表6-1 タイの基礎データ

国名　タイ王国	政体　立憲君主制
面積　51万3,114km^2（日本の1.36倍）	元首　プミポン・アドゥーンヤデート国王
人口　6,082万人（97年）	議会　二院制（上院260名、下院393名）
会計年度　10月〜9月	首都　バンコック（正式名はクルンテープ・マハーナコン）
内閣　首相　チュアン・リークパイ（97年11月就任）	
言語　タイ語ほかラオ語、中国語、マレー語	宗教　仏教（上座部）一部イスラム教
通貨　バーツ（1USドル＝43.40バーツ、2000年末）	

最近の主要経済指標
　　国内総生産（GDP）　96年1,814億ドル　97年1,491億ドル　98年1,113億ドル
　　1人当たりGDP　　　96年3,018ドル　　97年2,451ドル　　98年1,834ドル
　　GDP伸び率　　　　96年5.9%　　　　97年5.6%　　　　98年▲10.2%
　　消費者物価上昇率　　96年5.9%　　　　97年5.5%　　　　98年8.1%
　　外貨準備高　304億ドル　対外債務　807億ドル（ともに99年6月末）
　　GDP産業別構成比（97年）
　　　　農林水産業　11.3%　鉱工業30.1%　サービス業等　58.6%

（出所）「The World 2000」日本貿易振興会（ジェトロ）

ボウリング条約は、タイの輸入関税が3％に固定された不利な条約で、関税自主権の回復は、日本からも20年遅れた1927年である。西欧やアメリカから工業製品がタイ国内に大量に流入したため、綿織物や製糖などタイの地場製造業は崩壊状態となり、それ以降長らく発展の機会を見出せなくなる。その一方、自由貿易の恩恵を受けるサービス部門が発展し、コメの流通や輸出を取り扱う潮州華人の商人に巨額の富をもたらすようになる。こうした華人商人の代表的な存在には、現在タイを代表する財閥となったＣＰグループがある。周辺諸国の食糧需要の拡大に伴い、コメはタイの輸出の7割を占めるようになり、タイの経済構造を「ライス・エコノミー」と特徴づける学者も現れた。

周辺諸国がイギリスやフランスなど西欧諸国の植民地となった中、タイは独立を維持した。これは、1つには先に紹介したチュラロンコン大王のチャクリ改革により西欧式の近代化をある程度達成し、西欧列強に付け入る隙を与えなかったことがあげられる。もう1つには、インドからビルマ（現ミャンマー）まで進出したイギリスと、インドシナで勢力を拡大したフランスを牽制させ、緩衝地帯としてどちらの勢力にも入り込ませなかった。これに見られるよう、タイは外交バランス感覚に優れており、各種の国際的交渉においても、どの勢力にも肩入れすることなく、自らの利益となる結果を引き出す能力に長けている。第2次世界大戦で敗戦国扱いを免れたのも、こうした能力によるところが大きい。

チャクリ改革によりサクディナー制は廃止され、中央政府、省、県から成る行政制度が整備された。1932年には立憲革命が起こり、絶対王政から立憲君主制へと移行し、軍閥の勢力が拡大するようになる。1947年には軍事クーデターが起こり、ピン元帥が政治権力を奪取し、軍による政治支配の基礎を築いた。その後も、軍事クーデターによりサリット、タノーム、プラパートと元帥に実権が移ることになり、特定の政治集団や個人が、軍や警察など官僚機構を一元支配する構図ができあがり、これに資金源として華人資本家が割って入ることになる。華人資本家は、特定の資本家と結びつきを強め、資金面での支援の見返りとして、自らの事業分野における権益や保護を得るようになる。

第2次世界大戦後の40年代、50年代もコメ輸出を中心とした経済構造が続いたが、60年代には工業化のスタートを切る。58年に政権を握ったサリット将軍は、

世界銀行の調査団を受け入れ、その勧告に基づき国家開発計画を策定し、民間主導の経済開発を促進する政策を採用した。産業や投資を奨励する法律を制定し、タイ国内市場を目指した輸入代替の外国企業進出の受け入れ体制も整える。経済活動は、基本的には民間が行うが、民間が行えない巨大投資や、経済活動を支援するインフラ整備は政府が担当するようになった。世界銀行の勧告を受け入れたこと、ベトナム戦争におけるアメリカの前線基地の1つとなったことから、国際機関やアメリカの援助が得られたことも追い風となった。

　60年代後半になると、日本の大手企業がタイに進出するようになる。家電、自動車、化学繊維など消費財や素材の産業が、人口5,000万規模で潜在成長力のあるタイ市場に魅力を感じてのものであった。しかし、日本企業の進出は、同時にタイ国民のナショナリズムをも高めた。1973年には大規模な学生デモが起こり、日本企業および日本製品が標的となった。こうした機運を利用したタイ政府は、60年代の開放的な外資政策を見直し、1972年の投資奨励法を皮切りに、外国企業規制法、外国人職業規制法と、外資規制を強化する。これにより、原則外資の過半数所有はできなくなったのをはじめ、完成自動車の輸入が禁止されるなど、産業ごとに厳しい国産化率が規定されるようになった。

　70年代には2度の石油ショックが起こったが、国内に石油を産出しないタイにとっても厳しい経済環境となる。しかし、この時期のタイ経済は、従来のコメ輸出に加え、タイ・シルクやアパレル縫製品など軽工業が輸出品に加わり、石油値上がりの影響は受けながらも、プラスの堅実な成長率を維持することができた。むしろ、エネルギー多消費型の重化学工業がなかったことが幸いしたとも考えられる。しかし、ベトナム戦争が終わりアメリカの援助が減少したことに加え、第2次石油ショックによる世界的な不景気は、次の80年代前半にタイ経済を直撃してしまう。国際市場で農業1次産品価格が暴落し、コメを主力とするタイの輸出には打撃となり、それに伴いタイ経済は停滞色が強くなった。

　ここに至って「ライス・エコノミー」の弱点を知ったタイ政府は、タイ湾での天然ガス発見を機に浮上した大規模な東部臨海開発計画を一時棚上げし、84年12月に通貨バーツを対米ドルで15％切り下げるなど、我慢しながら事態の好転を待った。その我慢は、すぐに報われた。1985年9月のプラザ合意以降の円高・ドル安は、輸出採算に苦しむ日本企業の海外への生産拠点の移転を加速させ、東南ア

ジアではタイが最大の移転先となった。そうした経緯およびそれ以降の空前の投資ブームによるタイの高度成長については、第3章のアジア通貨危機の項で既に記述したので、ここではタイ政府の産業政策や華人資本など民間部門の対応などタイ側の事情や状況を中心に、簡単に紹介することにしたい。

プラザ合意以降の外資企業のタイ進出は、基本的には外資規制の大幅緩和によるものではなく、労賃コストが相対的に低いことに加え、国王中心とした政治的安定、敬虔な仏教徒の勤勉な国民性などの要素が、他の移転候補先に比べ評価された結果である。1972年投資奨励法は改正されなかったが、投資の窓口機関となる首相直轄の投資委員会（ＢＯＩ）は、投資認可の条件に幅を持たせることにより対応した。例えば、輸出外貨獲得、雇用拡大、地方振興などタイの発展に貢献する場合、外資100％またはマジョリティーが認められた。とりわけ、タイにとって深刻な地域間所得格差の解消に向け、首都バンコックから離れた地域に立地する案件には、税制面でも手厚い優遇措置が講じられるようになった。

タイへ流入した投資は日本企業だけではなく、台湾、香港、韓国などアジアＮＩＥｓの投資もこの時期に急増した。88年にはＢＯＩの認可ベースで、台湾が件数、金額ともに日本を抜き最大の投資先となった。台湾や香港の投資は、雑貨、アパレル、玩具などコスト高となった企業の移転が大部分で、香港では得意の大型不動産案件も見られた。台湾と香港の場合、タイ側の華人資本との地縁や人脈によりタイ進出を決めたものも相当ある。これに対し韓国企業のタイ進出は、自動車や家電など日本が先に進出を果たした種類の製造業で、タイ国内において日本企業に競争を挑んだ。その他では、ドイツ、フランス、イギリスなど欧州勢は、化学工業や石油化学など資本集約型の大型案件への進出が目立った。

日本企業の場合、85年9月のプラザ合意以降のタイへの投資は、自動車や家電など早期に進出を果たした内需型加工・組立産業の拡張投資に加え、電子部品や半導体など輸出型の新規投資、さらに大手企業の進出に伴う中小部品・下請け企業の新規進出と、国をあげての大々的なものとなった。また、88年に就任したチャチャイ首相の「インドシナを戦場から市場へ」を合言葉に、将来の周辺諸国への進出を睨んでタイに拠点を確保するための進出も見られるようになった。もとよりタイにおける日本資本のプレゼンスは大きかったが、この時期の集中的な進出によって、バンコックの日本人商工会議所は、会員企業数で海外の日本人商工

会議所の中で最大規模の組織となった。

　こうした外資の集中的な進出は、タイに史上空前の投資ブームを起こし、投資ブームによる需要は景気を刺激し、88年から90年にかけて3年連続の2桁成長を達成した。こうした好実績から、「ＡＳＥＡＮの優等生」、「発展途上国の見本」といったタイへの評価が定着した。投資の集中は、タイ国内の需要を喚起したが、とりわけインフラと人材への需要が高まった。製造活動の拡大により、工業団地、電力供給、通信設備、高速道路、港湾施設などインフラの整備が追いつかず、国有企業が担当するこれらの部門は、ＢＯＴ方式などにより民間資本の参入にも道が開かれた。より深刻なのは人材で、人材不足が賃金高騰を招き、競争力低下につながったことは、アジア通貨危機の章で触れたとおりである。

　空前の投資ブームおよびそれに伴うインフラ不足は、東部臨海開発計画を復活させた。対象地区は、チャチェンサオ、チョンブリ、ラヨーンのタイ湾に面するバンコックの東部にある3つの県で、タイ湾で発見された天然ガスを原料とする化学工業を興し、発電所、工業団地、港湾などのインフラを整備することにより、首都バンコックに集中する投資の分散を図るものである。この地区は、もともとベトナム戦争時にアメリカが軍事拠点として道路や港湾などのインフラ整備を行っており、既存施設の有効活用という観点からも利点があった。タイ政府は、国家プロジェクトに指定し、日本政府のＯＤＡである円借款も、レムチャバンの工業団地と港湾、発電所、鉄道建設などの案件に積極活用された。

　元来農産物取引など商業資本だったタイの華人企業は、製造業外資の進出の合弁パートナーとなり、製造分野でも資本、技術、経営ノウハウなどを蓄積する。そうした華人資本の中から、コメやブロイラーなど農産物加工のＣＰ、メトロ、スンファセン、自動車のサイアム・モーターズ、繊維のサハユニオンなど後のタイを代表する大手企業が台頭し、企業グループを構成するようになる。また、タイ王室も、財産管理局を通じて企業を保有するが、その中にはタイを代表する製造業のサイアム・セメントおよびグループ企業がある。その一方で、下請けとなる中小企業は育たず、産業ピラミット構造の中で真中部分が空白になり、後のタイ発のアジア通貨危機では、原因の1つとして注目されるようになる。

　外資製造業の進出および地場資本の製造業進出に伴い、産業や輸出などタイ経済に構造変化が見られるようになる。対ＧＤＰ比の農業は60年の40％から80年

の23％を経て、95年には11％へと低下している。一方製造業は同じく12％、21％、28％と上昇している。サービス業は80年代前半まで上昇を続けたが、80年代後半には52％前後で頭打ちとなった。80年代前半までは、農業の減少分をサービス業が吸収したが、投資ブームとなった80年代後半以降は、製造業が吸収したことが分かる。雇用についても同様で、農業部門での減少を製造業が吸収することになるが、80年代後半以降は東北の農村部からバンコクや東部の工業地帯への直接労働力移動が起こり、その流れが90年代に加速した。

製造業の中身についても、70年代に農産物加工の食糧・飲料から繊維・アパレルへと主役が交代し、90年代に入ると電機・電子、一般機械、輸送用機器、石油化学などのシェアーが上昇している。輸出では、60年にコメ、スズ、チーク、ゴムの4大品目を中心とする農産品は8割を占めていたが、80年には5割へと低下し、95年には16％となっている。低下したとはいえ、タイはベトナム、アメリカを抑え世界一のコメ輸出国の地位を維持している。一方工業品は、60年の12％から80年には30％を超え、95年には82％に達している。95年の品目別では、コンピューター・部品12％、半導体4％、衣服6％、履物2％となっており、輸出品でも労働集約的軽工業から、技術集約的産業へとシフトしている。

タイの工業化のもう1つの特徴は、モータリゼーションである。国土が比較的広く、道路網もアメリカの援助などで整備されたタイは、早くから日本のメーカーが進出し、東南アジアの自動車産業の中心地的存在となった。主力の多目的1トン・ピックアップを中心に市場を拡大し、高度成長による中産階級の出現で、乗用車への需要も高まった。日本企業の独壇場だったタイ市場にも、アメリカ、欧州、韓国のメーカーも参入し、アジア通貨危機直前の国内販売は59万台に達し、21世紀初頭には100万台市場との期待も高まっていた。市場の拡大で外資の部品メーカーの進出も増え、97年には部品国内調達率70％を超えたタイ仕立てのアジア・カーも登場し、一時期好調な売れ行きを示した。

こうした変化から、タイの工業化は着実に進み、産業構造は高度化していると、アジア通貨危機まで思われてきた。タイ政府や産業界では、アジアＮＩＥｓへの追撃を重視するＮＩＥｓ派と、タイの強みである農業を生かした独自の工業化ＮＡＩＣ派閥とに分かれていたが、88年からの3年連続2桁成長に自信を深め、ＮＩＥｓ派が優勢となった。しかし、タイの工業化に無理があったことは、後のア

ジア通貨危機で露呈してしまった。コンピューター、電子など主力輸出品の生産は外資企業が担う上に、主要部品は親会社からの輸入で、タイで生み出される付加価値は加工・組立の労賃が大部分で、純輸出の外貨獲得という意味では効果は限定的で、雇用吸収も生産量や輸出額に見合うほど大きくない。

アジア通貨危機の発生源となったタイでは、97年7月以降バンコックの街に失業者があふれたが、彼らは出身地に帰って家業の農業を手伝うことにより、タイ社会全体としては混乱が緩和されたとも言われている。これを機に、タイ独自の発展路線に軌道修正が行われることになるのかは予断を許さないが、世界有数の食糧自給国であることの強みは、十分に認識されたことは確かで、農業の高付加価値化が図られることになろう。また、中小企業が育っていない産業構造の弱さについてもよく認識され、日本式の信用保証制度導入や、公的金融機関による制度融資も拡大された。あとは人材ということになろうが、伝統的な農村社会の影響もあり、長期的な課題ということになろう。

タイの華人資本は、金融でも強い力を発揮し、タイの銀行制度を支配している。アジア通貨危機前の地場15銀行のうち、政府系クルンタイ銀行、王室系サイアム商業銀行、軍系タイ軍人銀行を除く12銀行が華人資本である。華人財閥資本は、系列企業への金庫番として金融部門を持つようになった。こうした中から大手金融資本が現れ、バンコック銀行、タイ農民銀行、アユタヤ銀行は、3大金融資本と呼ばれる。タイの銀行制度は、欧米銀行の進出から始まったが、1940年頃からコメ輸出などの華人資本が銀行を設立し、それ以降勢力を伸ばしタイ金融の中心的な存在となる。1962年には銀行法が改正され、地場銀行の新設と外国銀行の進出は禁止され、地場15銀行、外国銀行14支店体制が長らく続いた。

競争制限的な1962年改正銀行法により、60年代以降タイの金融市場は既存勢力内の競争により拡大が図られた。出遅れたタイ国内外の金融資本は、規制のなかった金融会社を設立して対抗した。こうした体制が、先のアジア通貨危機の章で触れたように、膨大な不良債権を作り出した金融危機の背景となった。新規参入から保護された地場資本の15銀行は、次第に業績の差が顕著となり、上は東南アジア最大のバンコック銀行から、下は外国銀行1支店にも満たないものまで格差が拡大した。金融市場における勢力は、商業銀行が金融会社を圧倒し、銀行では地場商業銀行が優位となるが、地場15商業銀行では上位3銀行で過半数を、首位

のバンコック銀行だけで1/4のシェアーを占める寡占状況となった。

　タイの堅実な経済成長とともに、地場商業銀行中心の金融制度も成長を遂げるが、高度成長となった80年代後半以降、産業部門の旺盛な資金需要に応じ切れなくなり、タイ政府内では金融緩和の論議が浮上する。その結論が先のアジア通貨危機の章で見たように、93年のオフショアー金融市場の開設となったが、地場商業銀行の既得権には踏み込むことはなかった。この背景には、1962年改正銀行法に見られるように、銀行を所有する華人資本家が、特定の政治家との結びつきを強め、既得権を脅かすような改革には圧力をかけていることがある。アジア通貨危機後の金融改革についても、金融部門の外資過半数を10年としたように、既得権を守るために徹底的に抵抗している様子がうかがえる。

　これまでのタイの政治は、軍の介入が1つの鍵となった。1932年の立憲革命から1991年にかけて23回の軍事クーデターが起こったが、国王の支持を得ることにより、政権交代が実現している。クーデターと聞けば物騒に感じられるが、タイの場合、政党政治における有力政治家の派閥抗争といった程度のものでしかない。軍の政治への介入は次第に影を潜めるようになり、政治と経済との不透明な関係といった問題は残るものの、二院制の議院内閣制で、92年にバンコックで暴動が起こって以降、民主的な政権交代が行われている。経済成長に伴い汚職などに対し、国民の政治を見る目も厳しくなっている。小党分立で指導力が弱いと指摘されるが、民主的な制度であれば深刻な問題ではない。

　タイの社会・経済上の問題はいくつかあるが、最も深刻だと指摘されるのは所得格差である。1人当たり所得では、バンコック首都圏と東北部の格差は10～12倍に達する。80年代後半以降の高度経済成長により、都市部に恩恵がもたらされたが、農村部は取り残される形となった。タイ政府も事態を深刻に受け止め、地方立地に手厚い優遇措置を講ずるなど努力しているが、製造企業はインフラが整い周辺産業の集積もあるバンコック首都圏や東部臨海地区を目指してしまう。裏返しの問題として、首都バンコックへの過度の集中も深刻である。バンコックの交通渋滞は世界的にも有名となり、首都としての機能が低下する上に、自動車の排ガスによる公害など、放置できない状態となっている。

　タイの華人は人口では約1割であるが、民間経済活動の9割を握ると言われるほど、タイ経済に大きな地位を占めている。この後に見るインドネシアとは異な

り、タイ現地社会と融和が進んでいる。中国人の風貌でもタイ人としての意識が確立しており、現地人からも華人の経済活動がタイの経済発展に貢献し、自らに職と所得をもたらしてくれるものと好意的に見られている。しかし、金融で見たように、自らの保身に政治家と結びつき、そうして得られる保護が国全体としての利益を損なうことになりかねない。アジア通貨危機後のＩＭＦ改革でも、その点にメスが入っておらず将来に課題を残したと言えよう。

　タイは、アジア通貨危機で深く傷つき、金融改革など必死に構造調整に取り組んだ結果、98年のマイナス2桁成長に続き、99年から年率5％程度の成長を取り戻した。通貨危機発生から3年を経たバンコックの街は、建設途中でストップしたビルを除けば、通貨危機の傷跡はほぼ見られなくなった。しかし、不動産バブルと縁故融資に没頭した金融のツケは大きく、製造業主導の高度成長は当分期待できないかもしれない。それに、これまで見た経済、社会、産業などの構造問題は、いずれも簡単に解消できるものはなく、21世紀のタイはかつての優等生のプライドを捨て、必死に努力する姿勢が見られることになろう。

2　「独自路線」を貫くマレーシア

　マレー半島とボルネオ島北部から成るマレーシア連邦は、独自のユニークな戦略で発展を遂げている。他の東南アジアＡＳＥＡＮ諸国がアメリカとの経済的な結びつきを強め、アメリカ流に馴染もうとしているのに対し、マレーシアのマハティール首相は、東洋的な価値観を重視し、時にはアメリカの神経を逆なでにするような言動も行った。代表例としては、アメリカを排除した「東アジア経済グループ（ＥＡＥＧ）」を提唱したことがあげられるが、記憶に新しいところでは、97年7月のアジア通貨危機で東南アジア通貨が軒並み下落した際、各国が長年かけて作り上げた発展の成果を一瞬のうちに奪い去ったとして、アメリカの為替投機家ジョージ・ソロス氏を徹底批判したことである。

　熱帯性気候で森林、ゴム、スズなど天然資源に恵まれたマレー半島には、産業革命を成し遂げて大国となった英国が18世紀に進出を始め、ペナンを足がかりに19世紀にはマレー半島における支配地域を拡大し、次々と植民地化していった。

支配層として入植した英国にスズ炭鉱労働者としてインド人やアラビア人など多様な人々が移住したが、福建省出身者を中心に大陸中国人も多数入植した。中国系人は、貿易・商業、徴税請負業など得意な分野で活躍するが、次第に探鉱分野でも勢力を伸ばし、1860年までに地元マレー人が所有していた採掘権をほぼ手中に入れたと言われている。こうしてマレーシアは、先住のマレー人と、後から移住したインド人と中国人から構成される複合社会となっていった。

英国統治下のマレーシア経済は、ゴム、スズ、木材と豊富な農業1次産品を輸出し、その代金で英国産の綿織物など消費財を輸入する構造となったが、こうした構造は、現在のマレーシアとなった後も長らく続くことになる。マレーシアの歴史は第5章で紹介したシンガポールと一部重なるが、第2次世界大戦後もしばらくは英国の統治が続き、1957年にマラヤ連邦として独立し、65年にはシンガポールを切り離し、現在のマレー半島11州、北部ボルネオ2州から成るマレーシア連邦となった。戦後から独立にかけて、マレー人、インド人、中国人それぞれ政党を結成して勢力争いを行うが、独立時には人口比で6割弱を占めるマレー人が46年に結成した統一マレー人国民組織（UMNO）により政権を握った。

政治ではマレー人が支配的な地位を確立したが、経済では人口比で3割強の華人が圧倒的優位を占めるようになった。こうした華人は、地元マレー人の妬みや反発の対象となり、1969年には種族間の大規模な暴動が発生した。暴動の根本原因が経済格差にあると認識したマレーシア政府は、地元マレー人の経済的地位の向上を最優先政策課題に据え、期間20年の長期にわたる新経済政策（NEP）を1971年にスタートさせた。NEPでは、国全体の経済水準向上や貧困撲滅、それに種族間や地域間の経済格差是正が掲げられた。形式的には二本柱であるが、後者がより重視された。マレー人を優遇することから、NEPは別名マレー語で土地の子を意味する「ブミプトラ」政策とも呼ばれるようになった。

NEPでは、当時2％程度だった経済的に占めるブミプトラの比率を最終年である90年には30％に引き上げること、雇用や昇進において種族別人口比率を反映させることなど、ブミプトラ優先が明記された。NEPが実施された70年代以降、マレーシアの工業化は加速するが、ブミプトラという特定層の引き上げを優先したことが、国全体のレベル・アップを図った他の東アジア諸国とは異なる特徴であり、そうした特殊かつ複雑な事情があったことをまず理解しなければなら

ない。またNEPでは、目標実現には政府の経済活動への直接参入も必要と明記され、多くの国有・公企業の設立や政府による民間企業への出資など、政府の強い関与もマレーシア工業化の1つの特徴と言えよう。

表6-2　マレーシアの基礎データ

国名	マレーシア		政体	立憲君主制
面積	33万km^2（日本の0.87倍）		元首	サラフウディン・アブドゥル・アシズ・シャー（99年4月即位）
人口	2,218万人（98年央推計）			
首都	クアラルンプール		議会	二院制（上院69議席、下院193議席）
言語	マレー語ほか華語、英語も通じる		内閣	首相　マハティール・モハマド
宗教	イスラム教、仏教、ヒンズー教			（81年7月就任）
会計年度	暦年に同じ		通貨	リンギ（98年9月以来固定相場、1ドル＝3.8リンギ）

最近の主要経済指標
　国内総生産（GDP）　96年945億ドル　97年1,002億ドル　98年725億ドル
　1人当たりGDP　　　96年4,446ドル　97年4,284ドル　98年3,600ドル
　GDP伸び率　　　　 96年8.6%　　　 97年7.7%　　　 98年▲7.5%
　消費者物価上昇率　　96年3.5%　　　 97年2.7%　　　 98年5.3%
　外貨準備高　305億ドル（99年12月末）　対外債務残高　482億ドル（98年末）
　GDP産業別構成比（98年）
　　農林水産業9.4%　　鉱工業43.5%　　サービス業47.1%

（出所）「The World 2000」日本貿易振興会（ジェトロ）

　NEP期間のマレーシアの経済発展と工業化において、外資も大きな役割を担うことになるが、当初はブミプトラ30％、その他マレーシア資本40％、国外資本30％というNEPの目標達成に対する役割が期待された。外資進出の受け入れ体制は、独立翌年の1958年の創始産業条例に始まり、68年の投資奨励法を経て、86年の投資促進法へと整備されていった。独立から60年代にかけて、華人資本が繊維や雑貨で輸入代替を進めたのに続き、70年代には家電など耐久消費財での輸入代替を進めるべく、政府は外資製造業を積極的に誘致した。これに日本の大手家電メーカーが応じ、マレーシア工場での組立製品は、完成品に高率の輸入関税という保護を受け、国内市場で大きなシェアーを握るようになる。

　70年代までに消費財や軽工業での輸入代替が一段落すると、80年代には重化学

工業分野での輸入代替が始まった。この段階で、政府の関与が強まることになる。独立以来、電力、通信、運輸などインフラ関連の国有企業が多数設立されたが、80年11月に重工業公社（HICOM）が設立されたことにより、国有部門の性格が変化する。HICOMは、政府の持ち株会社としての役割を担い、セメントや鉄鋼など重化学工業の企業を多数傘下においた。HICOMは、政府肝いりの国民車構想においても、83年設立のサガ社のマレーシア側パートナーとなった。民間資本が重化学工業への進出に躊躇したという面もあるが、基本的には地元マレー人の資本比率を引き上げるブミプトラ政策の一環である。

ブミプトラ以外の華人やインド人にとって差別的ではあったものの、NEPによりマレーシア経済は順調に発展し、NEP期間前半の70年代では、年平均成長率8％強、製造業は20％弱もの高い伸びを示し、産業の主役は農業から製造業へと交代した。それに伴いマレーシアの経済・産業の構造も変化し、対GDPでは、製造業は70年の13％から80年の19％を経て、96年には36％へと上昇している。一方農業は、70年の31％から80年の23％を経て、96年には13％へと低下している。輸出に占める製造品の比率は、70年の12％から89年に50％を超え、96年には81％にまで上昇している。その分、農業や鉱業の1次産品のシェアーは、60年の80％から96年には13％へと大きく低下している。

製造業の内部でも、生産、輸出とも労働集約的な軽工業から、資本集約的な重工業へのシフトが進んでいる。機械、電機・電子、輸送機器の3部門の製造業に占める割合は、83年の23％から93年には37％へと上昇し、とりわけ日本の大手が進出している電機は、同15％から27％となっている。電機・電子は、90年代前半までに輸出の2/3を占める最大の外貨獲得部門ともなっている。その他主要製造品輸出は、木製品、ゴム製品、化学品などであるが、いずれもシェアー4％台でしかなく、電機・電子が他を圧倒するダントツである。輸送機器も輸出シェアー3％程度を確保しており、国民車メーカーのプロトンが、量産車サガを輸出にも回している。これらについては、後にもう一度触れることにする。

NEPにより順調な工業化と高成長率の軌道に乗ったマレーシア経済であるが、80年台半ばに大きな転機が訪れる。80年代前半の世界的な不況により1次産品価格が暴落し、ゴムやスズを主力輸出品とするマレーシアの輸出を直撃し、84年末頃からマレーシア経済は不況色が強まり、85年には初のマイナス成長となる

マイナス1.0％を記録し、経済停滞は87年まで続いた。マレーシア政府は、こうした苦境を輸出拡大で乗り切るべく、86年10月に投資促進法を公布し、外資規制を大幅緩和した。外資企業は、輸出比率80％で100％の出資が認められるようになったため、85年9月のプラザ合意以降の円高・ドル安傾向も手伝って、マレーシアには輸出志向の外資製造業の進出が急増するようになる。

輸出志向の外資製造業により、不況を克服した88年からアジア通貨危機前の96年まで、マレーシア経済は年平均8％を超える高度経済成長を達成した。他のＡＳＥＡＮ諸国も高度経済成長となったが、10年近くにわたり毎年実質8％を割らないマレーシアの実績は抜きん出ており、「成長のアジアにおけるセンター」としての自覚も高まった。この間の高度成長は、外資の投資が原動力となった。国内総生産（ＧＤＰ）に占める投資と輸出は、80年代初期にはそれぞれ30％と50％だったものが、85年の不況時にはいったん低下するものの、80年代後半から上昇に転じ、90年代になると同40％と100％へと上昇した。投資については、外資が常に50％を上回り、ピーク時には70％に達する水準となった。

80年代前半にはＨＩＣＯＭを前面に出した重工業化が始まったが、81年にマハティール首相が登場したことも転機となった。マハティール首相は、現在も首相在任記録を更新しており、20年にも届く長期政権となるが、マレーシアの発展と工業化に強い意欲を示してきた。就任初期の頃には工業製品の国産化に着手した。乗用車、一貫製鉄所、セメント工場の3大プロジェクトのうち、とりわけ国民車には情熱を燃やし、三菱自動車の協力で83年に国策会社プロトンを設立した。85年に国民車「サガ」の生産を開始し、96年末に累積生産100万台を突破した。国民車は、第2の「カンチル」、第3の「ティアラ」と続いており、「国民商用車」、「国民オートバイ」などの国民ブランド構想も進められている。

1988年以降、外資主導の高度成長が続いているマレーシアであるが、すべて順調かといえば決してそうではなく、いくつかの深刻な問題点も抱えていた。そうした問題点が、97年7月のタイに始まるアジア通貨危機で露呈した。マレーシアの場合、幸いなことに国際通貨基金ＩＭＦの緊急融資を受けるには至らなかったが、課題克服に徹底的な構造改革で臨んだというより、為替規制や財政支出などの対策で急場をしのいだという印象があり、21世紀に不安点を残したとも考えられる。タイの項でも紹介したが、背伸びしすぎた経済成長や工業化は、足元を固

めず高速で走るがゆえに落とし穴にはまりやすい。マハティール首相がIMFに支援を求めなかったのは、ブミプトラ政策の改革を恐れたためとも言われている。

マレーシアの第1の問題点は、産業構造の脆弱さである。輸出産業の代表となった電機・電子でも、原材料や部品の8割は輸入に依存しており、シンガポールや台湾などアジアNIEsに比べても著しく高い。極端な場合、マレーシアでの付加価値は、加工・組立の人件費と留保利益だけということにもなりかねない。外資製造業の進出と輸出促進を目指して自由貿易地域（FTZ）が設けられているが、外資の要求する部品を供給する地場中小企業は少ないため、外資企業と地場資本の二重構造となっている。電機・電子を主力とする輸出の好調な伸びは、ほぼ同様の輸入の伸びで帳消しとされることになり、国内原材料を使用するゴムや木製品に比べ、純外貨獲得力は弱いものとなっている。

電機・電子産業では、先に紹介した国民化計画の一環として、国民家電構想もある。世界有数の電機・電子輸出国となったマレーシアであるが、製品はいずれも「パナソニック」を中心とする外国ブランドで、マレーシア独自ブランドは育たなかった。国民化に執念を燃やすマハティール首相は、96年に始まる第2次工業基本計画で国民家電化を打ち出し、政府主導で家電メーカーを設立した。97年には住宅や商業施設も備えた工業用地を整備し、韓国企業の技術導入によりテレビの生産を開始した。今後は小型テレビから大型テレビへの深化、冷蔵庫、洗濯機、エアコンへと製品の多様化が進められることになるが、マレーシア・オリジナル・ブランドが世界市場へと羽ばたくのか注目されることになる。

もう1つの深刻な問題は、労働力の不足である。人口約2,000万人のマレーシアは、独立当初より他のASEAN諸国に比べ労働市場がタイトで、人件費の水準も相対的に高いものとなっていた。それでも、1次産品輸出に依存していた頃には、失業が社会問題となっていたが、70年代以降の工業化に伴って製造部門が雇用を吸収し、さらに88年以降の投資ブームによって、労働力不足は決定的となった。かつてはシンガポールに労働力を提供したマレーシアであるが、一転外国人労働者を受け入れる立場となってしまった。インドネシア、パキスタン、バングラデシュなどイスラム諸国を中心に、現在では総人口の1割弱、雇用人口の約2割に相当する170万人の外国人労働者が働いていると見られる。

外国人労働者の流入は、マレーシアに様々な影響を及ぼしている。治安や犯罪

など社会問題の他にも、人件費の高いマレーシア人を解雇し、かわりに外国人を雇用するケースも頻発している。政府は、こうした企業を厳しく罰する一方、女性労働力の市場参加呼びかけなど、労働需給の緩和に腐心しているが、根本的な解決策は見出せないままである。このため、ブミプトラ政策に見られるよう、外国資本や外国人労働力を排除したいのが本音であるが、これらに依存せざるを得ないのが現状である。労働力不足により、人件費の水準は年率2桁の上昇傾向が続き、85年から3年間続いた不況、そして97年7月以降のアジア通貨危機では、輸出競争力の低下要因として少なからず影響たことは確かである。

　71年から90年までのＮＥＰ20年間では、85年からの不況の影響もあって、成長率は年平均6.7％と目標の年8％には到達しなかったが、50％近かった貧困率を17％に低下させるなど大きな成果を収めた。最大の目標だったブミプトラの経済力向上については、最終年の90年には目標の30％を大きく下回る20％にとどまったが、スタート時には2％程度だったため、数字的には相応に前進したと評価できる。しかし、ブミプトラ資本は、政府が直接・間接に関与した企業体や資本が大部分で、本来の目的であるブミプトラ民間資本については、ほとんど目ぼしい成果がなかった。それに、40％までの低下を見込んだ非ブミプトラ即ち華人資本は、70年の34％から90年には55％へと逆に上昇してしまった。

　ブミプトラ育成の原動力として前面に出たＨＩＣＯＭなど公営部門や国有企業は、独立時には20社あまりだったものが、80年代末までには電力、通信、郵便、鉄道など公共部門をはじめ、ほぼすべての産業分野にわたり1,000社を超えるまでに膨れ上がってしまった。これら国有部門は、多額の財政支出を要した上に、多くの事業体で業績が思わしくなかったことから、80年代になると政府の財政状況が悪化し、国有・公営事業に関する見直し機運が高まる。こうした公営・国有部門は、85年の不況で政府の重荷となり、輸出主導の外資導入への政策転換、というよりブミプトラ政策の一時棚上げを余儀なくされ、90年代に入ると、民間への売却や株式市場上場など、民営化が進められることになる。

　ＮＥＰの順調な実績をうけ、91年から期間10年の国家開発計画（ＮＤＰ）が始まった。ＮＤＰは、基本的にはＮＥＰの諸政策を引き継ぐものであるが、投資主導の高度成長を背景に、より強気に発展を目指す意欲的な姿勢が鮮明となった。91年の演説において、マハティール首相は2020年までにマレーシアを先進国入り

させる「ビジョン2000」構想を発表した。この目玉となるのが、首都クアラルンプールの南50kmに建設する電脳都市（サイバー・ジャヤ）と、それに隣接する新行政都市（プトラ・ジャヤ）の2つの巨大プロジェクトである。とりわけ電脳都市は、産業高度化と情報通信（ＩＴ）を目指すマルチメディア・スーパー・コリドール（ＭＳＣ）の中核基地となる目玉中の目玉である。

　この2つの巨大プロジェクトの他にも、98年の英連邦スポーツ大会に向けた各種施設の建設、世界一の高さを誇る国有石油公社ペトロナスのツイン・タワー、取扱乗降客数で世界有数となるクパン新空港、首都クアラルンプールとこれら郊外新都市・諸施設を結ぶ交通アクセスなど、90年代に入り巨大建設案件が目白押しとなった。これら施設の建設には、当然ながら巨額の資金を必要とした。そうした資金は、財政支出、年金基金、銀行借り入れなど国内資金だけでは賄い切れなくなり、次第に対外資金への依存度を高めた。対外借り入れの利子支払いなどで経常収支は次第に悪化し、95年には対ＧＤＰ比の経常赤字は9.9％と、通貨危機に陥ったタイを上回る水準まで悪化してしまった。

　こうした状況から、マレーシアでは外貨資金の導入を促進する金融市場の整備が進められた。国内金融は1974年以降外銀の新規進出を規制していたが、90年にはラブアン島にオフショアー金融センターを開設した。マレーシアのオフショアー金融市場は、「外－内」の取引を無制限に許したタイとは異なり、国内市場に導入するには中央銀行であるバンク・ネガラの厳しい審査を経ることが必要とされた。このため、オフショアー取引から投機資金が入ることはなかった。その一方で、国有・公営部門の民営化ブームも手伝って、証券市場の規制は大幅に緩和された。タイ同様新興市場として注目されたマレーシアには、証券投資による外貨資金が大量に流入することになり、バブル状況をつくり出した。

　証券市場の活況は株価を上昇させ、株価の上昇はさらなる上昇を狙う資金、つまり投機的な資金の流入を促進することになる。外資の証券投資に加え、マレーシア国内の投資家もマネーゲームに参加するようになり、そうした資金の相当部分は銀行からの借り入れで調達されることになる。一方、製造業を中心に貸出残高を伸ばした銀行は、大型投資の一巡や直接金融へのシフトによる製造業向け貸し出しの伸び悩み傾向もあって、また折からの巨大プロジェクトや株式ブームをうけ、不動産、建設、株式投資、消費者金融など、投機的かつ外貨獲得には結びつ

かない部門へと貸し出しをシフトし、メキシコ通貨危機で東アジアへと国際的な資金移動が起こった95年以降、銀行貸出残高は急増することになる。

　マレーシアの対外収支を貿易とサービスに分けると、貿易収支は黒字基調、サービス収支は赤字基調で、90年代に入ると貿易収支の黒字幅が縮小する一方、サービス収支の赤字幅が拡大し、対ＧＤＰ比の経常赤字幅拡大の要因となった。サービス収支の中でも、投資収益と運賃・保険料の対外支払いが急増した。運賃・保険料については、電機・電子部門の活発化に伴うものであるが、製造付随のサービス部門を過保護にしたことから、国際競争力が弱くなったためである。投資収益については、外資製造業の利益送金や株式の配当が本国に還流するとともに、巨大プロジェクトの対外借り入れ利払い負担も90年代後半になって急増したものであるが、高度成長の影に隠れて注意を促す論調は少なかった。

　97年7月のタイ・バーツ暴落に始まるアジア通貨危機は、マレーシアにも即座に波及した。タイと同様の経済構造という連想からマレーシア・リンギも為替投機に遭遇し、対米ドル為替レートは下落する。バンク・ネガラは防戦するが、通貨防衛による高金利は国内経済へと波及し、マレーシア経済も一気に不況色が強くなった。97年には7.5％と高い成長率を維持したものの、98年はマイナス7.6％へと落ち込んでしまった。この項の冒頭で紹介したように、香港返還後の97年9月に行われたＩＭＦ総会において、マハティール首相が為替投機の中心人物であるジョージ・ソロス氏を非難した。経済減速から「ビジョン2000」を睨んだ大型プロジェクトは、中止または延期と見直しを迫られることになった。

　銀行部門も、不動産、建設、株投資などへの貸し出しが不良債権化し、苦境に陥った。こうしたバブル融資に加え、与党ＵＭＮＯに近いブミプトラ企業への過剰融資も業績悪化から不良債権化し、金融部門の崩壊がタイと同様の状況に陥る危険性も一時期高まった。幸いなことに、オフショアー市場を通じた外貨短期資金の流入が少なかったため、外貨流動性危機には陥らず、ＩＭＦに支援を求めるには至らなかった。先にも紹介したように、ＩＭＦの緊急支援を受ければ、厳しい構造改革を迫られることになる。マレーシアの場合、人種差別的なブミプトラ政策と、ＷＴＯの精神に背く国民車優遇が対象となるのは確実で、それを恐れたマハティール首相は、ＩＭＦに駆け込むのを我慢したと見られる。

　アジア通貨危機直後は緊縮に甘んじたマハティール首相であるが、次第に財政

支出拡大に活路を見出そうとする。それに待ったをかけたのが、マハティール首相の後継と見られたアンワル蔵相兼副首相である。アンワル副首相は、IMF式の緊縮型を主張したことからマハティール首相と対立し、スキャンダルを理由に98年9月に解任され、後に投獄されてしまった。事の真意は謎に包まれた部分もあるが、マハティール首相にとっては最も信頼する後継者を切り捨てなければならなかった上に、アンワル支持派が大規模な反政府デモを展開し、一時的に政治的な緊張が高まる場面もあった。

　経済面では、マハティール首相は大きな賭けに出た。それは、98年9月1日に期限1年の為替管理を導入し、1米ドル＝3.8リンギの固定相場制へと変更したことである。為替規制は、株式市場に流入した投機的な資金の流出阻止を狙ったものであるが、マレーシアの信頼を低下させるものとして、国内外から批判する声も聞かれた。為替管理は、期間中に海外送金に対する課税へと緩和されたが、期間終了後も資本の大量流出は起こることなく、結果的にはこの為替規制が功を奏した。為替が固定されたことは、輸出主導の外資製造業の活動にもプラスとなり、98年を底にマレーシア経済は持ち直し、99年は5.8％の成長率を取り戻し、2000年に入ると8〜10％の高い成長率で推移している。

　しかし、マレーシアの前途は決して明るいとは言い切れない。成長を牽引しているのは、電機・電子を中心とした外資製造業と政府財政支出による大型プロジェクトである。地場企業、とりわけブミプトラ企業は、輸出できる力がない上に、先に見たUMNOに近い企業グループのように、業績不振に陥って政府から数々の救済措置を受けている状況である。政治面では、指導力の強いマハティール首相後にはどのような状況になるのかも不透明である。ASEANやAPECの会議でも、国民車を保護すべく貿易自由化に1人反対しているようにも見え、21世紀の世界大競争時代に、これまでのような独自の発展戦略が通用するのか、マレーシアはまさに正念場を迎えたとも考えられよう。

第7章　インドネシア、フィリピン

1　「二人の父」の時代から新たな時代を目指すインドネシア

　東西5,000kmにわたり、約2万の島からなるインドネシアは、面積、人口とも東南アジア最大の国家である。インドネシアとは東インドを意味するが、第2次世界大戦後にオランダ領東インドから独立を果たし、東西どちらの陣営にも属さないアジア・アフリカ諸国による第3世界諸国会議を主催するなど、国際社会において大きな役割を果たしている。日本にとっても、インドネシアは石油を安定的に供給してくれる友好国であるとともに、中東からの石油タンカーがスマトラ島のマラッカ海峡を通るため、安全保障上も極めて重要な相手国である。こうした戦略的な重要性から、アメリカもインドネシア情勢には神経を尖らせており、これが後に紹介する東ティモール問題にも微妙に影響することになる。
　インドネシアを構成する主要な島は、それぞれスルタンを中心とする王国であったが、まとまってオランダ領東インドとなり、元の王国に戻ることなくインドネシアという統一国家として独立した。現在でも頻繁に分離・独立運動が起こるのも、こうした歴史的経緯によるところが大きい。歴代政権は国家統一の維持を重視するが、これが昂じて強硬手段に訴えることにもなった。インドネシアの国是は、民主主義、民族主義、人道主義、社会主義、神への信仰というパンチャシラ五原則であるが、多民族国家の難しい舵取りを表したものでもある。インドネシアには250の民族とほぼ同数の言語があると言われ、宗教ではイスラム教が圧倒的多数であるが、宗教の違いによる抗争も各地で起きている。
　インドネシアには、さらにもう1つ複雑な問題がある。それは、人口ではわずか3％弱の華人が、経済の推定8割を握ることである。インドネシアの華人は、多くは中国福建省の出身であるが、経済的格差ゆえに地元社会には受け入れられにくく、現地人を意味するプリブミとの間に対立関係が生じた。こうした対立関

係が、スハルト大統領を退陣に追い込んだ1998年5月の一連のデモにおいて、華人に対する暴力行為にもつながった。華人は自らの立場を守るべく、政権の有力者に近づいて、政治的・社会的な保護を求める見返りに、経済面で支援を行うようになった。この典型例が、陸軍のスハルト少将と油商人林紹良氏の関係で、スハルト政権の後ろ盾を得てインドネシア最大のサリム財閥となった。

ジャワ島にある首都ジャカルタは、政治・経済面でインドネシアの中心であり、多くの機能が集中している。ジャワ島は、面積では全土の7％であるが、人口では約6割を占めており、ジャワへの過度の集中が発展の地域間格差などの弊害をもたらしている。伝統的に王朝文化が栄えたジャワと、その他の島とでは意識のズレが大きくなり、オランダから独立後は中央から高級役人が派遣され、石油や鉱山の収入が吸い上げられるといった要素も加わり、分離独立運動を加速する一因ともなっている。ジャワの王様に喩えられるように、ジャワ人、軍人、イスラム教徒の3つがインドネシアの大統領になるための条件とされた。もっとも、1998年5月登場のハビビ大統領でこの条件は破られた。

17世紀前半にインドネシア進出を始めたオランダは、20世紀前半までにほぼ全域を支配下に入れ、植民地官僚制を敷くとともに、道路、鉄道、通信などインフラ整備を進めた。インフラ整備とともに、教育制度にも力を入れたため、青年の間にオランダ領東インドを共同体としてとらえ、新しい独立国家を樹立しようとする機運が高まるようになった。こうした運動は、オランダにより弾圧され最初の頃は実を結ばないが、第2次世界大戦期間中の3年半にわたる日本の占領を経て、1945年8月17日に独立を宣言するに至った。初代大統領には、インドネシア国民党を率いるスカルノが就任した。その後、オランダとの間で独立戦争となるが、1949年12月のハーグ条約で正式に独立を勝ち取った。

スカルノ政権下のインドネシアは、1945年憲法とパンチャシラ五原則のもと、国権の最高機関として5年に一度開催される国民協議会（MPR）を制定し、国策大綱決定と正副大統領選出の権限を付与した。スカルノ政権は、オランダ資本を没収して国有企業とするなど、民族主義的な経済運営を志向した。政治面では、独立戦争を経て1950年憲法が発布され、議会制民主主義が実施されたが、1959年には国軍と共産党の支持のもと、1945年憲法へと戻して大統領権限を強化し、指導される民主主義を制度化した。初代スカルノ大統領は、現在でも「独立の父」

として国民から根強い人気を博しているが、スカルノ政権自体、国軍と共産党との微妙なバランスのもとに成り立った基盤の弱いものであった。

表7-1 インドネシアの基礎データ

国名	インドネシア共和国	政体	共和制
面積	1,919,317km^2（日本の5.08倍）	元首	アブドゥルラフマン・ワヒド大統領（1999年10月就任）
人口	2億442万人（98年央）		
首都	ジャカルタ	議会	一院制（定数500名）
言語	インドネシア語、スンダ語等	内閣	大統領直轄
宗教	イスラム教、ヒンドゥー教、仏教、キリスト教	通貨	ルピア（1ドル=9,675ルピア、2000年末）
		会計年度	暦年（1999年より）

最近の主要経済指標
　国内総生産（GDP）　96年2,274億ドル　97年2,150億ドル　98年988億ドル
　1人当たりGDP　96年1,153ドル　97年1,061ドル　98年494ドル
　GDP伸び率　96年7.8%　97年4.9%　98年▲13.7%
　消費者物価上昇率　96年8.0%　97年6.7%　98年57.7%
　外貨準備高　262億ドル（99年8月）　対外債務　1,509億ドル（99年3月）
　GDP産業別構成比（98年）
　　農林水産業18.8%　鉱工業39.1%　建設業5.4%　サービス業36.7%

（出所）「The World 2000」日本貿易振興会（ジェトロ）

1965年9月30日、国軍左派による反乱が起こった。この反乱により、7人の反共派陸軍最高幹部のうち6人まで殺害された。1人だけ難を逃れたスハルト少将は、即座に反乱鎮圧に乗り出し、事件の主謀者と見られた共産党勢力を徹底的に弾圧した。さらに、容共姿勢を見せていたスカルノ大統領に退陣を迫り、67年の大統領代行に続き、翌68年3月には第2代目の大統領に正式に就任した。「9.30事件」については、現在に至るも真相は謎に包まれたままである。当時のスハルト少将が仕組んだとの説もあるが、32年にわたるスハルト政権下で触れることも許されず、スハルト政権崩壊後にようやく真相解明の機運が高まったが、当時の証人も少なくなっており、今後の成り行きを注目しなければならない。

政権を握ったスハルト大統領は、民族主義を掲げてインフレや財政危機を招いて経済運営に失敗したスカルノ前政権との違いを鮮明とし、経済面では「開発」

を前面に打ち出した。オランダ資本を国有化するなどスカルノ政権下での外資との対決姿勢から、外国援助・外資導入をテコとする経済・外交政策を推進するようになった。1969年に経済開発5か年計画（レプリタ）を導入し、バークレー・マフィアと呼ばれるアメリカ留学組を経済官僚に登用した。67年には外資法を制定し、出資比率などの面で制限的ながらも、外資製造業のインドネシア進出を促進した。石油輸出の外貨収入が豊富なこともあって、スハルト政権下のインドネシア経済は、1人当たり所得50ドルから大きな伸びを示すようになる。

　経済面の「開発」と同時に、政治面では「新秩序」を掲げた。新秩序とは、スハルト政権による統治そのものを意味し、指導力の弱さから国内の各階層や各地域で混乱を引き起こしたスカルノ前政権の旧秩序になりかわり、自らの強い指導力のもとインドネシアの安定と発展を実現することを宣言したものである。新秩序の前提となるのは、スハルト大統領の指導力にとって邪魔となる自由と民主の排除である。このため、情報省を設置し、報道や言論を厳しく統制し、政府を批判するものは徹底的に取り締まった。また、インドネシアの統一を維持するため、とりわけアチェや西イリアンにおける、後に東ティモールも加わる分離独立運動には、国軍の特殊部隊を投入して力づくで鎮圧した。

　スハルト政権の圧政は、当然ながら一般国民の不満を高めた。とはいえ、政権に対する批判や抗議行動は徹底鎮圧されるため、勢い矛先は別のところへと向かうようになる。そうした典型例が、1973年に起こった日本の田中角栄首相がインドネシアを訪問した際の、学生を中心とする対日抗議行動である。当時、繊維川上部門、自動車や家電など日本の大手企業がインドネシア進出を果たし、日本ブランドの製品がインドネシア市場に浸透しつつあった。スカルノ時代に高まった民族意識から、日本がインドネシアを経済的に侵略するという危機感もあった。日本と経済的なつながりを深めるスハルト政権への不満は、抗議行動では表面化させず、政治的な安定を微動だにさせるものとはならなかった。

　国軍出身のスハルト大統領は、もって生まれた才能からか、長期的な政権維持を可能とする仕組みを巧みに作り上げた。第1に、自らの片腕となる副大統領は、任期5年ごとに交代させ、自分以外の権力者台頭を抑えた。第2に、国軍、公務員、職能団体という支持基盤を、選挙時に集票マシーンとして機能するゴルカルに組織したことである。スハルト政権下の政権与党ゴルカルは、政策を打ち出し

て選挙戦を戦うという意味での政党とは呼べないかもしれない。第3には、1945年憲法で定められた国権の最高機関である国民協議会（MPR）を、選挙で選ばれる国会（DPR）の上に置き、選挙を経ない大統領任命のMPR議員を多数配置し、全会一致で自らが大統領に再選されるようにしたことである。

　こうした高圧的なスハルト政権が、アジア通貨危機発生後の98年5月まで67年の大統領代行就任以来32年間の長期にわたり続いたのは、これまで紹介したような国軍を全面バックとする安定的な政治基盤を築いたことよりも、基本的には経済発展と生活水準向上を実現した「開発」の成果によるものと考えられる。その開発を支えたのは、石油による外貨収入と日本の戦後賠償に始まる外国援助、そして日本や諸外国の直接投資である。開発には巨額の財政資金が必要となるが、スハルト政権下では、対インドネシア支援国会議（IGGI、後にオランダが脱退してCGI）による借款を、開発支出として地方振興に重点的に割り当てるようになるが、地方票の取り込みにも効果を発揮する。

　「開発」は、期間中に石油ショックやその後の世界的不景気など国際情勢に影響されるものの、全般的には高い経済成長率を達成し、1人当たり国民所得が最貧国レベルの50ドルから着実に上昇し、通貨危機前の96年には中所得国レベルの1,100ドル台に達した。全体の平均的レベル・アップだけではなく、貧困の撲滅、人口増加の抑制、食糧自給などの面でも大きな成果をあげ、スハルト大統領は関連する国連機関から表彰を受けることになる。工業化については後に紹介するが、スカルノ時代にオランダから接収した国営工業部門にスハルト政権になって進出した大手外資が加わり、商業やサービス部門で優位を保った華人資本も工業部門に進出するようになり、輸入代替の工業化が進められるようになる。

　スハルト政権の経済運営の転機は、1980年代半ばに訪れた。産油国のインドネシアにとって、他の東・東南アジア諸国が苦しんだ70年代の2度の石油ショックは、輸出外貨と財政収入増加という形で追い風となった。こうした70年代までの追い風が、周辺諸国に比べて工業化の逆インセンティブになったとも考えられるが、80年代になると第2次石油ショックの影響から世界的に不況となり、需要の伸び悩みから石油を含む1次産品価格は暴落してしまう。コメやゴムに依存するタイやマレーシアと同様、石油収入に依存するインドネシア経済も原油安から石油輸出収入が激減し、それ以前は6〜8％だった経済成長率が2〜4％へと低下し、

83年と86年には通貨ルピアの大幅切り下げを余儀なくされた。

　石油収入に過度に依存することの危険を痛感したスハルト政権は、石油・天然ガス以外（ノンミガス）の輸出拡大を図るようになる。そうした輸出品には、農業や水産品も含まれるが、主対象となるのは工業製品である。とはいえ、当時のインドネシアでは、伝統的な繊維縫製品や紙・パルプ以外、輸出外貨を稼げる目ぼしい工業製品はなく、目的達成のためには輸出志向の外資製造業誘致が必要となった。1986年5月、インドネシア政府は外資規制の緩和、いわゆる5月パッケージを発表した。これにより、これまで原則過半数の出資比率が認められなかった外資が、輸出促進、雇用拡大、地方振興などインドネシアへの貢献を条件に、100％出資を含む過半数所有が認められることになった。

　スハルト政権下で政治的に安定し、国内に豊富な資源と労働力を有するインドネシアは、元来コスト面で輸出生産には優位を有していたが、86年の外資規制緩和に85年9月のプラザ合意以降の東南アジア投資ブームも相まって、タイやマレーシアにやや遅れて88年から外国投資が急増し始めた。インドネシアに進出した外資製造業は、従来の自動車や家電など国内市場向け組立生産拠点としてだけでなく、電機・電子、機械、化学などの産業で輸出生産の拠点としても活用するようになった。外資企業主導の投資・輸出により、ノンミガス輸出はインドネシア政府の狙いどおり80年代後半から順調に拡大し、輸出金額では89年に石油・天然ガスを上回り、それ以降もほぼ一貫してシェアーを上昇させている。

　直接投資主導となった90年代のインドネシア経済は、年平均7～8％の高度経済成長局面となり、工業用地やジャカルタ市内のオフィースなどへの集中需要により、むしろ過熱が心配される状況となった。インドネシア政府は、インフレ懸念から90年半ばには金融引き締めへと転じ、翌91年には大型プロジェクトの凍結または見直しも断行した。見直されたプロジェクトには、発電所などインフラ関連建設の他に、外資との合弁のエチレン・プラントも含まれていた。92年にはいくぶん落ち着きを取り戻し、国際収支の状況も安定を取り戻したため、凍結されていた大型プロジェクトも再開に動き出した。過熱抑制から93年にいったんは対前年で減少に転じた外国投資も、94年には対前年3倍の勢いを取り戻した。

　インドネシアでは、拡大するインフラ投資や製造業の資金需要に応じるべく、金融規制緩和が行われた。1988年10月に実施されたいわゆるパクトであるが、ス

カルノ時代から禁止された民間銀行の新規設立と外国銀行進出の規制が、これにより大幅に緩和された。100を超える民間銀行が設立され、日本からも合弁銀行形態で多くの銀行がインドネシア進出を果たした。このパクトが、97年7月以降のアジア通貨危機において、巨額の不良貸出債権を作り出し、インドネシアに未曾有の金融危機をもたらす背景となるが、規制緩和当初は実物経済の旺盛な資金需要に応じ、金融の需給緩和と市場拡大に貢献することになる。この点では、頑なに国内バーツ市場を過保護のままにしたタイとは好対照である。

　インドネシアの経済発展は、福建省出身の華人資本に負うところが大きい。代表的財閥サリムは、製粉などで政府から独占的な事業権を獲得し、事業を急速に拡大した。サリムの他にも、アストラ、シナル・マス、リッポなどインドネシア企業やグループのランクでは、華人資本が上位を占める。マレー系などプリブミと呼ばれるインドネシア地場資本は、バクリー、ビマンタラ、フンプスなどごく一部である。そのプリブミ資本も、スハルト・ファミリー・ビジネスが大部分で、政権が倒れて政府の保護がなくなると、立ち行かなくなってしまった。マレーシアほど露骨ではないにせよ、インドネシアでもプリブミ資本の育成が図られてきたが、思うような成果が現れず、華人との対立状況が続いてきた。

　サリムなど華人資本は、巧みにスハルト政権に近づき、政治資金支援の見返りとして自らの事業分野における保護を受けた。現在でも謎が多いが、外資規制の緩和傾向にも、流通と小売は一貫して外資進出禁止分野とされた。スハルト大統領は強力な権力のもと、取り巻きの華人資本家や自らの長女、次男、三男など身内を優遇し、もたれあった関係を構築したことから、クロニー・キャピタリズム（取り巻き資本主義）の典型例として引用されるようになり、その体質はインドネシア語の頭文字をとって「KKN（汚職、癒着、縁故）」と呼ばれるようになった。インドネシア・ビジネス参入には、KKN資本家と組むことが多くなり、口利き料などのリベートが当然のコストと考えられるようになる。

　インドネシアの工業化は、フルセット主義で進められた。フルセット主義とは、自前ですべてを揃えるということである。オランダから接収した国有部門には、運輸や通信などインフラ部門だけではなく、銀行から製造業まで多くの産業が含まれ、インドネシアとなってからも多くの国有企業が設立された。1973年設立のクラカタウ製鉄は、東南アジアで唯一の一貫製鉄所である。また、スハルト退陣

後に大統領に就任したハビビ氏が、技術担当国務大臣の時代に、国産航空機を開発したこともその例である。自らの資源や能力を省みない国産化は、往々にして非効率に陥り行き詰まる。インドネシアもこの例にもれず、高コスト体質として跳ね返り、後のアジア通貨危機で多くの分野が苦境に陥ることになる。

　強大な権力を握るスハルト大統領も、寄る年波とともに陰りや衰えを感じさせるようになった。そうした典型例が、1つにはインドネシア民主党の内紛への介入であり、もう1つにはＷＴＯ提訴にまで発展した国民車問題である。前者のあらましは、スカルノ前大統領の長女メガワティー氏が、1996年6月にインドネシア民主党の党首を解任され、反対派のスルヤディー氏の党首就任を政府が承認したことである。スハルト政権時代は、与党ゴルカルの他に野党は2つしか認められず、野党の党首は政府の承認を得るという制度であった。現在もことの真相は明らかではないが、スカルノ前大統領の威光をバックにしたメガワティー氏の台頭を恐れたスハルト大統領が画策したとの見方も有力である。

　後者の国民車問題は、1996年2月に突如として発表された。部品国産化率を満たす自動車を製造するメーカーを国民車メーカーに認定し、輸入関税と奢侈税を免除するものである。これは、前に見たマレーシアのプロトン社に対する優遇と同様であるが、インドネシアではチモール・プトラ・ナショナル社ただ1社のみ国民車メーカーに認定された。この会社は、スハルト大統領の三男フモト・プトラ氏（通称トミー）が実質オーナーで、発表当初は国民車の登場と歓喜した国民も、またもや露骨な身内優遇かとシラケさせられた上、乗用車は韓国の起亜から輸入した完成車であった。それでも、優遇による低価格は魅力で、発売当初は爆発的な人気となり、日本の各社は対応に苦慮させられることになった。

　スハルト大統領には、三男・二女の5人の子供がいるが、チトラ・グループを率いる長女ルクマナ、ビマンタラ・グループを率いる次男バンバン、フンプス・グループを率いる三男は、父親の威光のもとビジネス界で頭角を現し、華人優位のインドネシア経済の中にあって、対抗できるプリブミ資本として大きな期待を集めた。しかし、これもスハルト退陣後に明白となったが、これらスハルト・ファミリー・ビジネスは、石油公社プルタミナなど政府や国有部門から独占的かつ割のいい取引によって成り立っていたもので、父親の威光がなければビジネスとして成り立たないものであった。特に国民車で有名になった三男は、ビジネスに

おいて失敗を重ねるが、その都度父親に面倒をみてもらい救済された。

　1997年7月、タイでアジア通貨危機が発生し、インドネシア・ルピアも通貨売りに見舞われた。インドネシア・ルピアは、タイ・バーツほどの米ドル固定相場ではないが、年3～5％の減価方式で、米ドルとの大きな金利差からやはり鞘取りができるようになっていた。しかも、インドネシアは発展途上国では珍しく、為替管理を実施していない。これについては、国境線が長くて管理できないという事情に、スハルト政権誕生時に逃げ出した華人資本が戻れるようにしたものであるが、結果的には開発による高度成長が外資を呼び込む役割に貢献した。国内ルピア資金が不足することもあって、信用力の高い企業、つまり国有大手や華人財閥が競って外貨借り入れを増やし、対外債務が膨らんでしまった。

　アジア通貨危機発生当初は、スハルト政権の強い指導力のもと、石油という強い輸出品の後ろ盾もあって、多少のルピア売りにもインドネシアは深刻な状況に陥らないとの見方が一般的であった。しかし、華人資本など国内企業が外貨債務の手当に走り出したことから、インドネシア政府は国際通貨基金ＩＭＦに支援を打診し、97年10月末に総額430億ドルの支援で合意に達した。11月初めには、16の銀行が即座に閉鎖された。これはＩＭＦとの合意に基づく構造改革の一環であるが、中には次男バンバン氏が実質オーナーの銀行も含まれており、インドネシアの金融システムが傷んでいることを国内だけではなく世界中に知らしめた。このショックは大きく、金融システムに対する信頼は失墜してしまった。

　ＩＭＦとの合意に対し、緊縮財政や金融引き締め、大型プロジェクトの延期や見直しと当初は遵守の姿勢を見せたスハルト政権であるが、次第に例外を打ち出すようになる。延期を決めた大型プロジェクトの中で、長女の会社が受注した高速道路や発電所は建設開始となり、銀行が閉鎖された次男には他の銀行買収を斡旋するといった具合である。経済危機が目前という状況下で、身内へのひいきをやめないスハルト政権に、国民にはあきれの感情が芽生えるようになる。97年の年末には、予定していた外遊を中止したことから、スハルト大統領の健康問題が取りざたされ、政治に対する不安から他の東南アジア通貨に比べ比較的平静を保っていたルピアは、これを機に急激に売り込まれるようになる。

　年明けて98年1月初旬に新年度の予算案が発表されたが、ＩＭＦとの合意を破る膨張型だったことから、インドネシア政府に対する国内外の不信感は決定的と

なり、アジア通貨危機前の97年6月には1ドル＝2,400ルピア前後だった為替相場は、1ドル＝10,000ルピアを割る水準にまで、ルピアの通貨価値は実に1/4以下となってしまった。この水準になると、輸入品を中心に物価は高騰し、通貨防衛の高金利と需要の減退から企業の生産活動は停止してしまい、そして何よりも返済手当のない外貨の負債はルピアでの返済が膨らんでしまい、インドネシア経済は混乱状態に陥ってしまった。為替レートを回復させようにも、スハルト政権は信頼を取り戻す行動を取ることすらできなくなった。

98年3月、5年に一度の国民協議会が開催され、スハルト大統領は全会一致で7選を果たした。7選に伴い内閣も改造されたが、副大統領にはハビビ技術担当国務大臣が就任した他、商工相には盟友のボブ・ハッサン氏、社会相には長女のシティ・ハルティアンティ・ルクマナ氏、大蔵大臣にはＩＭＦからも批判されたルピアのドル・ペッグ推進派バワジール氏という問題の三閣僚が就任した。この三閣僚によって改革逆行の姿勢がより鮮明となり、人口2億の大国の動揺がタイやマレーシアへも広がりを見せたため、日本の橋本首相やアメリカ政府の高官など次々とインドネシア入りし、スハルト大統領にＩＭＦとの合意を守るよう説得したが、映像に映るスハルト大統領の表情は疲れを隠せなくなっていた。

98年5月5日、インドネシア政府は燃料価格と電気料金を引き上げた。この引き上げ自体は、ＩＭＦとの合意に基づき財政健全化を目指すものであったが、スマトラのメダンでこれに抗議するデモ行動が起こり、この輪が即座に国内各地にしかもスハルト退陣を要求する運動となって広がった。首都ジャカルタでは、学生が中心となって運動を組織したが、一部は暴徒化して経済的に優位にある華人を襲撃した。スハルト大統領は自らの政権下での民主化を約束するが、民衆のスハルト退陣を求める声は収まることなく、国軍や側近からも見放されたことを悟り、5月21日には辞任を表明し、ここに32年にわたる長期政権は終わりを告げた。憲法の規定に基づき、ハビビ副大統領が大統領に昇格した。

第3代大統領となったハビビ氏は、スラウェシ出身でドイツ留学組の航空工学博士で、ドイツの航空会社の副社長をしていたところ、スハルト大統領に請われてインドネシアに戻り、技術担当国務大臣を務めて98年3月のスハルト7選時に副大統領に就任した。スハルト氏子飼いだったことから、大統領就任に際してスハルト氏が影響力を残す傀儡政権として、国民が求める政治の民主化、スハルト

不正蓄財の解明、壊滅状態となった経済の立て直しはできないとも指摘する向きも多かった。ハビビ政権のほぼ1年間で、スハルト不正蓄財の解明はまったく不十分に終わったが、民主選挙を中心とする正副大統領選出、言論、報道、人権の尊重、国際的な支援による経済の立て直しなどの改革は進められた。

ハビビ政権下の民主と人権の重視は、国内各民族の自立意識も高めることにもなった。とりわけ、ポルトガル撤退後の1976年にスハルト政権が27番目の州として国連から非難されながらも併合した東ティモールでは、分離独立運動が再燃した。スハルト政権下では独立運動は徹底的に鎮圧され、20万人以上の犠牲者が出たと言われるが、ハビビ政権で分離独立の選択肢が提示された。住民投票では圧倒的多数で独立の意思が示されたが、インドネシア併合派が独立派住民への襲撃を続け、本来治安維持に当たるべきインドネシア国軍がそれを黙認、または加担して国際的にインドネシア政府の対応が非難された。結局、ハビビ政権は99年9月に国連平和維持軍受け入れを合意し、国連暫定統治の後新しい独立国が誕生することになったが、ハビビ政権にとって失点が得点を上回る恰好となった。

99年5月に国会の総選挙が行われ、10月の民選国会議員が中心メンバーとなる国民協議会により、第4代目大統領に宗教団体ナフダトゥール・ウラマ（NU）の指導者アブドゥールラーマン・ワヒド師が、副大統領には総選挙で最大の議席を獲得した闘争民主党のメガワティー・スカルノプトリ党首が選出された。与党ゴルカルをバックとするハビビ大統領は、ゴルカルの不正献金疑惑に東ティモールでの不手際が加わり、大統領選挙に立候補することができなかった。他の東南アジア諸国に比べ経済の回復が思わしくない上に、アチェ、イリアン・ジャヤなど分離独立運動の火種も抱えている。政治混乱時に逃避した数千億ドルとも言われる華人資本を呼び戻し、KKNから完全に脱却して公正かつ効率的な経済システムを構築することが、経済回復そして安定成長の鍵となることであろう。

2 「失われた10年」の挽回を目指すフィリピン

太平洋の西端に浮かぶ約7,000の島から成るフィリピンは、国名のフィリピンの由来がフィリップ王であるように、統治国スペインの影響を強く受けてきた。

言語タガログ語は、現地語とスペイン語の混成によるものであり、国民の多くはカソリックである。スペインの後にアメリカ支配下となり、欧米の影響を強く残したという点では、儒教や仏教影響の強い他の東アジア諸国とはやや異なる。おおらかで楽天的なラテンの気質を受け継ぐフィリピン人は、勤勉な労働力という点でもタイなどとはやや異なる評価を受けた。経済では華人優位の東南アジアにあって、フィリピンでは華人の経済力は比較的弱く、スペイン統治時代の大農園所有地主が、そのまま地場民族資本に転じたのが特徴である。

　7,000の島のうち、大きくは首都マニラのある北のルソン島、南のミンダナオ島、中間のビサヤ諸島の3つに分けられる。首都マニラに政治・経済などフィリピンの中枢機能が集中する一方、イスラムの影響を受けたミンダナオ島では、分離独立を求める共産ゲリラが存在し、中央政府はその活動に神経を尖らせている。熱帯性気候と肥沃な土壌により熱帯性果実など農業資源に恵まれる一方、群島国家で火山が多く噴火の溶岩や火山灰がしばしば日常生活や経済活動の阻害要因となる。農業資源に恵まれている一方、石油などのエネルギー資源、鉄・非鉄の鉱物資源には恵まれず、石油ショックなど国際的な変動に影響されやすく、弱化した経済が政治の不安定化につながることもあった。

　1898年の米西戦争によって翌年に宗主国がスペインからアメリカへと移ったフィリピンでは、アメリカ主導で議会制民主主義などの政治や行政の制度が整備された。経済面では、相互特恵貿易条約によりアメリカ市場が開放され、砂糖やココナッツ油など国内産原材料の加工業、衣料、履物、印刷などの製造品を輸出することができた。同じ植民地支配でも、低価格の1次産品輸出により割高な工業製品の輸入を押し付けられ、独立以前にはまったく地場資本が育たなかった他の東アジア諸国とは異なり、独立後のスタートでフィリピンは工業化の有利な条件を備えていたと考えられる。実際、第2次大戦直後の頃の1人当たり所得では、フィリピンは日本を含む他の東アジア諸国より高い水準を誇っていた。

　フィリピンは、1946年7月にアメリカから独立した。政治的には独立したものの、通商条約や対比援助により、経済的にはアメリカに依存する体制が続いた。戦前に興った製造業は、戦後に独立してからも順調に発展したが、通商条約によりアメリカからの消費財輸入が増加し、その結果貿易赤字は膨らんだ。当初はアメリカの戦災復興援助で賄われたが、復興が進むにつれて援助は削減され、外貨

危機が発生した1949年には輸入・為替管理が導入された。輸入管理は、外貨危機回避を目的としたものであったが、企業家を刺激することにもつながり、輸入代替工業化が進むことになる。製造業の業種では、食糧加工が次第に低下し、繊維製品、石油化学、金属製品、機械などの比率が高くなった。

こうした目に見える効果により、フィリピン政府は当初の外貨危機管理から輸入代替工業化へと目的を移して輸入管理を続け、輸出市場の喪失を回避すべくアメリカを中心とする外国企業の進出も50年代に増加した。しかし、手厚い保護にもかかわらず、国内製造業の発展は50年代後半に頭打ちとなる。輸入管理にも外貨危機は容易には解消しない上に、小さなフィリピン国内市場は飽和状態となってしまった。さらに、輸入外貨の割当をめぐる汚職の頻発という弊害も招いてしまった。輸入代替の機会が枯渇し、国内製造業者が過剰設備を抱える状況を打開すべく、フィリピン政府は60年から62年にかけて輸入・為替管理を撤廃し、通貨ペソの対米ドル切り下げと輸入関税化へと重点を移した。

アメリカ統治時代に自治と議会を認められたフィリピンでは、初代のロハス、キリノ代行を経てマクサイサイ、ガルシア代行を経てマカパガルと、独立以来任期4年の直接選挙によって大統領が選出され、1965年にはマルコス候補が現職のマカパガル大統領を破って当選した。マルコス大統領は、69年にはフィリピン初となる再選を果たした。再選を果たしたマルコス大統領は、72年には戒厳令を実施して権力を握った。86年の2月革命で追放されるまで、独立国としての36年のうち、マルコス政権は半分以上の20年間を占めることになるが、後半の10年間は経済が停滞してタイやマレーシアなど他のASEAN諸国に遅れてしまうことから、「失われた10年」とも呼ばれるようになった。

マルコスという人物が民主国家フィリピンに登場し、長期にわたり権力を握り、「失われた10年」へと経済を落としめたことについては、現在でも専門家の間で評価が分かれるところである。単なる偶然との見方がある一方、アメリカ統治時代に築かれた政治・行政など各種制度、独立時の東アジア最高水準から時とともに低落した経済の行き着く先という歴史的必然を強調する学者もいる。ここで結論を出すことは難しいが、権力欲の強いマルコスという人物に、付け入る隙を与えたことは確かなようである。その隙とは、スペイン統治時代からのエリート支配、政治権力との癒着関係を続け、既得権を手放さずに飛躍の機会を逃した産業

構造、つまりクロニー・キャピタリズムということになろう。

表7-2 フィリピンの基礎データ

国名	フィリピン共和国	政体	共和制
面積	30万km² (日本の0.79倍)	元首	ジョセフ・M・エストラーダ大統領
人口	7,510万人 (98年央推定)		(98年6月就任、任期5年再選不可)
首都	マニラ	議会	二院制 (上院24人、下院250人)
言語	ピリピノ語、英語	内閣	大統領直轄
宗教	ローマカソリック	通貨	ペソ (1ドル=50.0ペソ、2000年末)

最近の経済指標
- 国内総生産 (GDP)　96年839億ドル　97年822億ドル　98年651億ドル
- 1人当たりGDP　96年1,199ドル　97年1,149ドル　98年1,050ドル
- GDP成長率　96年5.9%　97年5.2%　98年▲0.5%
- 消費者物価上昇率　96年9.1%　97年5.0%　98年9.7%
- 外貨準備高129億ドル (99年11月末)　対外債務残高478億ドル (98年12月)
- GDP産業別構成比 (98年)
  　農林水産業16.9%　鉱工業31.6%　サービス業51.5%

(出所)「The World 2000」日本貿易振興会 (ジェトロ)

　先にも触れたように、マルコスが大統領に当選する以前に、フィリピンは外貨不足に悩まされ、輸入代替工業化も頭打ち傾向となり、経済が思わしくない状態となっていた。こうした状況下、65年に大統領となったマルコスは、69年の再選を意識して財政支出など経済拡大策をとった。その結果、マルコスは再選を圧勝で果たすが、経常・財政の双子の赤字と激しいインフレなど経済は悪化し、70年には国際通貨基金IMF管理下の構造調整を余儀なくされる。1997年7月以降のアジア通貨危機において、フィリピンはIMFの緊急融資を受けることなく自力で乗り切ることができたが、失われた10年により投機資金の流入が少なかったことに加え、この時の経験が生かされたことも大きい。

　マルコス大統領は、1972年に戒厳令を布告した。これにより、議会と憲法は停止となり、大統領の三選禁止規制も廃止された。戒厳令については、真の目的はマルコス長期政権の維持であったが、表向きには合法政権転覆危機への対処、国内の秩序回復・維持であった。実際、経済弱化もあって国内各地には宗教紛争や

共産勢力の反乱が頻発しており、戒厳令が国軍の鎮圧活動を容易にしたことも事実である。治安の乱れや国内状況の不安定がフィリピンへの外国投資阻害要因となっていたが、戒厳令とほぼ同時に実施された税制改正、バターン輸出加工区の設置などにより、70年代には製品輸出の拡大に貢献する外資製造業の進出が増加し、経済は回復に向かうように思われた。

しかし、70年代の2回の石油ショックは、フィリピン経済に遠慮ない大打撃となった。エネルギー資源の輸入代金が膨らんだ上に、国際的な不況から主要輸出品である農業1次産品価格は暴落し、80年までに国際収支は危機的な状況に陥った。経済危機を決定づけたのは、1983年8月に起こったアキノ暗殺事件である。マルコス大統領は、戒厳令施行後まもなく手ごわい政敵と見たベニグノ・アキノ・ジュニア（通称ニノイ・アキノ）上院議員を逮捕し、77年には死刑を宣告するが、世論に配慮して80年にはアメリカへ渡らせた。アキノ上院議員は、身の危険をも省みず帰国するが、マニラ国際空港に到着するや銃弾に倒れた。犯人はその場で射殺されてしまい、真相は現在に至るも不明な部分は多い。

アキノ暗殺にマルコス政権が関与したものと、国内外の不信感は最高潮に達し、フィリピンは政治と経済の両面で危機が深刻となった。人気の高い若手政治家を暴力的に排除したことに、一般国民だけではなく財界や教会も反マルコスを鮮明とし、マルコス自身の健康不安説も加わり、政権の指導力と求心力は急速に低下した。経済面では、対外借款は利用不可能となった上に、資本逃避がより一層加速し、83年末には対外債務の支払い停止へと追い込まれた。経済成長率は、84年、85年と連続でマイナスを記録し、順調な発展を続ける他のＡＳＥＡＮ諸国に遅れをとってしまう。こうした事態を打開すべく、マルコス政権は大きな賭けに出た。それは、1986年2月の大統領選挙繰り上げ実施である。

2月7日に行われた大統領選挙には、現職のマルコス大統領の他に、暗殺されたアキノ上院議員の未亡人コラソン・アキノ女史も立候補した。この選挙は、史上類を見ない不正選挙と酷評された。マルコス政権側の国民議会がマルコス優勢の開票を発表する一方、民間の選挙監視団体ナムフレルは、アキノ候補リードの開票を報告した。この選挙に対する外国の関心も高く、アメリカからマルコス側の不正を批判する論調も見られたが、2月15日にはマルコス勝利が宣言された。しかし、マルコスに政権担当能力がないと見た国軍改革派が蜂起し、この動きに教

会と民衆が加わり、2月25日にマルコスは大統領府を脱出した。「民衆の力」が結集した二月革命により、アキノ政権が誕生した。

マルコス時代の失われた10年という負の遺産を受け継いで出発したアキノ政権であるが、反マルコスの寄り合い所帯的な性格で、政権基盤は決して強くはなかった。また、最大の課題と指摘された農地改革については、既存大地主層が議会で大きな勢力を持ち、アキノ大統領自身が大地主のコファンコ家出身ということもあり、自作農を作り出す効果は限定的なものにとどまった。それでも、マルコス時代の暗雲が取り除かれ、IMFを中心に国際的な支援体制も整備されたことから、消費主導で経済は回復の兆しを見せるようになった。86年はわずかながらもプラス成長を取り戻し、アキノ政権の改革に対する評価が高まった87年以降は、外国の投資も急回復して成長率は5％を上回るまでになった。

フィリピンは、アメリカ統治の影響で政治家の演説が英語で行われるほど英語の水準が高く、フィリピン人の手先の起用さに対する国際的な評価も高い。このため、外国企業の輸出生産拠点として他の東南アジア諸国に負けない優位を有するが、モロ解放戦線や共産党のテロ活動や、外国人への襲撃といった治安の悪さがイメージされがちで、マルコス時代の政治危機の影響も加わって、フィリピンへの外国投資は進みにくかった。アキノ政権にかわって、既存の地主や資本家の抵抗はあったものの、大統領の権限縮小などの政治改革、貿易・投資など経済面での規制緩和を徐々に進めたことから、繊維・縫製や電子・半導体などの業種を中心に、輸出生産拠点として活用する外資も増加している。

独立以来の恵まれない外貨事情に加え、マルコス政権時代に政治・経済の混乱から外貨危機に陥ったことから、国をあげた外貨稼ぎが絶対的な命題となった。中長期的には、製造業を振興し輸出拡大を図ることが有効であるが、経済危機に陥った80年代のフィリピンにはそうした余裕はなく、外国への出稼ぎ労働が急増する。男性は中東諸国の建設労働、女性は香港やシンガポールの家政婦が主なもので、こうした労働者による外貨送金はフィリピン最大の外貨獲得項目となる。経済危機から立ち直った90年代でも、出稼ぎ収入の役割は引き続き重要で、フィリピンの国民所得統計では、要素所得の含まれる国民総生産（GNP）が国内総生産（GDP）の数値を2％程度上回るようになっている。

次第に依存度が低下したとはいえ、フィリピンにとってアメリカの影響は大き

い。アキノ政権下では、米軍基地問題が注目された。冷戦構造下で東アジアの共産化を恐れたアメリカにとって、フィリピンのスービック海軍基地、クラーク空軍基地は、ベトナム戦争時に重要な役割を果たした。80年代になると、米ソ冷戦構造の緩和により、東アジアの軍事基地の重要性が低下したが、世界一の大国アメリカにとって、沖縄とともにフィリピンの軍事基地は保持したいのが本音であった。フィリピンにとっては、米軍の基地使用料や兵士の消費支出が経済活力となっていたため、90年代に到来する両基地の使用期限時に、基地使用協定を更新するかどうかでフィリピンの国論は二分されるほどになった。

　世界も注目する中、フィリピンとアメリカの交渉が進められたが、思わぬことが交渉に影響してしまった。それは、ピナツボ火山の噴火である。ピナツボ火山は、クラーク空軍基地からわずか20kmしか離れておらず、滑走路や宿舎などの施設は大損害を受けてしまった。基地機能の修復に巨額の費用を要することから、米軍は91年9月の期限後まもなく撤退を完了した。クラーク撤退に刺激され、米軍にとって戦略上より重要な基地であるスービックの期限交渉では、フィリピン側から更新を拒否した。基地経済を失うことよりも、ナショナリズムを優先したことになるが、米軍撤退後の基地や関連施設の有効活用、基地関連の職を失う人々の雇用確保が、フィリピン政府にとって重要な課題となった。

　フィリピン政府は、クラークを国際空港として、スービックを自由貿易地域として、ともに担当の公社を設立して開発に着手した。軍事基地として空港、港湾、道路などのインフラが相当整備されていたため、開発は順調に進められた。とりわけ、地形的に港湾として優位を有し、軍港を商業港に転換し自由貿易政策を適用することにより、香港同様の潜在性が評価されるスービックの開発が注目を集めた。アキノ、ラモス両政権下で治安状況が改善されるにつれ、外国企業の両開発区への進出意欲も高まり、スービックでは台湾主導で工業団地が整備された。繊維、製靴など台湾企業の投資は地元の雇用を拡大し、アメリカの航空貨物会社が物流拠点として活用するなど、成果は着実に表れている。

　アキノ大統領は6年の任期を終え、1992年の選挙で国軍出身のラモス氏が大統領に当選した。ラモス氏は、英才教育を受けた職業軍人で、マルコス政権の時期から将来の有力な大統領候補と見られていた。選挙では、アキノ政権与党の後継指名を受けたミトラ上院議員、不正と対決して人気急上昇中の地方役人サンチャ

ゴ女史と、有力3候補者が激戦を展開したが、政治手腕と指導力・統率力を含めた総合力で上回るラモス氏が選択される形となった。ラモス大統領は、選挙では前アキノ大統領と袂を分かつ形となったが、主要な政策は受け継いだ。内政面ではイスラムや共産勢力と融和を進め、経済面では貿易・投資の自由化を進め国内外資本による投資を経済発展の原動力に据えた。

　ラモス政権の6年間は、GNPベースの成長率が年平均6％に達し、内政・外交面でも総じて順調に推移した。アキノ政権でマルコス時代の負の遺産整理がほぼ終了した上に、アキノ時代の国軍改革派（RAM）の反乱に見られた不満くすぶる国軍を、自らの影響力と統率力によって純粋な国防機関にまとめあげ、政治に関与させなくなったことも経済にプラスの影響を与えた。国軍が国防と治安維持に徹するようになった効果で、イスラムや共産勢力への対策が充実したものとなり、誘拐やテロといったそれまでのフィリピンのイメージは、完全ではないが取り除かれた。器用で豊富なフィリピンの労働力を活用する外国企業の投資、対フィリピン進出を促進する要因になっている。

　フィリピンは、東アジアでも高い教育水準と、最も優れた民主制度を有する国家である。ところが、マルコス時代の20年により、民主に逆行する強権政治、「失われた10年」と評される経済後退、さらに83年のアキノ暗殺、86年の不正選挙と、遅れた国のイメージが強くなった。そうした遅れを取り戻すべく、アキノ、ラモス両政権の改革により、大統領は任期6年で再選不可の直接選挙制となり、政治面では完全な民主主義を取り戻した。国内のみならず、自らが主要メンバーであるASEANにおいては、民主、自由、人権の面での積極的な発言や行動、98年のインドネシアの総選挙においては、前出のナムフレルが選挙監視で貢献するなど、国際的にもフィリピンの活躍が目立つようになっている。

　1997年7月以降のアジア通貨危機は、フィリピンにも即座に押し寄せた。発端となったタイ・バーツと同様に経済構造の弱さを背景に持つと見られたフィリピン・ペソも、通貨売りの対象となって97年6月末の1ドル＝26.4ペソから、3か月後の10月には1ドル＝35.6ペソへと33％の通貨下落に見舞われた。また、通貨防衛による外貨準備の減少と金利の高騰は、輸入インフレや資金需要低下を引き起こし、ペソ建ての対外債務返済増など財政にも影響を及ぼしたが、ここでフィリピン経済は意外なしぶとさ、足腰の強さを見せることになる。ペソ安は、むし

ろ割高だったペソを適度に調整し、調整が終わった段階で為替レートは落ち着きを取り戻し、輸出競争力の強化につながったためである。

フィリピンは、ＩＭＦ管理下となったタイやインドネシアと、次の２つの点で異なる。第１に、マルコス時代の失われた10年の影響で、金融の自由化は進められたが、海外から投機的な短期資金が流入しなかったことである。これが幸いし、急激な資金の引き揚げに遭遇せずに済んだ。オーバーシュート（通貨の売られすぎ）とならなかったのは、投機に無関係だった恩恵である。第２には、マルコス政権下の70年と83年、アキノ政権誕生の86年と相次いでＩＭＦの管理下となり、否応なしに構造調整・改革を進めた、または進めさせられたことである。つまり、順調なコースを歩んで突如逆境に陥ってもがいたタイに対し、何度も逆境を経験して強さを身につけたフィリピンということになろう。

ラモス政権下の90年代のフィリピンは、投資ブームのタイやマレーシアの陰に隠れて目立たなかったが、電気・電子部品や半導体産業の外国投資が着実に増加した。アキノ、ラモス両政権下で治安状況が相当改善した上に、失われた10年の経済停滞により人件費などコスト面でも有利となり、元来の英語の高い水準、手先が器用な労働者、教育水準の高さといった優位性が威力を発揮するようになる。エレクトロニクス関連の外資企業は、輸出志向型で製品の大部分を輸出に回している。こうした状況を反映し、電機・電子部品が農業品や繊維・縫製品など伝統的な輸出品に替わって花形輸出品として台頭し、これらの輸出の大きな伸びが、90年代のフィリピンの堅調な経済発展の原動力となっている。

アジア通貨危機が襲った97年においては、米ドル建ての輸入が10％の増加にとどまったのに対し、同輸出は20％以上の伸びとなり、プラスの効果がマイナスを上回った。さらに、これを機会として多国籍企業が東南アジアにおけるエレクトロニクス関連の生産をフィリピン拠点に集約する動きも見られるようになった。こうしたフィリピンといえども、アジア通貨危機の影響から無縁ではなく、香港やシンガポールなど周辺諸国からの海外出稼ぎ送金も減少し、98年のＧＤＰは0.5％のマイナス成長となったが、99年にはプラス3.2％に回復し、2000年は４％台に達したもようである。輸出は引き続き好調で、世界的なＩＴブームにのって、携帯電話や情報通信機器など新たな分野の投資の増加も期待される。

６年間のラモス政権を承け、1998年にはエストラーダ政権が誕生した。エスト

ラーダ大統領は、アメリカのレーガン前大統領と同様、映画俳優の出身で政治家としてはやや異色である。貧困対策を重点的に訴えて当選したが、98年はアジア通貨危機の真っ只中という状況下、就任早々経済立て直しが最優先課題となった。また、候補者乱立の中の当選で政権基盤が弱いことから、旧政権の有力者の支持取り付け工作が激しくなり、これが経済界を巻き込んで、クロニー・キャピタリズムの復活と国内外の批判を受けるようになった。実際、2000年末にはエストラーダ大統領絡みの汚職事件が発覚し、弾劾裁判次第では辞任に追い込まれる状況となっており、これが経済にも悪影響を及ぼしている。

フィリピン経済は、他の東南アジア諸国とは異なり、華人の力が比較的弱い。代表的な財閥は、スペイン統治時代の大地主、農園経営から地場資本となったソリアノ、アヤラである。両者は親戚関係にあるが、ソリアノはビールのサンミゲル社のオーナーとして、アヤラはマニラのビジネス街マカティ地区を開発した地主として有名である。両者は、外資との提携でビジネスを積極的に拡大しており、前者は食品事業で世界の有名外資と、後者は製造業や土地開発などで三菱グループとの関係が深いが、マルコス政権以降いずれも政治からは一定の距離を置いている。今後についても、この両財閥および傘下企業が、フィリピン経済の中心的な役割を担うことはほぼ確実であろう。

華人資本についても、東アジアを代表する財閥もいくつかある。フィリピンの華人は、台湾対岸の福建省の出身者が多く、そうした地縁・血縁の関係もあって、前に見たスービック湾の開発では、台湾資本が先導的な役割を果たしている。ルシオ・タン、ヘンリー・シー、ジョン・ゴコンウェイがフィリピンの3大華人財閥と言われ、金融のユーチェンコを合わせフィリピン経済において大きな役割を果たしている。ルシオ・タン氏は、マルコス政権のクロニーとして事業を拡大したタバコ王で、経営が実質破綻した国有フィリピン航空のオーナーになって経営再建に乗り出したが、脱税容疑や献金疑惑も取りざたされるなど、いま一つクロニーから脱皮していない印象で、今後が注目されるところである。

アジア通貨危機を最小限の被害で乗り切り、21世紀も順風満帆に見えるフィリピンであるが、決して楽観できる状況ではない。電機・電子や繊維など輸出品の原材料や生産設備の多くを輸入に依存するという産業構造の課題は長期的に克服されるとしても、一部の財閥や金持ちが政治や経済を支配する一方、ゴミの山ス

モーキー・マウンテンの近くに多くの人が住むという貧富の格差が大きい状況は、今後の持続的かつ安定的な発展にとって最大の阻害要因であり、抜本的な改革の断行が早急に求められる。抜本的な改革の典型例は、先に見た農地改革である。マルコス・ロムアルデス、アキノ・コファンコと言われるようなアメリカ統治時代からのエリート支配体制が続く限り、エストラーダ弾劾に見られるような政治と経済の癒着は断ち切れず、フィリピンの一般国民が迷惑することになる。

第8章　中国、ベトナム

1　「改革・開放」で勢いづく中国

　中国といえば、世界4大文明の発祥地の1つで、東アジアでは最も古い歴史を持ち、周辺諸国のリーダー的な役割を果たしてきた。魏志倭人伝には、日本の邪馬台国が登場するが、曹操の魏の国といえば、孫権の呉、劉備の蜀とともに、現在でも根強い人気を博する「三国志」を構成する重要な国の1つである。中国4,000年の歴史においては、秦の始皇帝が初めて統一王朝を築いて以来、歴代王朝による統治は分裂と統一を繰り返し、最後の王朝清を経て1912年に孫文の中華民国、1949年に現在の中華人民共和国が成立した。分裂と統一は政治のみならず、後に見るように経済においても、引き締めの「収」と緩和の「放」という形で、どのような体制においても景気サイクルを繰り返すことになる。

　抗日戦争において国共合作で勝利した中国は、蒋介石の国民党と毛沢東の中国共産党との間で再び内戦となるが、最終的に共産党が勝利して国民党を台湾へと追いやり、1949年に中華人民共和国が成立した。物量面やアメリカとの関係などで優位を誇った国民党が敗れ、共産党が勝利したことについては、世界的に驚きをもって見られたが、腐敗により国民党が大衆から見放されたのに対し、清廉な共産党は農民の支持を集め、農村から国民党軍を包囲したことが功を奏したと言われている。こうした経緯もあって、新中国の統治者となった中国共産党にとっては、農民および農村が最大の政権存立基盤となるため、共産党幹部は農村の動向に神経を尖らせ、農業を政策の中心に据えるようになる。

　学者によって見方は異なるが、中華人民共和国成立から改革開放に転じるまでの自力更生時代の中国経済は、大きく5つの時期に分けることができる。第1期は49年の建国から52年までの経済回復期、第2期は53年から57年までの経済建設期、第3期は58、59年の大躍進期、第4期は60年から64年までの経済調整期、

第5期は65年から78年までの文化革命期である。この時代は、友好国である社会主義国ソ連との結びつきを強め、ソ連の援助による中央統制経済システム、蒋介石傘下企業や外国から接収した企業を国営企業に改組して生産を担わせ、農業では農家4,000戸を1単位とする人民公社制度を導入した。結果的には、こうした制度が機能せず生産停滞を招くことになってしまう。

表8—1　中国の基礎データ

国名　中華人民共和国	政体　社会主義共和国
面積　960万km^2	元首　江沢民国家主席
人口　12億人4,810万人	議会　全国人民代表大会
（98年末推定、香港、マカオを除く）	（代表2,979名、常務委員135名）
首都　北京	内閣　国務院　朱鎔基総理
言語　公用語は北京語を基礎とした標準語	会計年度　暦年に同じ
他チベット語、モンゴル語、ウイグル語	通貨　人民元（94年1月より管理変動
宗教　82年から自由、儒教、道教、仏教等	相場制1USドル＝8.2774元、2000年末）
最近の主要経済指標	
国内総生産（GDP）　97年9,035億ドル　98年9,645億ドル　99年9,911億ドル	
1人当たりGDP　　96年678ドル　97年 733ドル　98年772ドル	
GDP伸び率　　　　97年8.8%　98年7.1%　99年7.1%　　　外貨準備高	
消費者物価上昇率　　97年2.8%　98年▲0.8%　99年▲1.4%　　1,547億ドル	
都市失業率　　　　　96年3.0%　97年 3.0%　98年 3.1%　　（99年12月末）	
GDP産業別構成比（98年）	
第1次産業18.4%　第2次産業48.7%（工業42.1%）　第3次産業32.9%	

（出所）「The World 2000」日本貿易振興会（ジェトロ）

建国当時の新中国は、第1世代の毛沢東主席と周恩来首相によって指導された。個性的で指導力の強い毛主席に対し、温厚でなだめ・調整役の周首相と、2人の指導者がほどよく調和し、中国共産党の理念を大国の隅々まで浸透させた。毛主席の言葉は毛語録としてまとめられ、物欲を剥き出しとする経済発展よりも、貧しくとも清らかに生きる清貧の思想を中国国民に植え付けた。偉大な指導者である毛主席の跡目には、2人の有力な指導者候補がいた。1人は1959年に国家主席となった劉少奇、もう1人は後に改革・開放の総設計士となる鄧小平氏である。

鄧小平氏の「黒猫・白猫論」に見られるように、この2人は毛沢東の清貧とは対立する実権派で、文化大革命では攻撃対象とされてしまう。

「自主独立」、「自力更生」により経済建設を目指した毛沢東の中国では、アメリカなどの帝国主義の攻撃を受けるという妄想から抜け切れず、工業においては徹底した重化学工業路線が採用された。繊維、雑貨、家電といった軽工業や消費財生産よりも、鉄鋼、化学、重機械などの大型素材産業が重視され、沿海部は攻撃を受けやすいとして、重慶や瀋陽など内陸部に工場を立地させた。60年にソ連との仲が険悪となってから、こうした傾向がより鮮明なものとなった。消費サイドを見ない生産増強により、生産部門は売れない膨大な商品在庫を抱える一方、生活必需品は極度の不足から配給制となるが、毛沢東主導の理想国家建設においては、こうした経済の不均衡は大した問題ではなかった。

全人代におけ劉少奇副主席の政治報告をもとに、生産増強を目指す「大躍進」が1958年に始まった。大躍進は翌年に収束するが、言葉の意味とは反対に、生産の落ち込みと経済の停滞を招いてしまう。現在でも「鉄は国家なり」と言われるように、鉄は多くの産業で原材料となる産業のコメである。鉄鋼増産の下達に、零細な鉄工所が駆り出されたことはもちろんのこと、鉄を原料とするクズ鉄を鍋で熔かして再生するなど、ありとあらゆる方法で鉄の増産が図られた。しかし、現実を直視しない無理な増産が災いして、自然災害が重なり農業を直撃したこともあって、60年になると工業と農業の生産は縮小に転じ、大躍進路線は見直しを余儀なくされ、それ以降経済の立て直しが図られるようになった。

61年以降の経済調整策が功を奏し、中国全体を覆った経済混乱は徐々に収まり、生産は回復軌道に乗る。そうした矢先の1965年、文化大革命が勃発する。文化大革命は、劉少奇や鄧小平などの実権派に対し劣勢に立ったと感じた毛沢東が、巻き返しに出たもので、毛の気に入らない共産党幹部やブルジョア層を、扇動された大衆や紅衛兵を使って次々と吊るし上げ、自己批判をさせるなど痛めつけたものである。断罪された人々は内陸部の僻地へと下放されて過酷な労働を強いられた。身体的・精神的な苦痛から死者は数千万人とも言われている。毛沢東没後の76年に文化大革命は終了し、毛沢東夫人の江青をはじめとする4人は、主謀者として逮捕され、「四人組」として後世に悪名を残すことになった。

文化大革命による損失は、まさに計り知れないものとなった。政治の混乱が経

済悪化をもたらし、文化大革命以前には1人当たり所得でアジアＮＩＥｓと同等水準だった中国の経済が、一気に遅れをとってしまうことになる。経済の混乱以上とも言われる損失は、次世代を担う人材を失ったことである。国家主席の劉少奇は、文化大革命によって失脚、ついには命を落としてしまった。個人的な見解ながら、この有能な指導者を失ったことは、中国にとって何にも代え難い痛手である。幸いに、もう1人の実権派である鄧小平は、失脚しながらもしぶとく生き残り、次の機会をうかがうことになった。単に鄧小平の運が強かったのか、何らかの理由で手加減が加えられたのか、依然謎は完全には解けていない。

　文化大革命後、華国鋒が国家主席に就任、いったんは毛沢東の後継者となった。73年に国家副主席に返り咲いた鄧小平は、第1次天安門事件の責任を取る形で、76年に再び失脚の憂き目を見る。しかし、77年に鄧小平は国家副主席として再々復活、今度は大型プロジェクトを推進した「洋躍進」の失敗の責任を取る形で、華国鋒が国家主席から平党員に格下げとなり、不死鳥のように蘇った鄧小平が、ついに中国の最高権力を握った。新中国以来の社会主義経済体制が効率的に機能しないことをかねてから察知していた鄧小平は、文化大革命により壊滅的な経済打撃から中国を立て直すため、階級闘争から国家建設へと軸足を移すとともに、毛沢東以来の「自力更生」の経済体制から脱却する大決断を行う。

　1978年12月、中国共産党大十一期三中全会において、「改革・開放」路線が正式に採択された。前半部分の改革は、従来の社会主義計画体制を見直し、自由経済手法の良い部分を採用するもので、後半部分の開放は、原則外国との経済交流を想定しない自力更生から外国資本の対中進出など貿易や投資を促進する政策変更したものである。つまり、毛沢東時代には抑えつけられた経済的な欲求が、鄧小平の時代となって美徳として奨励されることになった訳である。ネズミを取る猫の色を問題にしない鄧小平の「黒猫・白猫」論は、公正・平等の社会主義の理念というネズミ、社会主義計画経済という黒猫、資本主義・自由経済という白猫に喩えられ、実利的かつ柔軟な政策へと反映されたものである。

　改革・開放以降の中国へと進む前に、押さえておくべき状況がいくつかある。まず、自力更生により西側との交流は表向きには目立ったものではなかったが、香港という窓口を通じて行われていたことである。第2次大戦終了後、西欧列強が支配した東アジアは次々と独立したが、香港は中国に返還されることなく、英

国の植民地として存続した。この背景には、香港の利用価値を理解した周恩来首相の配慮があったと言われる。英国が中華人民共和国を承認し、その見返りに中国が英国領香港の存続を許した。香港によって、中国は親族送金による外貨や、後には香港経由で西側の投資や技術を得ることになる。

　もう1つには、改革・開放以前の70年代前半から、国際社会における中国の存在感が大きくなり、西側諸国との交流が始まったことである。口火を切ったのは、71年のアメリカのニクソン大統領訪中である。日本の田中角栄首相がそれに続き、電撃的な日中国交回復が実現した。こうした動きが世界の潮流となり、中華人民共和国は中華民国にかわり国連の常任理事国として復帰することができた。日中国交回復の正式調印では、周恩来首相と田中首相の派手な握手ポーズが世界中に伝えられたが、田中元首相は恩人として中国人の脳裏に焼きついているようである。国交回復に際し、中国は対日戦争賠償を放棄したが、国家建設に必要な低利円借款と宝山製鉄所建設などの技術入手ができるようになった。

　華国鋒が中心となって推進した「洋躍進」は、言うまでもなく「大躍進」をもじったもので、洋は西洋つまり欧米先進国を指している。文化大革命で痛んだ中国経済を立て直すべく、関係を改善した欧米から技術と資金を導入し、大型プロジェクトを相次いで建設した。しかし、それらの多くは当時の中国の経済力を超える不要不急なもので、返済能力を超える外貨債務が残ってしまった。この責任をとる形で華国鋒は81年に国家主席を辞任するが、大型プロジェクト導入の契機となったのは、78年に鄧小平が訪日して最新鋭の製鉄所やオートメ化自動車工業を目の当たりにしたことである。従って、華国鋒の失脚は、共産党内部における権力闘争の所産であると見るのが妥当であろう。

　一方、最高権力を手中にした鄧小平は、1978年12月の中国共産党第十一期三中全会で改革・開放を党の基本政策、即ち国家の基本政策とし、国有生産部門を中心とする社会主義計画経済から、市場経済の各種メカニズムを採用し始めた。価格面では、国家による統制価格から、需要と供給との関係による市場価格へと移行する物資を増加させ、所有面では、国有や全人民の所有だけではなく、私企業や私有財産も奨励されるようになった。つまり、毛沢東時代には悪徳とされた金儲けに対する思想が、鄧小平時代には美徳へと変化し、華僑・華人に見られる中国人のビジネス魂に火をつける結果となった。日本の村や町に相当する郷や鎮で

は、企業設立の機運が高まり、郷鎮企業が次々と誕生した。

　実利を重視する実権派の鄧小平は、中国の発展にとって役立つものは取り入れる姿勢を貫いた。社会主義体制にとって好ましくない資本主義体制下の外資も、中国の発展・近代化に利用できるものと、対外開放へと踏み切った。ただ、開放によって民主や自由の空気が中国国内に流入すれば、共産党の一党統治体制を揺るがすことになるため、開放は慎重かつ徐々に行われることになった。外資の急激な流入は、社会・経済に急激な変化と混乱をもたらすものにもなりかねないため、開放当初は限られた地域で、かつ誘致・導入対象の外資は絞られた。こうした背景から、鄧小平は誘致対象とする外資を中国大陸出身の華僑・華人に、地域的には窓口となる香港に隣接する広東省を重点とした。

　中国の国会である全国人民代表大会（以下では全人代）は、1980年に経済特区条例を批准した。これにより、香港に隣接する深圳、マカオに隣接する珠海、潮州華僑の出身地である汕頭（スワトー）の広東省3か所、それに福建省の南部で台湾の対岸にある厦門（アモイ）の計4か所が経済特区に指定された。1987年には、海南島が省に昇格して5番目の経済特区となった。経済発展に寄与する外資企業を誘致するため、経済特区には規制や税率などの面で、中央政府から自主権が与えられた。各経済特区は、そうした自主権に基づき、電力、港湾、道路、工業団地などのインフラを整備するとともに、15％の法人税率、輸出生産用の原材料や生産設備に対する輸入関税免除などの恩典を国内外資本に付与した。

　5つの経済特区の中で、香港に隣接する深圳は、とりわけ目覚しい発展を遂げた。広東省宝安県の深圳は、改革・開放以前は人口約5,000人の農村に過ぎなかった。それが経済特区に指定されるや、香港資本や外資企業が多数進出するようになり、それに合わせ、工業用地や市街地の開発が急速に進み出した。雇用機会を求め、中国内陸部から労働者が殺到し、深圳特区の人口は急拡大する。隣接する香港とのヒト、モノ、カネの面での結びつきを深めて「深圳速度」と評される年平均20％の高度成長を達成し、改革・開放の先頭を走る広東省の中でも一際目立つ存在となる。深圳の発展は、改革・開放の賜物であり、深圳の街の至る所で、鄧小平が改革・開放に号令をかける看板が見られる。

　こうした鄧小平の戦略は見事に成功し、先の香港の項で紹介したように、輸出競争力に陰りが見え始めつつあった香港の軽工業が、多くの香港人の出身地であ

る広東省に生産拠点を求めて大量進出するようになる。香港企業が設備、機械技術、原材料を持ち込み、中国側が土地と労働力を提供し、加工した製品を香港側が引き取る委託加工形式が主流となった。広東省では雇用、生産、輸出など経済活動が活発化し、改革・開放以前は30の一級行政区の中で7、8番目だった経済が、突出したトップへと躍進することになる。後日談になるが、経済特区を持つ広東省の発展を見て、鄧小平は上海を経済特区にしなかったことを悔やんだとされる。商都上海では、歴史的大実験は行えなかったのである。

　開放は経済特区によって始まったが、改革は農村から始められた。「能力に応じ働き、必要に応じて受け取る」という共産主義の理想を追求した人民公社であるが、生産力と効率の低下という理想とは程遠い現実により、1980年から始まった解体が83年にはほぼ終了した。個別農家主体の経営請負制度が導入され、これにより農民の生産意欲は飛躍的に高まった。価格統制の緩和によって農作物価格が市場価格に引き上げられた効果も相まって、金持ち農家のシンボルとなる1万元（当時1人民元は約120円）の所得を蓄積する「万元戸」も多数出現した。農業生産力を高めた農家の中から、先に紹介した郷鎮企業を設立して非農業分野への進出も増加するなど、農村改革に一応の目処をつけた。

　84年から改革の重点は、農村から都市に移った。改革の中心は、地方政府や国営企業への権限委譲、国家レベルの経済計画やマクロのコントロール機能の縮小である。農産品と同様に、工業製品やサービスでも価格統制品目は減少し、国営企業の経営自主権は徐々に拡大した。都市でも民間や外資の企業設立が奨励され、改革・開放当初は国営企業が約8割を占めた工業生産は、次第に低下して95年には約1/3となる。開放についても、経済特区に続き、84年には大連、上海、広州など工業基盤を持つ14の沿海都市が、沿海開放都市に指定された。改革・開放は、経済特区という「点」から沿海開放都市という「線」へと広がり、内陸部にも発展を波及させる「面」への拡大が視野に入るようになった。

　計画経済から市場経済への移行は、当初から大きな傷みが伴った。国家経済レベルでは生産重視から消費重視への転換、国営企業レベルでは従来の政府生産指令から自主的な経営判断など戸惑いが発生したが、やはり最も深刻な影響が出たのは政府が決定する統制価格から需要と供給との関係による市場価格への移行であった。政策的に低価格に抑えられていた物資は、市場価格へ移行すると急激に

価格が上昇し、インフレを引き起こしてしまった。また、消費を軽視した計画経済時代の名残から、需給不均衡の生活必需品の価格急上昇も伴った。このような高インフレを伴ったが、改革・開放当初の80年代の中国経済は、非国有部門の台頭と消費意欲の高まりにより、年率10％近い高度成長を達成した。

しかし、86年には経済は下降・調整局面に入り、翌87年には学生・民主化運動を放置したことが直接の理由だったが、鄧小平のもとで積極的に改革・開放を進めた胡耀邦が党総書記・国家主席を辞任、実質的には解任される。失意のうちに胡耀邦は89年に死去するが、これが89年6月4日の北京・天安門事件の発端となる。胡耀邦の後任にはやはり鄧小平と同じ改革派の趙紫陽が就任し、貿易赤字削減やインフレ抑制など引き締め政策を採るが、インフレは収まることなく、党幹部や政府官僚に蔓延する汚職への批判も高まり、学生を中心とする民主化運動へと発展した。結局、中国共産党は人民解放軍を投入し、天安門に集結した学生を力づくで鎮圧するが、中国は国際的な非難と経済制裁を受けてしまう。

天安門事件は、経済では改革・開放を進める一方、政治では共産党の一党体制堅持を示したものとなった。こうした中国共産党の姿勢は、国際的な非難の対象となり、中国への返還が決まった香港では60万人規模の抗議集会が開かれ、欧米や日本は援助停止、輸出禁止など、中国にとって厳しい経済制裁で臨んだ。学生運動に理解を示した改革派の趙紫陽は失脚し、学生弾圧を主張した李鵬首相が実権を握った。鄧小平の両腕とも言える胡耀邦と趙紫陽が失脚し、天安門事件による混乱、諸外国の経済制裁から、インフレは収まったものの成長率は低下し、順調だった改革・開放政策は曲がり角を迎えてしまった。趙紫陽に代わり上海市長・党書記だった江沢民が、中国共産党総書記・国家主席に就任した。

しかし、中国にとって、我慢の年月はそう長くはなかった。天安門事件の活動家や反体制派の取り締まりの手を緩めない中国共産党に対し、アメリカやフランスなどは経済制裁の継続を主張したが、中国の孤立は好ましくないとして、日本の海部内閣は90年に対中経済解除を決定し、円借款供与を再開した。そして92年新春、鄧小平が広東省を視察した際、改革・開放の加速と5匹目の龍を狙うことを指示した、いわゆる「鄧小平の南方講話」が契機となり、再び高度経済成長に突入する。広東省など30の一級行政区は、競って工業団地の開発を進め、積極的に外資を誘致するなど、成長志向を鮮明とする。93年の外国投資受け入れは、

改革・開放から前年までの累積額を軽く超えるほどのブームとなった。

　鄧小平南方講話によってもたらされた高度成長は、しかしながらいくつかの弊害を伴った。第1に、不動産バブルである。地方政府が外資誘致のためこぞって工業団地を開発し、民間もそれに便乗したことから、不動産バブルが発生したことである。第2に、不動産バブルがインフレにつながり、バブルに関係のない生活必需品など物価を高騰させたことである。第3には、各省とも外国投資を積極勧誘したが、外資はインフラの整った東部沿海部に集中したため、内陸部との経済格差をより拡大したことである。第4に、広東省など成長志向の地方は、中央政府の制止を振り切る形で自らの発展戦略を進めるなど、かつては歴代王朝の崩壊の原因となった「諸侯経済」が見られるようになったことである。

　こうした経済過熱を抑制すべく、1993年7月に経済エースの朱鎔基副首相が登場した。中央銀行である中国人民銀行総裁も兼ねた朱鎔基副首相は、早速上海市長時代に見せた辣腕を振るい、過熱抑制やバブル退治の先頭に立つとともに、市場経済システム完成に向けたマクロ・ベースの改革を断行する。過熱抑制では、伝統的に葉剣英派が占めた広東省の人事を中央政府に取り戻し、地方を中央のコントロール下に置くことに成功した。マクロの改革面では、穀物や石油・燃料、一部の生産財で残っていた政策的な低価格の国際市場価格水準までの引き上げ、94年1月の人民元為替レートの一本化、銀行の預金金利への上乗せ補助金の廃止など、市場経済メカニズムの浸透が徹底された。

　94年の人民元為替レート一本化は、実勢に比べ割高だった公定レートを廃止し、市場レートに統一したもので、後のアジア通貨危機において世界中が恐れた「人民元切り下げ問題」の伏線となった。こうした改革は、改革・開放当初と同様インフレにつながるが、朱鎔基登場以降のインフレは、改革が急だった割には低い水準に止まったとの見方もでき、改革が浸透した94年以降は、成長率の緩やかな低下とインフレ率の大幅な低下が鮮明となった。97年には、実質成長率8.8％に対し、代表的インフレ指数である小売物価上昇率は0.8％と、インフレなき高度成長を達成した。陣頭指揮をとった朱鎔基副首相は、上海市長時代から欧米とりわけアメリカの人気が高かったが、こうした実績によって一層評価を高めた。

　中国の対外開放は、広東省を窓口とした試験的段階から、90年代には全方位的な本格段階に入り、中心地は南部の広東省から中央部の商都上海に移る。上海は、

中国の共産化によって輝きを失うが、戦前は租界地外灘（バンド）に世界各地の人々が集まり、東洋一の商都・国際都市として繁栄した。しかも、東部沿海地域と長江流域地域の結節点で、政治の中心北京と並ぶ経済における中心地である。中国政府は、90年に上海浦東開発を国家プロジェクトに指定した。浦東地区は、黄浦江を挟んで上海市街地の対岸にあり、広大な開発地に金融や製造業など中国内外の企業や資本の集積を図り、上海を中国のみならず、東アジア、そして世界のビジネス・センターへと発展させる意欲的な計画である。

表8-2　90年代の中国の経済実績推移

	90	91	92	93	94	95	96	97	98	99
実質成長率（％）	3.8	9.2	14.2	13.5	12.7	10.5	9.6	8.8	7.8	7.1
小売物価上昇率（％）	2.1	2.9	5.4	13.2	21.7	14.8	6.1	0.8	▲2.6	▲3.0
1人当GDP（ドル）	342	353	415	455	455	581	671	730	758	791
工業生産伸び率（％）	NA	NA	20.0	21.1	18.0	14.0	12.7	11.1	8.9	8.5
固定資産投資（％）	2.4	23.9	44.4	61.8	30.4	17.5	14.5	8.8	13.9	5.2
通貨供給伸び（％）	28.9	26.7	30.8	23.6	34.4	29.5	25.3	17.3	15.3	14.7
輸出（億ドル）	621	718	849	917	1,210	1,488	1,510	1,828	1,838	1,949
輸入（億ドル）	533	638	806	1,039	1,156	1,321	1,388	1,424	1,402	1,657
貿易収支（億ドル）	88	80	43	▲122	54	167	122	404	436	292
外貨準備高（億ドル）	111	217	194	212	516	736	1,050	1,399	1,450	1,547

（出所）中国統計年鑑等

中国政府の威信をかけた上海浦東開発は、土地開発、ビル建設、外資企業誘致と、ほぼ順調に進んでいる。浦東へと拡大した上海は、97年7月に中国主権となった国際金融センター香港の地位を脅かす存在となっている。香港の項で触れたように、現在の香港繁栄の基礎をつくったのは上海から逃れた紡績資本であり、潜在力を発揮した上海人により、現在上海は目覚しい発展を遂げている。成長率や工業生産の伸びでは、中国全体の数値をはるかに上回り、1人当たり所得では改革・開放の先端を行く広東省を抜き去り、香港に隣接する深圳特区を急追する勢いとなっている。上海の発展は、周辺の華東地区のみならず、内陸部にまで伸びる人口5億人規模の長江流域地域への波及も期待させるものとなる。

　天安門事件後に誕生した江沢民体制であるが、人民解放軍に基盤を持たないこ

ともあって、当初は短期のつなぎ的な役割と見られていた。鄧小平の後継に指名され、政治面での共産党一党体制を堅持しながら、経済面では改革・開放を進めた。民主化や反体制運動を弾圧する一方、天安門事件において批判が集中した共産党幹部や政府高官の汚職・腐敗は徹底的に取り締まった。北京市長の逮捕・解任に至った95年の首鋼事件は、鄧小平の親族も関与したもので、汚職撲滅への対応は本物と見られるようになった。89年から91年まで国際的な逆風の中で経済調整局面を無事乗り切り、92年の鄧小平南方講話以降の高度成長も手伝い、次第に軍の人事権も握った江沢民体制は、大方の予想に反して長期政権となった。

中国共産党内は、経済に関しては必ずしも一枚岩ではなく、「鳥籠経済論」の陳雲など改革・開放に慎重な保守派もいた。しかし、改革・開放政策以降の高度成長によって、保守派は次第に劣勢に立ち、鄧小平理論である「社会主義市場経済」の推進が、1992年の中国共産党の第14回党大会で決議され、翌93年に改正された憲法には「中国の特色をもつ社会主義」と「社会主義市場経済の実行」が明記された。5年ごとに開催される党大会は、中国共産党にとって最大の行事であり、政権樹立後初となる1956年第8回大会以来波乱となるのが常であった。その大会の主役は、次の大会に主役としてはおろか、姿を現すこともなかった。江沢民は、第14回大会、香港返還直後の97年の第15回大会とも主役を務めるが、ここからも主眼が階級闘争から経済建設に移ったことをうかがい知ることができる。

社会主義市場経済のうち社会主義とは、国有・公営部門が財・サービスの生産や販売、対外貿易など経済活動を担うことである。改革・開放以降、郷鎮企業の発展や外資企業の進出によって低下傾向にあるとはいえ、総資産、付加価値生産、雇用などの指標において、国有（営）部門は依然大きなシェアーを占めている。通常、国有と国営の用法は曖昧になりがちであるが、中国の場合は、前年の社会主義市場経済を決定した党大会を受け、近代化に向けた企業改革の枠組みを決定した十四期三中全会を境に、それ以前は国営企業、それ以降は国有企業と呼ぶのが妥当である。この決定以降、大型企業は株式会社化、中小型企業改革は請負やリースの導入などにより、国有企業改革は加速することになる。

中国の国有企業は、企業数11万社、地方政府レベルの公有まで含めると30万社、雇用規模は1億1,000万人に達し、先にも紹介したように総資産や工業付加価値のシェアーは低下傾向にあるものの、中国経済や工業生産にとって依然最重要

部門である。こうした中国の国有部門、とりわけ製造業においては、計画経済時代に非効率かつ赤字垂れ流しのお荷物部門となり、改革・開放以降も目立った改善は見られなかった。この責任は、国有企業自身の姿勢はもちろんであるが、計画、生産、流通とすべて政府に握られ、自主判断による経営が許されなかったことが大きい。また、大手国有企業では、学校、病院、住宅など、本来業務とは関係のない福祉を抱えさせられたことも、非効率に輪をかけることになった。

改革・開放によって、80年代から国営企業の経営者には一定範囲で経営自主権が与えられ、利潤追求意欲を引き出すことに成功したが、80年代後半から90年代前半にかけて、国営企業の業績はむしろ悪化傾向を辿った。この背景には、郷鎮企業や外資企業など非国営部門の台頭もあるが、計画経済時代の発想から抜け出せず、消費市場の動向に合わせた生産をできなかった上に、従業員の福利・厚生は従来どおり背負わされたことが大きい。こうした社会的役割ゆえに、政府も失業を生み出すような大胆な改革を強要することができず、そうした立場や状況を承知している企業経営者側も改革を怠りがちになる。つきつめれば、政府と経営者の企業統治（コーポレート・ガバナンス）の問題となる。

93年の十四期三中全会の決定に伴い、国有企業改革に向けた法整備が進められた。主要国の会社法に相当する「公司法」が94年7月に施行され、全人民所有以外の様々な所有形態が可能となった。大型国有企業については、国家戦略上の一部重要企業を除き、株式会社に転換して、国が過半数を維持した上で民間や外資の資本参加が基本方針となった。その際、上海と深圳の国内株式市場や、香港やニューヨークなど世界の主要市場に上場し、設備投資の巨額資金調達も視野に入れられる。中小国有企業は、株式制とともに、経営者や従業員が持分購入により資本参加する株式合作制、民間や外資への売却、請負やリース、合併・再編、経営不振には整理・清算と、「掴大放小」の方針が明確となった。

とはいえ、国有企業改革は、中国にとって難題である。改革によって失業者が大量に発生すれば、社会不安が増大するからである。こうした難題の解決を任されたのは、やはり過熱抑制に手腕を振るった経済エースの朱鎔基であった。98年3月の全人代で副首相から首相に昇格すると、赤字国有企業の問題を3年で解決すると国内外に宣言した。この宣言は情勢から無謀とも見られたが、朱鎔基首相には核になる500社に自らが陣頭指揮を取れば、目処をつけることができるとの勝

算があったようである。地方レベルでも、上海の業種別持ち株会社への再編や、指定都市における株式会社化モデル企業などの試みが功を奏し、3年を経た2001年初旬、多くの赤字企業は黒字転換したとの報道も流れている。

97年までに景気過熱を抑制した中国であるが、98年になると景気減速感が漂うようになり、小売物価上昇率がマイナスに転じたように、デフレさえ懸念されるようになった。朱鎔基首相は、国有企業、金融、行政の国内3大改革を断行するとともに、内需主導の8％成長を達成し、人民元を切り下げないことを国内外に公言した。アジア通貨危機で周辺東南アジア諸国が苦境に陥った中、世界の注目は人民元の動向に集まった。94年の公定レート廃止による実質33％の切り下げが中国の輸出競争力を高め、97年7月以降の東南アジア通貨を暴落させたと考えられるだけに、今度は中国が人民元の切り下げによって対抗し、東アジアの通貨切り下げ競争が世界大恐慌の引き金になると恐れられたからである。

一方、98年の中国経済は、瀬戸際で踏みとどまっている感じだった。東南アジア通貨下落の影響で輸出が鈍化した上に、ノンバンク信託投資公司の破綻、4大国有銀行の貸出残高の25％にも達する膨大な不良債権、夏に発生した長江流域の大洪水、中国主権下となった香港の為替投機と、国有企業改革以外にも国内における難題は山積していた。実質8％成長は高い数値に見えるが、赤字国有企業を多数抱える中国にとって、8％成長はまさに最低線で、それを大きく下回るようなことになれば、輸出に活路を求めざるを得なくなる。人民元切り下げが国際的立場を不利にすると判断した中国政府は、赤字国債発行による銀行への資本注入や財政支出拡大により、必死になって内需を盛り上げた。

98年は目標の8％を下回る7.1％成長にとどまったが、世界が最も恐れた人民元の切り下げはなく、アメリカなど世界の中国に対する評価は高まった。こうした実績により、中国の悲願である世界貿易機構ＷＴＯへの復帰が現実味を帯びてきた。中国の産業は、委託加工など対外依存的なものと、国有企業に保護された内需産業に大きく分かれる。金融についても、外国銀行の人民元業務は一部に限られ、上海と深圳の株式市場は国内投資家向けＡ株と外国人投資家向けＢ株と区別しているように、自国の経済や産業を保護する仕組みが色濃く残っている。こうした仕組みは、東南アジア諸国が貿易赤字を中心とする経常赤字に陥った中、同様の産業構造と見られる中国が巨額貿易黒字を計上できた大きな要因でもある。

WTOへの復帰によりご都合主義は許されなくなり、自動車や通信などの産業から反対の声が大きいが、2000年5月までに主要国との間で復帰交渉は合意された。

中国は改革・開放、年平均10％近い高度成長を達成し、1980年のGDPを2000年までに4倍にするという大目標も、5年前倒しで達成するなど好調さが目に付く。しかし、すべてが順調で安泰かと言えば、必ずしもそうではない。改革・開放以降、発展の地域間格差は大きくなり、先に発展した所が遅れた所を引き上げるという改革派の「先富論」も、改善の兆しが見えなければ正当性が失われ、社会不安の原因ともなりかねない。政治に関しては、天安門事件で矛盾が露呈したように、共産党一党統治の正当性を国民に納得させ続けることができるのか、何らかの妥協で軟着陸を図るのかが注目点となる。経済に関しては、対GDP比貿易依存35％かつ8％成長という外需依存・高度成長型から内需依存・安定成長型への移行が重要であるが、その鍵となるのは国有企業改革である。

2　「ドイモイ」のベトナム

「ドイモイ」という言葉が、一時期世界的な流行語となった。ドイモイとは、変えるという意味のドイと、新しいという意味のモイを組み合わせたベトナム語の造語で、日本語では刷新と訳されることが多い。ドイモイが何故流行語になったのかといえば、新興市場としてのベトナムが世界の注目を集めるようになったからである。ベトナム戦争で世界一の大国アメリカに負けなかった潜在力を有するベトナムが、社会主義経済・閉鎖体制という殻から抜け出し、ドイモイ転換によって西側世界との経済交流に門戸を開いたことは、中国が改革・開放へと転じた時と同様、新しい時代の到来さえ思わせるインパクトとなった。実際、その後のベトナムの目覚しい発展は、期待に違わないことを証明している。

有史以来ベトナムは、決して恵まれた環境下にはなかった。1,000年にわたり中国の支配を受けた後、938年の呉朝によって実質上独立を果たすが、以降、李朝、後期李朝、阮朝と歴代王朝は北隣の中国の影に怯え続け、実際、宋軍や蒙古の元寇のように侵攻を受けたこともあった。この歴史的な影響は現在に至るも残り、ベトナム政府は中国の動向には常に神経を尖らせている。また、クメール、ラー

オ、チャンパ、タイといった周辺国とも、激しく対立して時には戦闘状態に陥ることもあった。1978年のベトナムによるカンボジア侵攻は、こうした時代の名残でもあるが、ベトナムやベトナム人が、一時期外国や外国人に強い不信感を抱いたのも、歴史的な背景から無理からぬこととも考えられる。

1858年にはフランスがベトナムに侵攻し、1887年にはベトナム、カンボジア、ラオスの3か国の仏領インドシナ連邦が成立する。ベトナムの統治者となったフランスは、社会・文化、言語などの面においてフランス化を進めた結果、現在でも北部の首都ハノイや南部の商都ホーチミンでは、フランス風の古風な建物が数多く残っている。第2次世界大戦が始まると、日本の侵攻によってフランスは1940年に追い出され、日本の敗戦直後の1945年9月にはベトナム民主共和国の独立が宣言されるが、植民地支配に固執するフランスと翌年から第1次インドシナ戦争となる。1954年5月、ベトナム軍はフランス軍をディエンビエンフーで敗戦に追い込み、同年のジュネーブ協定によって正式な独立を果たした。

表8—3　ベトナムの基礎データ

国名　ベトナム社会主義共和国	政体　社会主義共和国
面積　331,688km^2（日本の0.87倍）	元首　チャン・ドク・ルオン国家主席
人口　7,806万人（98年推定）	（1997年9月24日就任）
首都　ハノイ	議会　一院制（定数450名、任期5年）
言語　ベトナム語	内閣　首相　ファン・バン・カイ
宗教　北方仏教、一部カソリック	（1997年9月25日就任）
会計年度　暦年に同じ	通貨　ドン（1998年平均1ドル=13,297ドン）

最近の主要経済指標
　国内総生産（GDP）　96年　247億ドル　97年　268億ドル　98年　277億ドル
　1人当たりGDP　　　96年　327ドル　　97年　350ドル　　98年　355ドル
　GDP伸び率　　　　 96年　9.3%　　　 97年　8.2%　　　 98年　5.8%
　消費者物価上昇率　　96年　4.5%　　　 97年　3.6%　　　 98年　9.2%
　外貨準備高（98年末推定）28億2,000万ドル　対外債務残高（97年末）216億ドル
　GDP産業別構成比（98年）
　　　農林水産業　26.0%　鉱工業・建設　32.7%　サービス　41.3%

（出所）「The World 2000」日本貿易振興会（ジェトロ）

ベトナムの独立を指導したのは、ベトナム共産党である。ベトナム共産党は、フランス支配の祖国からいったん脱出したホーチミンにより、1930年に香港で結成された。共産党といっても、政治理念、イデオロギー、階級闘争などが前面に出る中国や旧ソ連とは異なり、国民統合により戦争に勝利し、貧しさを分かち合う社会主義を実現するという、政治色の薄い愛国集団としての性格が強い。卓越した指導者ホーチミンについても、自身は毛沢東のように神格化されることを好まず、国民から親しまれるごく普通のオジサンとして通した。こうした党の生い立ちと性格により、1969年にホーチミンがこの世を去って以来、ベトナム共産党には突出した指導者は現れず、集団指導体制が維持されている。

　ようやく独立を果たし、これから国づくりをと思った矢先の1955年、ゴ・ディン・ジェムを大統領とするベトナム共和国（南ベトナム）が誕生し、これによりベトナムは、北緯17度線を境にハノイを首都とするベトナム民主共和国（北ベトナム）と、サイゴン（現ホーチミン）を首都とする南ベトナムに分断された。東アジアにおける共産主義を恐れたアメリカは、反共の砦としての南ベトナム政権に近づき、物資や資金、それに軍事の面でも全面的な支援を行うようになる。これに対し、北ベトナムのベトナム共産党政府は、南のジェム政権下での平和的統一をあきらめ武力闘争を決意、1960年には南領内のジャングルで共産党を中心に南ベトナム解放戦線が結成、ゲリラ戦で南の政権に挑むようになった。

　これが第2次インドシナ戦争、一般的にはベトナム戦争として知られるが、アメリカにとってまさに泥沼にはまる感じとなった。ベトナムへの介入は、大義名分のない内政干渉として国際的に批判され、戦争が長引くにつれアメリカ国内でも反戦機運が高まった。そして何より、ゲリラ中心の解放戦線の勢力は日に日に拡大し、資金や人命などアメリカの被害・犠牲は莫大なものとなった。業を煮やしたアメリカは、64年に北爆と呼ばれる北ベトナム爆撃に出るが、68年にはサイゴンでベトナムの旧正月テトに反撃を受けてしまう。南ベトナム政権が度重なる失態で当事者能力を失ったとの判断もあって、アメリカは北爆停止とパリ平和条約開催に踏み切り、1972年にはベトナムからの撤退を果たした。

　アメリカ撤退後も、南ベトナムのサイゴン政府と解放戦線・北ベトナム人民軍との戦闘は続いたが、アメリカ抜きでは勝負は明らとなり、北側の総攻撃に1975年4月30日ついにサイゴンは陥落し、第2次インドシナ戦争は終了した。翌76年

7月に南北両ベトナムは統一し、ベトナム社会主義共和国（以下ではベトナム）が誕生した。ベトナムは、西側諸国とも国交を樹立または回復したが、戦争のしこりが残ったアメリカとは断交状態が続いた。また、統一といっても、実質的には北による南の吸収であり、以降旧南の高官や資本家層は辛い状況を強いられることになる。迫害を恐れた人々は、アメリカやフランスへ逃れるが、こうした越僑（ベトキウ）は現在推定で約200万人となっている。

南北統一後の1976年末の共産党第4回大会において、1995年までの20年間を社会主義への過渡期と位置付けた上で、社会主義工業化を基本とする1976年から始まる第2次5か年計画を採択した。これにより、市場経済体制だった旧南の資本や企業など私有財産は国に没収され、製造業を中心とした生産部門はすべて国有・公有化され、農業や商業は大部分が集団化されることになる。経済活動や生産計画は、すべて共産党主導のもと政府から各部門に指令されるが、鉄鋼、化学、機械、エネルギーなど重化学工業の発展が重視され、資金は大型プロジェクトに重点的に割り当てられた。そうした資金や生産設備、技術などは、社会主義の同盟国となったソ連・東欧諸国からの援助で賄われることになる。

このように希望に満ちた南北統一後の門出であったが、その後は厳しい現実に直面してしまう。第1に、長年にわたる戦争で国のすべてが破壊されてしまい、経済発展に必要な道路や橋でさえまともに使えるものはなく、ゼロはおろかマイナスからのスタートを強いられてしまったことである。戦争は、生産施設だけではなく、経済活動に必要な中堅以上の人材育成も阻んでしまった。第2には、ベトナム戦争のしこりにより、アメリカから経済制裁を受けたことである。これに対し他の東・東南アジア諸国は、アメリカ市場への輸出拡大により経済成長を加速した。第3には、中国でもそうだったように、政府が管理する社会主義体制は効率的に機能せず、生産停滞と経済混乱を招いてしまったことである。

ベトナムの経済悪化を決定的にしたのは、1978年12月のカンボジア侵攻である。当時のカンボジアは、クメール・ルージュのポル・ポトによる圧政下で、虐殺による犠牲者が200万人にも達したと言われる。親越派のヘンサムリンの要請により、ベトナム軍は首都プノンペンを制圧しポル・ポトを奥地に追いやるが、理由はどうあれ他国への侵攻により国際社会の大きな非難を浴び、ベトナムは孤立状態に陥ってしまう。中国からは懲らしめの中越戦争を仕掛けられ、ベトナム戦争

時には好意的だったアメリカ以外の欧米先進国も、ODAなどの対ベトナム援助をすべて停止してしまう。ベトナム軍のカンボジア駐留は10年間もの長期に及んでしまい、経済制裁による痛手は莫大なものとなってしまった。

　ソ連や東欧の支援にもかかわらず、1979年から80年にかけて製造業は壊滅状態に陥り、集団化された農業についても、2％程度の人口の伸びを下回る伸びしか示さなかった。こうした中、経済の行き詰まりを痛感したベトナム共産党は、ある実験を密かに始めた。その実験とは、79年から商都ホーチミンに近い南部の農村において、集団所有の農地を農民に貸し付け、生産された作物を自由に売買させたこと、つまり市場経済の試行である。集団化に強く抵抗した南部の農民だけに、生産意欲を刺激されて生産量を大きく伸ばすという結果を出した。この実験を担当したグェン・バン・リンやボー・バン・キエトなど南部解放戦線出身で後の共産党最高幹部は、市場経済化が機能するという結論に至った。

　ベトナム共産党は、1986年12月の第6回党大会において、ドイモイを国家目標に掲げた。ドイモイとは、この項の冒頭で紹介したように、元来は刷新を意味するベトナム語であるが、転じて古い体質から脱却し、新しい思考・手法を採用する意味で用いられるようになった。前者の脱却は中央集権的な計画経済であり、後者の採用は資本主義諸制度や市場経済手法であり、共産党指導下の社会主義統治体制下で市場経済下が進められることになった。また、中国の改革・開放が積極的な外資導入を目指したのに対し、ベトナムのドイモイは、来る者は拒まず必要なら利用するという基本姿勢で、外資との間で考え方に行き違いを起こすこともある。

　ドイモイ転換を契機に、国営（後に国有）部門の他に、民間企業や個人営業の活動も認められるようになり、市場経済を経験した商都ホーチミンを中心に、新規ビジネス参入の私企業の数が急増する。また、1987年には外資法を制定し、施行された翌88年から外国企業の進出が始まった。経済改革の面では、数々の克服すべき課題が指摘されたが、当初は価格メカニズムが中心となった。社会主義経済では、食糧など生活必需品は政策的に低価格に抑えられたため、市場価格への移行に伴い物価が急上昇し、これに便乗値上げや悪徳商法なども加わり、86年から88年にかけて年率数百％から千％にも達する猛烈なインフレに見舞われてしまった。89年になってようやくインフレは鎮静化の兆しを見せる。

ドイモイの効果は、農業分野からまず現れた。農業集団化が1988年に放棄され、個人経営農家への請負制へ転換して以降、農業生産は飛躍的に高まる。この制度は、一定生産量を税として政府に納入すれば、余剰生産分の自由な処分を許すもので、ドイモイ転換前の南における実験がモデルになった。ベトナムは、基本的に農業国でありながら、計画経済期には主食のコメさえ輸入に依存するほど低い生産性に悩んでいた。請負制生産のインパクトは大きく、89年にはコメの輸入国から輸出国へと転じ、いまやタイ、アメリカと並ぶ世界3大コメ輸出国となった。コメ以外にも、コーヒーや野菜、果実など商品作物の生産も順調に拡大し、特にコーヒーは外貨獲得商品として注目されている。

　外資法を制定し、窓口行政機関ＳＣＣＩ（後に計画投資省へ再編）を創設するなど、ベトナムの外資受け入れ体制は一応整った。しかし、カンボジア問題が未解決だったこと、ドイモイの国際的な評価が定まらなかったこと、さらにアメリカへの遠慮もあって、日本や西欧諸国は当初ベトナムへ進出を躊躇した。これに対し、台湾、香港、シンガポールのアジアＮＩＥｓ勢、インドシナの盟主を自認するタイの動きは速く、低賃金かつ豊富な労働力を有するベトナムに、自国で優位を失いつつあった繊維縫製や雑貨などの生産拠点を移転する動きを加速した。自ら外資受け入れを経験した台湾は、ホーチミン郊外のタントゥアンに、輸出加工区（ＥＰＺ）を建設する主体となった。

　経済改革は、世界銀行やアジア開発銀行のアドバイザーを受け入れ、マクロ・ミクロの両面で進められた。マクロ面では、インフレ抑制、通貨ドンの下落防止、国立銀行から商業銀行機能の分離、金利メカニズムの機能化などに取り組み、ミクロ面では、消費に見合う生産体制を築くとともに、商品が最終消費者に正しくかつ効率的に届けられる輸送や物流システムの構築に重点が置かれた。社会主義計画時代から赤字垂れ流しの国営企業には、企業活動の政府からの自立を促し、経営者や工場長には経営自主権を与え、業績に責任を持たせる制度へと変更した。ドイモイ以降の5か年計画は、政府がマクロ目標や将来ビジョンを示し、企業の自主的経済活動により達成を目指す緩やかかつ間接的なものとなった。

　市場価格への移行や金融制度の整備などマクロ・ベースの改革にある程度目処をつけ、カンボジア問題が1991年までに完全決着して障害がなくなると、ドイモイに対する国際評価も高まり、翌92年から外国企業の直接投資が急増し、ベトナ

ムは高度経済成長局面に入った。投資の内容も、周辺諸国からの繊維や雑貨など軽工業から、日本や西欧、さらに韓国の企業による化学、電機・電子、家電、機械、金属など、重工業の大型投資も増加し、それらの投資需要や生産活動がベトナム国内経済を刺激するようになる。また、新興市場の情報を収集すべく、金融やサービスの事務所での外資進出も殺到するようになり、商都ホーチミンでは、不足するホテルやオフィースビルなどの建設もブームとなった。

　90年代に入ってからのベトナム経済は、90年から97年までの実質成長率はそれぞれ5.1％、6.0％、8.6％、8.1％、8.8％、9.5％、9.3％、8.1％と、カンボジア問題が解決し外資が急増した92年以降は、年率8％以上の高度成長を達成している。さらに目をひくのが物価上昇率で、同73.9％、67.4％、17.5％、5.2％、14.4％、12.7％、4.5％、3.6％と、中東湾岸危機の影響から脱した92年以降、インフレの鎮静化と物価安定を達成したことである。インフレ抑制は、経済活動に好影響をもたらすとともに、社会的な不安や混乱をも除去した。安定・安心のイメージから、外国人観光客が多数押し寄せるようになり、それがホテルや飲食など観光関連サービス産業への需要高まりと外貨収入の増加にも寄与するようになる。

　ベトナムの街は、もとより通りや市場が人で賑わっていたが、ドイモイ以前には不足した食糧などの消費物資が、ドイモイ以降は市場や商店に豊富に出回るようになった。また、首都ハノイや商都ホーチミンでは、朝夕の混雑時などを中心にオートバイが1日中洪水のように走り回るようになった。その数たるや、道路を横切るのにも苦労するほどで、1人当たり所得300ドル水準のベトナム庶民の足として定着した。オートバイの新車が2,500ドルということを考えれば、飛ぶように売れることには疑問が感じられるが、副業など統計には現れない豊かさがあると地元の人々は語る。一般消費生活においても、冷蔵庫や洗濯機などのシロモノ家電、テレビやラジカセなどオーディオ機器の普及率が向上している。

　ドイモイ当初は、旧ソ連からの援助が停止したこともあって、戦争で破壊されたインフラ施設は修復されずに放置されていた。首都ハノイと貿易港ハイフォンとの交通を例にとれば、国道5号線は道路と呼べないほどデコボコで、途中数か所の橋は壊れて渡れない状態であった。こうした状況では、企業の生産活動は阻害されるため、インフラの再建が急務となっていた。そうした時にカンボジア問題が解決し、停止されていた日本のＯＤＡが1992年に再開された。年間数百億円

規模の日本の円借款は、遅れたベトナムのインフラ整備に重点的に供与され、前出の国道5号線、首都ハノイと商都ホーチミンの南北を結ぶ国道2号線などの交通網、発電所の修繕や建設などが急速に進められるようになった。

　ベトナム外交にとって、最大の懸案はアメリカとの関係改善であった。ベトナム戦争自体、アメリカが介入したものとはいえ、多くのアメリカ兵士が犠牲となって遺族の感情的しこりが残り、選挙対策からアメリカ歴代政権は関係改善に大きく踏み込めなかった。1994年2月に経済封鎖が解除され、96年には国交を回復するが、発展途上国のからの輸入に対する最恵国待遇（MFN）は見送られた。このため、ドイモイ以降ベトナム最大の輸出品となった衣料・方製品は、世界最大のアメリカ市場で中国やインドネシア製品に対抗できず、EUが最大の輸出市場となっている。しかし、アメリカの対越MFN適用は時間の問題であり、ベトナムの輸出拡大に大きなインパクトとなることが期待される。

　もう1つの外交的得点は、1995年のASEAN加盟である。ASEANは、反共・防共の目的で結成されたが、ドイモイによって市場経済化したベトナムを友好国と認めるようになったものである。ASEAN自体、急激な経済成長によって国際社会における存在感と発言力を強めつつあり、そのメンバーに加わることは、外交・経済の両面で力を増しプラスの効果を発揮することになる。また、中越戦争によって悪化した中国については、西沙諸島の領有権問題は残すものの、カンボジア問題解決直後の1991年末に国交正常化し、両国国境地帯における貿易などで経済交流を中心に関係を改善させている。

　認可ベースでは91年以降、実行ベースでは92年以降本格化した外国企業のベトナム投資であるが、数々の問題点が指摘されてきた。ハード面では、道路、港湾、電力、通信などインフラの未整備である。とりわけ、旧南のホーチミン近郊では、政策的に発電所は建設されず、旧ソ連の援助による北部ホアビン水力発電所からの送電に頼っていた。このため、停電は日常茶飯事で、とりわけ電機や半導体などの製造工場では大きな障害となっていた。また、運輸・通信では、道路の未整備、港湾の処理能力不足や非効率、国際通信回線の不足などが深刻であったが、ハード面でのインフラは、再開されたODAで急速に整備が進められており、95年以降これらに関する大きな苦情は聞かれなくなった。

　深刻なのは、ソフト面の問題である。市場経済化を進めるというドイモイの精

神は理解していても、ベトナム共産党の幹部から地方の行政官に至るまで、長年染み込んだ社会主義の発想から容易には抜け出せず、投資認可や操業後の各種手続きにおいて、手続きが複雑かつ処理が遅れることが、外国企業からは最大の問題点と指摘される。こうした状況は、官僚形式主義（レッドテープ）と呼ばれるが、権威を振りかざしているというよりも、動きの速さに追いつけないのが実情である。また、石油精製所の建設に関して、産油地の南部を主張したフランス資本に対し、地域振興の観点から中部地区を譲らなかったように、市場経済に対する理解も不足している。精油所建設の大型案件は、結局ロシアとの間で合意した。

　外資政策に不慣れなことは、他にもいくつかの例が見られる。新興市場として期待のかかる自動車では、将来的には年間数十万台の販売が見込めても、当分は2万台が上限と見られていた。こうした状況から、認可は4社に限定との既定方針が関係筋から示唆されていたが、94年には方針変更が生じたようで、米国ビッグ・スリーや日本最大のトヨタを含む計14社に認可が与えられた。4社目となる日系メーカーは、約束が違うとの不満をもらすほどであった。ベトナム国内市場向け生産を行う外資企業は、外貨事情の悪さによる厳しい輸入管理や、長い国境線による中国からの密輸品の大量流入を含み、一貫しないベトナム政府の外資政策に振り回されるが、慣れるまでは我慢を強いられることになる。

　ベトナム経済にとって、最大の課題はやはり中国と同じ国有・公営部門の改革、とりわけ赤字を垂れ流す国有（92年の憲法改正以前は国営）企業である。製造業を中心に、ドイモイ以前のベトナムには、1万2,000社もの国営企業が存在した。これらのうち、約半数は遊休状態で、残りの半分はほぼ赤字状態だった。国営企業は経営自主権がない上に、生産設備と技術・管理は欧米水準から程遠く遅れたものであった。西側世界と交流を閉ざしたこと自体、国営企業にとっては自らの責任というより、厳しい外部環境として作用した。国営企業の改革は、ドイモイの最大のヤマとも言えるが、長年の赤字体質からの脱却は容易ではなく、高度経済成長の90年代においても改革は緩やかなものにとどまった。

　最初の改革は、遊休状態にあった半数の整理で、90年代半ばまでに企業数は6,000社まで減少した。しかし、国有企業には共産党、地方政府、さらには軍などの利権も絡み、職を失う可能性の高い従業員の抵抗も激しく、不採算・非効率だとしても整理・統合は簡単には進まない。それでも、外国の支援なども得ていく

つかのプランが実行に移された。92年憲法でドイモイが正式に規定されたのを機に、国営企業から国有企業へと呼び方を正式に変更した。国は所有者であるとの立場を明確にし、企業には自主経営を促すとともに、国有企業の株式会社化も開始した。とはいえ、97年までわずか30社足らずしか達成されず、97年に就任した改革派のカイ首相は、業を煮やして加速するよう大号令をかけた。

表8-4　ベトナムの外国投資受け入れ推移（認可ベース）

(単位：100万米ドル)

年	総件数	総額	日本	台湾	香港	韓国	アメリカ
1988	17	147.3			10.0		
1989	40	363.6	83.0	1.0	44.0		
1990	69	512.3	1.9	108.5	53.3	13.0	
1991	130	1146.7	12.9	484.0	181.4	40.7	
1992	193	1926.1	220.7	529.5	219.2	107.4	2.7
1993	261	2615.4	76.2	403.6	402.1	371.2	0.7
1994	340	3721.4	332.6	365.4	546.9	268.5	221.6
1995	367	6524.3	1129.9	1148.9	103.6	565.3	556.9
1996	325	8497.3	591.3	783.2	1258.4	826.3	729.7
1997	417	4737.3	657.3	275.1	239.1	717.8	251.2
1998	228	3657.6	108.0	224.0	206.9	9.0	58.3
1999	308	1566.8	62.1	173.0	41.4	173.6	119.2

(出所) 日本貿易振興会（ジェトロ）ホーチミン事務所

　カイ首相の号令に合わせ、98年に120社が株式会社化され、99年以降も順調なペースで進められている。90年代初めに浮上した証券取引所設立構想は、当初予定の5年遅れで2000年半ば商都ホーチミンにオープンした。建物や機材などハードは簡単に揃っても、上場取引銘柄がなかったからである。開設時の上場銘柄は、株式会社化した国有企業2社のみであったが、ほぼ同時期に実現した30％を上限とする国有企業の外資への持分売却とともに、将来に向けた確かな一歩となった。なお、ドイモイ以降製造業においてシェアーを落としていた国有企業は、90年の32％を底に95年には42％へと上昇し、さらに上昇傾向にある。ドイモイ当初の爆発的なブームが去ると、資本蓄積のない地場民間資本は次第に苦戦を強いられるようになったものである。問題を抱えるとはいえ、ベトナムにおいては国有企

業に長があり、改革された国有企業を前面に出すのが現実的な選択だと思われる。

　97年7月にタイ・バーツ暴落でアジア通貨危機が発生し、資本取引を開放していないベトナムは、直接的には危機に巻き込まれなかったが、2つの面から影響を受けた。1つには、周辺東南アジア諸国通貨下落により、農産品や繊維縫製品など主要輸出品で競合するベトナムの輸出競争力が低下したことである。もう1つには、外資受け入れの約6割を占める周辺アジア諸国の経済不況は、投資激減につながったことである。とりわけ、ＩＭＦ管理下で厳しいリストラを余儀なくされた韓国大手財閥が、家電、半導体、自動車、不動産開発など大型投資を引き揚げたことが響いた。好調だったベトナム経済にも減速感が漂い、8％台を維持していた成長率は98年に5.8％、99年には4.8％へと低下し、1ドル＝11,000ドン台で安定していた通貨ドンも、売り圧力から1ドル＝14,000ドンまで下落した。

　もっとも、97年以降の投資激減はそれ以外の要因もある。人口8,000万近くとはいえ、1人当たり所得が400ドルに満たない小さな国内市場では、先に触れた自動車のように投資が集中すればすぐに飽和してしまう。輸出は、現在の生産や技術の水準では、繊維・縫製、草履など豊富な労働力を利用する一部業種に限られる。投資減少が一時的なものか長期的なものか、対外要因か国内要因なのか、ベトナム共産党は基本的にそれぞれ前者の立場であるが、新興市場と注目されて強気一辺倒だった時代に比べ、危機感が強くなっているのも確かである。カイ首相は、日本企業との懇談の場に自ら出かけ、出された要望のいくつかは迅速に改善されたという。こうした姿勢は成果に結びつくことが期待され、2000年に回復に転じた経済とともに、投資受け入れ動向が今後どう推移するのか注目される。

　国有企業の改革以外に、今後の注目点が2つあると思われる。1つは、ＧＤＰの1割に相当する20億ドルの米ドル紙幣である。戦争が長く続いた経緯もあり、5大国有銀行を中心とする金融制度は、基本的に人々から信頼されていない。これらを銀行制度に取り込めば、貯蓄不足は解消され巨額投資の多くは国内貯蓄で賄えるようになる。ベトナムについても、不良債権処理など金融改革が鍵となる。もう1つには、越僑の帰還である。旧南から逃げ出した越僑は、現在でも共産党政権に不信感を抱いているが、アメリカに渡った越僑には成功した資本家も多い。祖国のために投資する意欲を引き出すことが重要となるが、ドイモイによる改革が本物で、後戻りすることがないと確信させることが鍵となろう。

第9章　東アジアの産業構造および主要企業

1　東アジアの産業構造

　第4章から第8章まで、本書が対象とする主要8か国・2地域を個別に取り上げた。言い換えれば、東アジアを縦の視点から見てきた。ここからは、東アジア全体を対象とするいくつかの重要なテーマについて、東アジアを横の視点から見てゆくことにしたい。縦と横を有機的に組み合わせることによって、東アジアへの理解が深まることになろう。その重要なテーマであるが、ここでは、産業、企業、経営、地域関係の4つを取り上げ、まとめと展望で締めくくることにしたい。もちろん、重要なテーマについては、切り口によってはこれ以外にも数十、数百も考えられ、何故この4テーマなのかといえば、経済を中心とする東アジア入門論では、最も適切と筆者なりの考えで選んだものである。

　横のトップとして登場した産業であるが、産業という用語は、日常よく使用される割には、意味を理解した上で使用されているかは疑問である。英語ではインダストリーとなるが、インダストリーには勤勉という意味もある。漢文式に読めば、業を産むとなるが、その業にもいくつもの意味がある。専門的な産業論に進む場合はともかく、業を生活の糧に置き換え、生活の糧を産み出すと読めば産業を理解しやすくなる。生活の糧とは、経済学的には付加価値となる。本書でもしばしば紹介した各国・地域の経済成長率は、年間の付加価値総額を、物価上昇分を調整して前年と比較して算出するものである。個人、企業、国にとって重要な付加価値を産み出す産業は、活動の性格により分類して考えられる。

　東アジアの産業に入る前に、簡単に産業分類を見ることにしたい。産業分類には数々の方法があるが、よく使用されるのが第1次、第2次、第3次の産業三分方と、製造業・非製造業の分類法である。こうした分類は、生産物が何であるか、どのような方法で産み出されるのかに注目したものである。また、成長産業、成

熟産業、斜陽産業といった成長サイクルに基づく分類、内需型産業、輸出産業といった販売市場に基づく分類、先端技術（ハイテク）産業、生活支援産業、社会資本関連産業など特徴や性格による区分もある。国際的に産業分類は必ずしも統一されていないが、東アジアの産業構造を考える場合、日本の公式法である「日本標準産業分類」に基づいた産業分類をあてはめることができる。

表9－1　代表的な産業分類法

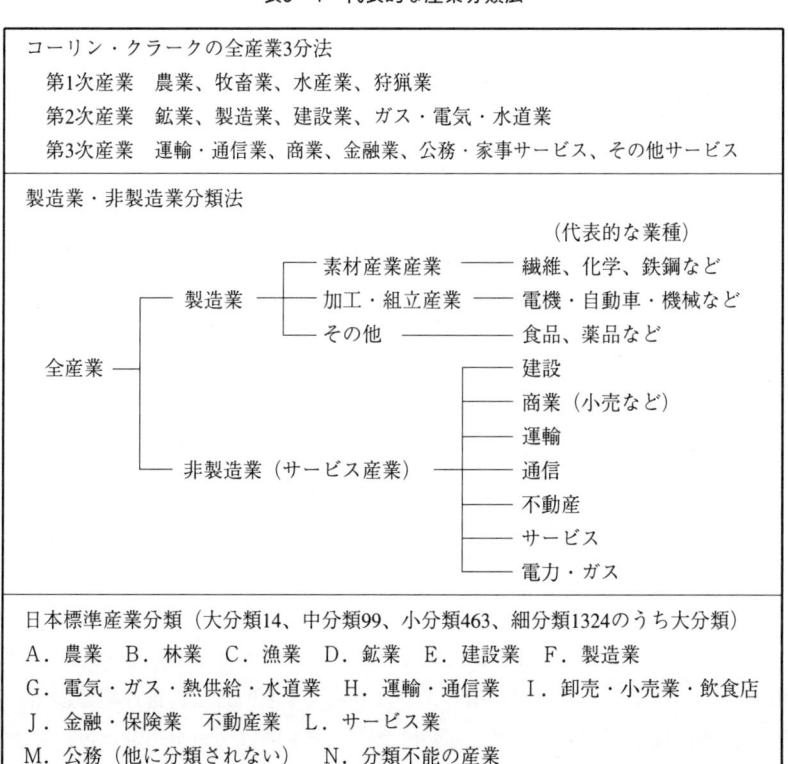

```
コーリン・クラークの全産業3分法
    第1次産業　農業、牧畜業、水産業、狩猟業
    第2次産業　鉱業、製造業、建設業、ガス・電気・水道業
    第3次産業　運輸・通信業、商業、金融業、公務・家事サービス、その他サービス
```

```
製造業・非製造業分類法
                                    （代表的な業種）
                  ┌ 素材産業産業 ──── 繊維、化学、鉄鋼など
           製造業 ┼ 加工・組立産業 ── 電機・自動車・機械など
                  └ その他 ──────── 食品、薬品など
全産業 ┤
                  ┌ 建設
                  ├ 商業（小売など）
                  ├ 運輸
           非製造業（サービス産業） ┤ 通信
                  ├ 不動産
                  ├ サービス
                  └ 電力・ガス
```

```
日本標準産業分類（大分類14、中分類99、小分類463、細分類1324のうち大分類）
A．農業　B．林業　C．漁業　D．鉱業　E．建設業　F．製造業
G．電気・ガス・熱供給・水道業　H．運輸・通信業　I．卸売・小売業・飲食店
J．金融・保険業　不動産業　L．サービス業
M．公務（他に分類されない）　N．分類不能の産業
```

（出所）日本証券アナリスト協会などの資料から筆者作成

さて、ここからは東アジアの産業構造を考える。多様な地域の東アジアであるだけに、地域としての産業構造の特徴をまとめることは難しいが、ミラクルと賞賛された各国・地域の高度成長、構造問題を指摘されたアジア通貨危機などを見

てきた過程で、いくつかの重要な点やキーワードが浮かび上がる。以下、この章の前半部分ではそうした重要な点から東アジアの産業構造を考え、その上で後半部分では東アジアの主要産業を紹介することにしたい。東アジアに限らず、国全体の経済発展や人々の生活水準向上は、産業が起こり発展することの貢献が大きい。そうした意味で、各国政府とも自国の産業動向には細心の注意を払い、他国に遅れていると判断すれば、自国産業の保護・育成を図ることになる。

　土地の狭い香港とシンガポールを除き、東アジア各国とも農業部門を有している。というより、農業から産業発展が始まった。古い時代の農業は、自家・親類や近隣地域の食糧供給の役割を担うものだったが、陸海の輸送網が発達するにつれ、また後に紹介するように、華人が仲買人（ミドルマン）となり、流通を握って商圏を拡大するなど、東南アジア各国では国内への供給はもちろん、輸出品として海外にも市場を拡大するようになる。土地の比較的狭い韓国と台湾、それに人口の多い中国では、基本的に農業は国内・域内の食糧供給産業で、輸出産業としての特色は薄い。なお、東南アジアの大部分ではコメが主食であり、籾換算のコメ生産高が農業に関する重要な指標としてしばしば引用される。

　先に紹介した産業三分法を使い、経済発展に伴って労働力構成比が第1次産業から第2次産業へ、第2次産業から第3次産業へと移動していく「ペティーの法則」が立証されているが、東アジアの高度成長期においても、第1次産業から第2次産業への顕著な労働力移動が見られた。農村の余剰労働力が大都市およびその周辺部に移動し、繊維や雑貨など軽工業部門、建設部門など第2次産業の労働力として吸収された。農村は、都市部に食糧の安定供給を続ける一方、軽工業生産品の主要な購買層となった。従って、農村所得が多いほど製造業の発展には有利に作用することになる。1950年代初めまでに農地改革を断行し、自作農を創出した韓国と台湾に対し、東南アジアとりわけフィリピンでは大地主の強い抵抗によって、農地改革は延々と進まなかったことは注目しなければならない。

　農業1次産品は、第2次世界大戦後の独立から長期にわたり、東南アジア諸国の主要輸出品となって外貨収入を稼いだ。こうして稼いだ外貨は、車や家電など耐久消費財などの輸入代金に充当されることになる。インドネシアの石油やマレーシアのスズなど鉱業・エネルギーも含め、ＡＳＥＡＮ各国とも全輸出の70％を占める特定の輸出品があり、こうした特定輸出品への過度の依存は、1980年代前

半の1次産品価格暴落で弱みとなって露呈してしまうが、これを契機に輸出志向の工業化に目覚める。これに対し、農業や鉱物資源に恵まれないアジアＮＩＥｓ4は、早期に輸入代替工業化から輸出志向工業化への転換を果たし、あるいは輸入代替を経ずに輸出志向の工業化へと踏み出すことになる。

　農業は、人間生活にとって必要不可欠な産業であるが、数々の困難に直面している。まず、農業1次産品価格は、国際市況商品で世界経済や天候などの自然条件に大きく影響されるため、農民の収入が安定しないことである。次に、タイ、インドネシア、中国において顕著であるが、農業が外国直接投資主導の経済発展の恩恵を受けにくく、農業対非農業、製造業やサービス業主体の大都市部と農業が主体の地方との間で、所得格差を拡大させていることである。各国政府とも農業・農村の開発や振興を重視するが、基本的には農業産品の高付加価値化と産業の地方立地が重点施策となる。高度成長期には農業軽視の姿勢も見られたが、輸出や雇用でアジア通貨危機の影響を和らげた農業の貢献は大きい。

　東アジアにおける農業を中心とする第1次産業は、表9－2に見られるように、もとより農業のない香港とシンガポールを除き、対ＧＤＰシェアーでも雇用者の比率でも、年々縮小傾向となっている。急激な工業化を果たした韓国と台湾では、90年代までに対ＧＤＰシェアーでは5％以下に、雇用者の比率は10％以下に低下し、現在日本とほぼ同水準となっている。東南アジア各国でも、投資ブームとなった80年代から第1次産業のシェアー低下は顕著化し、農業国タイでも対ＧＤＰ比の第1次産業は10％以下に低下している。しかし、各国とも雇用者の比率の低下はそれに比べて緩やかで、ここからも東南アジアにおける農業対非農業の所得格差が拡大していることをうかがわせている。

　農業の次は、製造業が発展する。業種により差はあるが、製造業は総じて雇用吸収力が大きく、仕入れや販売など他の産業への波及効果も大きく、輸出によって外貨を稼げるため、東アジア各国・地域の政府は、製造業の発展を重視するようになる。レッセ・フェールの香港を除けば、政府主導の産業保護・育成政策が強力に推進される。この点については、第11章の政府の役割で見ることにする。製造業発展の初期段階においては、各国・地域とも投下資本が少なく、豊富かつ低賃金労働力を利用でき、価格競争力を発揮できる縫製・アパレル産業が、50年代初期の香港を皮切りに、アジアＮＩＥｓで起こる。域内市場の小さい香港や台

湾では、製品は欧米、とりわけアメリカをめがけて輸出される。

表9-2 東アジアのセクター別GDPシェアーおよび労働力構成比の推移

(単位:%)

	第1次産業			第2次産業			第3次産業		
	1965	1980	1997	1965	1980	1997	1965	1980	1997
韓 国	38	15	6	25(18)	40(28)	43(26)	37	45	51
	56	36	12	14	27	27(19)	30	37	61
台 湾	27	9	3	29(20)	45(34)	35(28)	44	46	62
	47	20	10	22	42	38(28)	31	38	42
香 港	2	1	0	40(24)	32(24)	15(7)	58	67	84
	6	2	0	53	51	25(14)	41	47	75
シンガポール	3	1	0	24(15)	38(29)	36(26)	73	61	64
	5	2	0	27	38	29(22)	68	61	71
タ イ	35	23	11	23(14)	29(22)	40(29)	42	48	50
	82	70	50	5	10	20(13)	13	20	30
マレーシア	30	22	13	24(10)	38(21)	46(34)	45	40	41
	59	42	17	13	19	34(23)	28	39	49
インドネシア	59	24	16	12(8)	42(13)	42(25)	29	34	41
	71	57	41	9	13	19(13)	20	30	40
フィリピン	26	25	20	28(20)	39(26)	32(22)	46	36	48
	58	52	40	16	16	17(10)	26	33	43
中 国	39	30	20	38(NA)	49(41)	51(40)	23	21	29
	NA	69	47	NA	19	20(14)	NA	12	33
ベトナム	NA	NA	27	NA(NA)	NA(NA)	31(NA)	NA	NA	42
	79	68	67	6	12	10(9)	15	21	23

注) 上段はGDP、下段は雇用、第2次産業のカッコ内はうち製造業で、GDP全欄と雇用のむ97年欄で表示

(出所)「World Development Report」World Bank 各年版

　繊維産業は、東アジアの製造業の発展、言い換えれば工業化の段階を見る上で、重要な目安となる。50年代の香港に始まり、60年代までに韓国や台湾のアジアNIEs勢が、70年代になるとタイやインドネシアなどASEANも競争に参入する。労働力の豊富なASEANの台頭により、80年代に入るとアジアNIEsは構造調整を迫られることになる。

香港や台湾は縫製拠点を中国へ移転し、韓国は独自のブランド創出などで他との差別化を図るが、国内・域内における役割は相対的に低下する。90年代になると、社会主義経済から市場経済へと転じた中国とベトナムが、先に発展したＡＳＥＡＮより低い賃金を武器に台頭した。現在中国は世界最大のアパレル生産国で、年間80億着以上の生産を誇る。

　繊維は、東アジア各国・地域の主要輸出品となり、台湾とシンガポールを除けば、現在も主要輸出品の地位を保ち、外貨獲得に貢献している。繊維で蓄積された資本や生産技術、輸出で稼いだ外貨は、次の段階の製造業へと再投資されるが、この段階で各国により差が出る。土地の狭い香港では、玩具、時計、プラスチックなど軽工業が引き続き中心となるが、韓国や台湾では、紡織・化学繊維など繊維川上産業、セメント、鉄鋼、石油化学などの素材産業、オートバイ、自動車、家電などの耐久消費財、機械や造船などの重工業、電機・電子、薬品など技術集約・ハイテク産業と、ほぼすべての種類の製造業が出現し、70年代から80年代にかけて、対ＧＤＰ比での製造業のシェアーは急上昇する。

　ＡＳＥＡＮ４では、安定した主要１次産品の輸出への依存により、アジアＮＩＥｓほど急速ではなかったが、自動車や家電など耐久消費財における輸入代替、食品加工業やアパレルなどの軽工業品での輸出競争への参入と、独立から70年代末まで着実に製造業の発展、工業化を進めてきた。しかし、本格的工業化の契機となったのは、80年代前半の国際的な１次産品市況の悪化である。主要輸出品市況の暴落が国内経済をも直撃し、これに懲りたＡＳＥＡＮ各国の政府は、80年代後半から輸出の多角化、とりわけ製造品の輸出拡大を志向するようになる。ちょうどその折、1985年９月のプラザ合意以降の円高・ドル安から、日本企業がタイやインドネシアに輸出生産拠点を求めて大挙進出し、政治混乱からやや遅れたフィリピンを除き、ＡＳＥＡＮ各国は80年代後半から輸出志向の工業化が加速する。

　アジアＮＩＥｓ４、ＡＳＥＡＮ４の工業化の歴史を簡単に振り返ったが、工業化加速の鍵となったのは、輸出の拡大である。国内・域内市場の小さいアジアＮＩＥｓはもちろんのこと、6,000万のタイ、2億のインドネシア、12億の中国でも、国内には大きな所得格差があり、製造品を購入できる所得層は限られる。生産規模の維持・拡大のため、勢い海外に市場を求めるようになる。先に見た香港のアパレル産業では、従業員10人程度の零細工場が、アメリカから一度に1,000万枚

単位のシャツの注文を受け、短期間で縫製を終えて輸出したという逸話も残っている。また、韓国では、自動車の輸出台数が国内販売台数をほぼ一貫して上回っているように、多くの産業で国内需要を上回る生産を行い、アメリカなど既存の大市場をはじめ、東欧やアフリカなど新規市場にも積極的に売り込んでいる。

こうした状況は、各国・地域の経済指標にも顕著に表れている。1998年の財・サービスを合わせた対GDP比貿易つまり貿易依存度は、最も小さい中国で35％程度、最大のシンガポールと香港では250％にも達する。表9－3のシンガポールの数値は財のみであるが、サービスまで含めると265％となる。他の国・地域でも、経済規模拡大に伴い低下傾向は見られるが、貿易依存度は80～200％、輸出では50～100％に達する。ちなみに日本は、貿易依存度20％強、輸出は11％程度であるが、これでも輸出主導型だと国際的に批判を受ける。輸出に過度に依存することは、アメリカなど主要輸出市場の動向に影響されるとともに、政治・外交問題にも発展しかねない。実際、対米黒字傾向が続いた韓国と台湾は、1986年から87年にかけて、輸出競争力を殺がれる通貨切り上げを余儀なくされた。

表9-3　東アジアのGDPに占める対外取引比率

(単位：％)

国・地域／年	1970	1980	1990	1998
韓　国	37.6 (14.0)	75.5 (34.0)	60.0 (29.8)	84.5 (48.7)
台　湾	59.5 (29.7)	110.0 (53.8)	89.9 (47.7)	94.5 (47.8)
香　港	182.6 (95.7)	201.4 (110.6)	259.8 (134.1)	249.8 (125.1)
シンガポール②	208.6 (81.9)	369.9 (165.2)	302.0 (140.3)	253.9 (130.1)
タ　イ	34.4 (15.0)	54.5 (24.1)	75.8 (34.1)	100.6 (58.5)
マレーシア	90.5 (46.1)	112.6 (57.5)	150.6 (76.4)	188.3 ③(94.9)
インドネシア	28.7 (12.8)	52.7 (30.5)	52.5 (26.5)	93.5 (50.6)
フィリピン	38.4 (19.1)	52.0 (23.6)	60.8 (27.5)	115.6 (55.7)
中　国　②	NA (NA)	17.3 (6.0)	29.8 (16.0)	34.2 (19.4)
日　本	20.4 (10.8)	28.3 (13.7)	20.6 (10.7)	20.3 (11.1)

注）①財・サービスをあわせた貿易総額、括弧内は財・サービスの輸出　②シンガポールと中国は、財の貿易と輸出で表示　③マレーシアの1998年欄は1997年分　④統計の未整備によりベトナムは表から除外

（出所）「IFS」IMF、非加盟の台湾は台湾政府資料

韓国、台湾、香港のアジアNIEs3が概して自国・地域で興ったまたは育成した資本による輸出工業化を達成したのに対し、アジアNIEsでもシンガポールは、外資製造業主導の輸出工業化を目指した。1965年にマレーシアから独立したシンガポールは、ジュロン工業団地などインフラを整備し、首相直属のEDBが欧米先進国多国籍企業に進出を積極的に勧誘した。その結果、造船・修船、石油化学、電機・電子の3大部門を中心に、製造業が急速に発展して輸出を伸ばした。人件費高騰から中小製造業が広東省へと大量移転した香港に対し、シンガポールは競争力を失った業種の周辺地域への移転を促す一方、ハイテク業種など新規投資を勧誘し、対GDPの製造業シェアー25％程度を維持している。

　ASEAN4は、80年代後半の投資ブーム以降、輸出志向工業化が鮮明となった。円高で苦しむ日本の輸出産業、それにコスト高で競争力に陰りの出たアジアNIEs企業が、タイ、マレーシア、インドネシア、やや遅れて90年代からフィリピンの東南アジア4か国に、輸出生産拠点を求めて大量進出し、これらが本格的に稼動したことにより、輸出が急拡大したためである。輸出構成は、伝統的な1次産品から製造品へと主役が入れ替わり、製造品の内部でも、繊維、履物、雑貨など労働集約的な軽工業品から、家電製品、電機・電子、半導体など、日本の大手企業による資本集約的な製品の割合が高くなっている。マレーシアに至っては、これら製品の輸出が全体の7割近い水準に達している。

　中国は、1978年の改革・開放以降、対外依存度を急激に高めている。対外開放の窓口である広東省に進出した繊維など香港の中小製造業者は、中国に生産設備と原材料を持ち込んで、豊富な労働力により製品へと加工し、それらをアメリカなど欧米先進国市場に輸出する委託加工を普及させた。委託加工貿易による輸出と輸入との差額が、委託を受けた業者の収入、中国にとっての貿易黒字となる。東南アジアが60年代から70年代にかけて輸入代替期を経たのに対し、中国は輸入代替期を経験することなく、改革・開放当初から既に輸出志向型だったことになる。これに対し、中国の国内市場は委託加工貿易と完全に分離され、国営（後の国有）企業のために保護されたことが特徴としてあげられる。

　輸出志向産業と国内向け産業の分離は、東アジア全体の特徴でもある。著名学者や経済専門家の多くは、貿易・投資の自由化を積極的に推進したと東アジアを賞賛するが、こうした主張には誤解があり注意が必要である。積極的な自由化を

進めたのは競争力の強い輸出であって、輸入や外資参入は一貫して厳しく制限され、現在でも大きく改善されていないからである。つまり、ご都合主義である。こうした状況が許されたのも、最大の貿易取引相手であるアメリカが、ソ連との冷戦における東アジア同盟国戦略もあって、発展途上国の東アジアを寛容に扱ったためである。また、第2位の貿易相手である日本が、完成品の輸入禁止など不公正な扱いを受けながらも、改善を要求しなかったことも大きい。

　何故この点を強調するかといえば、国内産業の過保護などご都合主義は、短期的にはともかく、長期的には何らの利益とならないからである。現在東アジアで最高の製造業水準を誇る韓国や台湾の工業化初期段階では、国内消費財市場は韓国では財閥（チェボル）、台湾では公営企業や国民党系企業のために保護され、外資企業は輸出用生産拠点が輸出加工区（ＥＰＺ）で認められた。国連追放によって経済的にも国際圧力のなくなった台湾国民党政権は、過保護産業の開放を一貫して拒み続けたため、元気な中小企業によるパソコン機器など好調な輸出とは対照的に、自動車など高い関税で手厚く保護された内需型産業は、中国の直後に予定されるＷＴＯ再加盟に戦々恐々としている現状である。

　東アジアの中で先進的な韓国と台湾の輸出型製造業についても、産業構造上の問題がよく指摘される。とりわけ韓国で顕著であるが、輸出用生産にとって鍵となる重要な部品や半製品を国内で調達できず、輸入に依存していることである。ＤＲＡＭ生産量世界一かつ韓国最大の輸出品目となった半導体でも、(輸出－輸入)／(輸出＋輸入)で示される貿易特化係数は0.3台、つまり輸入が輸出の5割近くに達しており、自動車部品、工作機械、電子関連部品などでマイナス0.3～0.6と、輸入が輸出を大きく上回っている。台湾では、パソコン関連周辺機器などで大きくプラスとなっている一方、鉄鋼、非鉄金属、肥料、乗用車、光学機器など、輸出能力のない内需型産業で大きなマイナス幅を示している。

　自ら調達できない輸出用の高度な生産設備や部品・半製品は、欧米先進国からの輸入に依存せざるを得ないが、品質、納期、技術者付アフターサービスなど、あらゆる面で行き届いた日本製への依存度が高まってしまった。アジアＮＩＥｓ4の99年の貿易赤字を見ると、韓国69億ドル、台湾160億ドル、香港203億ドル、シンガポール108億ドルであるが、アジア通貨危機に陥る前の97年の韓国は115億ドルとなっていた。香港やシンガポールは、自動車や家電など耐久消費財の輸

入もあり、香港では中国絡みの委託加工生産用生産設備や原材料もあるが、韓国と台湾はつい最近まで日本製消費財には市場を開放しなかったため、対日貿易赤字そのものが輸出生産のための必要コストになったものである。

　韓国や台湾のこうした状況は、国内で調達できないというより、厳しい世界市場で競争を勝ち抜くためより優秀な部品を求めている面もあり、必ずしも深刻な構造問題と言い切れない。それでも、日本水準まで引き上げるのであれば、相応の努力が必要となる。韓国の場合、大手企業に部品を供給する中小企業の質量両面での不足が各方面から指摘されている。東アジアの中小企業問題は次の章で触れるが、こうした背景には、朴正熙以降の高度成長時に大手財閥ばかり優遇したことのツケとともに、李氏朝鮮以来の伝統である「両班（ヤンバン）の思想」が影響しているとも言われる。アジア通貨危機以降、金大中大統領が登場し、対日関係のベースを感情論からビジネス論で考える機運が高まっているため、韓国の中小企業発展を促進する日韓の経済交流が深まることが期待される。

　ＡＳＥＡＮ４は、1997年7月以降のアジア通貨危機において、産業構造の脆弱さを露呈してしまった。とりわけ、輸入や投資の参入規制により保護された産業、特定の企業やグループに独占的事業権が与えられた業種、生産施設や原材料を輸入に依存する内需型産業の中には、壊滅的な影響を被ったところも出た。さらに、不動産バブルや縁故融資により銀行など金融部門が巨額の不良債権を抱え、本来機能と対外信用を失ったことが、製造活動の足を引っ張る結果となった。というのは、通貨下落で本来なら輸出競争力の強化されるところ、銀行の対外信用低下により原材料を輸入することができず、輸出機会を逃してしまったからである。もっとも、自国で調達できないことが、そもそもの問題点である。

　ＡＳＥＡＮ各国は、世界銀行の指導で60年代にいったんは貿易・投資の自由化姿勢を見せるが、ナショナリズムが高まった70年代に完成車の輸入を禁止するなど、国内産業保護・育成の姿勢を鮮明とした。ＡＳＥＡＮ各国に完成品輸出ができなくなった家電や自動車など日本の大手企業は、国内市場を確保するため加工組立工場による進出を開始する。いったん進出すれば、部品や半製品への低い輸入関税率により、高い関税率の完成品に対して競争力を維持することができた。進出外資は、政府より部品国産化比率の引き上げを要求されるが、現地の中小企業からは要求を満たす部品を調達できず、かといって少量生産のため系列の部品

企業の進出を要求しにくいため、国産化率の上昇は緩やかなものにとどまった。

　80年代後半の投資ブーム以降は、日本、台湾、韓国などの輸出志向型の投資が押し寄せるが、それ以前に進出した輸入代替型加工組立製造拠点は、オートバイや普及型家電製品で輸出へと転じるものも出たが、各国政府が最も重視した自動車は主要部品の国産化が進まず、90年代前半までに完成車輸入禁止は解除されたものの、依然として高い関税による保護が必要で、輸出産業に転ずるには程遠いものであった。投資ブーム以降に進出した輸出志向型の外資は、基本的には生産設備や主要部品を日本の親会社から輸入し、加工組立製品を日本またはアメリカなど第三国へと輸出する戦略をとった。このため、輸出そのものは増加しても純輸出はわずかで、地元企業との産業リンケージも生まれなかった。

　好景気に沸いた80年代後半から90年代にかけて、ＡＳＥＡＮ諸国では建設や開発のラッシュとなり、鉄鋼、セメント、建設資材などへの需要も高まり、これらの産業では大型投資が次々と行われた。この頃には、外資の集中投資と人々の所得水準向上から、それ以前に整備の遅れた通信施設への需要も高まり、政府主導で民間活力を利用した数十万回線単位の電話架設巨額投資が進められた。また、大型の石油化学プラント建設案件もタイ、インドネシア、マレーシアで進められ、95年までにエチレン生産が立ち上がった。各国とも各種産業の原材料となるエチレンを重視したため、国産化されたエチレン製品は関税で保護されるが、後に経済危機に陥ったインドネシアでは、大きな損失を発生させてしまう。

　ＡＳＥＡＮ各国は、インドネシア以外での一貫製鉄所やバイオなど最先端ハイテク分野を除けば、高度成長の過程でほぼすべての業種の製造業をそろえたが、業種の特徴や産業の発達度から、通貨急落と国内需要激減を伴ったアジア通貨危機とその後の金融危機において、その影響は異なるものとなった。製造業以外では、不動産バブル崩壊により金融、不動産、建設の3業種が最大の被害を受けたが、製造業では生産設備や原材料を輸入して製品を国内に販売する自動車や大型家電など内需型産業への打撃が大きなものとなった。セメントなど国内産原材料を使い国内で販売する産業や、半導体など輸入部品を組み立てて輸出する産業はプラス・マイナスどちらともいえない影響、農産品や食品加工など国内産物を輸出する産業は、通貨下落によって競争力が強化され、地元通貨による手取り収入も増加してプラスの影響となった。こうした状況から、先進国やアジアＮＩＥｓ

に比べ優位を持つ農業を見直す機運が高まっている。

　アジア通貨危機の直接的な影響は免れたものの、中国の産業構造上も決して磐石ではない。中国は、鉄鋼、アパレル製品、オートバイ、自転車、カラーテレビなど、数々の製品で既に世界最大の生産国となっているが、主力の国有製造企業は、赤字体質や生産効率など様々な問題を抱えている。このため、内需産業には手厚い保護・育成策や厳しい外資参入規制が実施されている。その典型が自動車で、「三大・三小・二微」方針のもと、外資の新規参入は難しくなっている。東南アジアとはやや異なり、中国では技術水準や中小企業の問題は大きく取り上げられないが、中国の場合、自力更生時代に下請部門も発達させたこと、世界最大の人民解放軍による軍事技術が発達したことなどが背景として考えられる。しかし、ＷＴＯ復帰が目前に迫り、中国市場参入を虎視眈々と狙っている外資に対し、既存の国有企業が競争力を発揮できるのか、そのための強化・再編は今後必至となる。

　以上、製造業を中心に東アジアの産業構造を簡単に見たが、各国・地域とも経済発展に伴い農業から製造業へのシフトが起こり、製造業が拡大するとその中で軽工業から重工業へと重点が移り、製造業の付加価値が30％を超える水準になるとサービス業への需要が高まるという、学説どおりのパターンを示していることが分かる。金融や情報など高度なサービスが経済発展の主力となった香港やシンガポール、製造業の量的拡大が止まる一方サービス化を進めて質的向上を図る韓国と台湾、外資製造業による輸出拡大の一方中小企業や人材など産業の裾野拡大に課題を残すＡＳＥＡＮ４、外資主導の輸出拡大は順調な一方内需を握る国有企業の改革・再編に課題を残す中国、製造業の発展段階にようやく入りアパレル製品が輸出の主力品になったベトナムと、東アジア各国・地域の間でも産業構造や発展段階は様々であり、こうした現状とそれぞれの課題を把握することが重要となる。

2 東アジアの主要産業

ここからは、東アジアの主要産業を取り上げ、状況を紹介することにしたい。以下、製造業の中から繊維、自動車、電機・電子、素材の4産業、非製造業の中からサービス業を取り上げた。電機・電子には家電と半導体を含み、素材はさらに鉄鋼、セメント、石油化学に分類した。サービス業は、小売・流通、金融・銀行、不動産、観光と広い範囲で想定した。これらの産業が何故主要産業になるのか、明確な基準がある訳ではなく、読者の中には異議があるかもしれない。例えば、最も重要な食の農業、世界的なＩＴ化の流れに乗る情報技術、高度成長時代に活況を呈した建設業などがなく、斜陽産業の繊維が含まれていることなどである。

そうしたご批判は後ほどお受けするとして、これら5つを主要産業として選んだのは、東アジア全体のほぼ全域で興った産業、雇用や輸出で国民経済に貢献している産業、政府が発展・育成を重視している産業、他の産業に波及効果の大きい産業、東アジア経済の将来に鍵となるあるいはなりそうな産業、そして東アジア入門論において基礎的な知識や情報の詰まった産業、などの観点と基準から選択した。その意味では、ＩＴは取り上げるべきだったかもしれないが、シンガポールからベトナムまでばらつきが大き過ぎる上に、基礎論としては高度に専門的過ぎ、将来の方向も掴みづらいなどの理由からここでは取り上げないことにした。また別の機会があれば、取り上げることも検討したい。

（1）繊　維

最初に取り上げる繊維であるが、先の産業構造の項でも触れたように、東アジア工業化の初期段階に各国・地域にほぼ例外なく登場しており、ここでのトップ・バッターとしても相応しい。衣の繊維は、食の農業とともに人間生活の基本を成す必要不可欠の産業である。人口規模に見合った需要が見込める上に、川下のアパレルでは大きな資本と高い技術を必要とせず、多くの低コスト労働力確保が鍵となるため、東アジアに限らず失業問題を抱える発展途上国においては、ア

パレル振興が有効な雇用促進・失業対策となる。東アジアでは、新中国の成立によって中国本土から上海の紡績資本と大量の難民が流入した香港で、1950年代に川下の衣料・アパレルが始まり、台湾と韓国がそれに続いた。

これらの狭い国内・域内市場はすぐに飽和し、大きな購買力を持つ欧米市場を目指すようになった。欧米市場では、同品質でも人件費などコスト安を反映した低価格の香港、台湾、韓国製品が人気となり、自国製品を駆逐する勢いとなった。農業と同様弱小業者の多い繊維産業は、輸入国側の保護対象になりやすく、実際先進国間の繊維貿易は既に自主規制が行われていたが、東アジア製品の猛烈な輸出攻勢を目の当たりにして、欧米側は60年代から輸入割当（クォータ）を適用するようになる。1974年には、2国間クォータが国際的な多繊維取極（MFA）へと発展し、東アジアの繊維輸出主要市場であるアメリカや西欧諸国など40数か国が参加した。ちなみに、日本はこの協定には参加していない。

MFAは、現在まで4度にわたり延長され、現在もクォータ貿易が続いているが、貿易自由化を促進するWTOの精神から、現行協定の期限2004年をもって完全撤廃され、その後は自由貿易へと移行するが、クォータは輸出側に様々な影響を与えた。まず、生産能力に余裕があっても輸出を伸ばせない一方、一定量の輸出が確保できるメリットともなった。これを国・地域間の競争にあてはめると、先に実績を作った香港に多くのクォータが割り当てられ、後発の韓国・台湾には不利に働いた。次に、業者に対するクォータ割り当ては、前年実績を基準に決められるが、香港では本来違法の業者間クォータ売買が恒常化し、クォータが実際の商品より高い値段で売買されるという弊害まで生んでしまった。

台湾は50年代末から、韓国では朴政権が誕生した60年代前半に衣料・アパレルが輸出産業、しかも最大の外貨の稼ぎ手となった。原材料の紡糸や化学繊維は、当初日本を中心とした輸入に依存したが、同時に川上、川中部門への投資も活発化し、次第に国産の原材料へと切り替わる。現在、韓国と台湾は多くの化学繊維の生産で日本を上回り、台湾のポリエステル生産は、アメリカに次ぐ世界第2位の規模である。シンガポールについては、外資多国籍企業による重工業の隙間を縫うように、地場中国系人資本の中小企業により縫製業が営まれ、欧米市場にクォータ輸出を行っているが、他のアジアNIEsの繊維産業との比較でも、シンガポール経済においても役割は限定的なものにとどまっている。

ＡＳＥＡＮ各国は、タイのシルク、インドネシアのバティックなど伝統的な繊維文化を有していたが、1960年代には繊維の純輸入国であった。アジアＮＩＥｓの成功に刺激されるように、60年代末頃から衣料・アパレル部門が興り、70年代には欧米市場への輸出に参入し、80年代になるとすべてが繊維の純輸出国に転じた。経済水準の向上によってアジアＮＩＥｓ製品が70年代にアメリカの最恵国待遇（ＭＦＮ）の対象外となったのに対し、ＡＳＥＡＮ製品には発展途上国のＭＦＮが適用され、対前年クォータはアジアＮＩＥｓを上回ったため、輸出産業として発展させることができた。川下の衣料・アパレルの需要に応じるように、70年代には日本の大手繊維メーカーが進出して化学繊維の生産を始めた。

　中国は、天然繊維の原料綿花の世界的な生産地で、川上の紡績、川中の紡糸・紡織、川下のアパレルをすべて有するフルセット型である。原料綿の生産国であることから、紡績は100年以上の歴史を有するが、繊維産業全体にとって飛躍の契機となったのが、改革・開放以降の香港繊維資本の対中進出である。世界のアパレル基地となった香港であるが、人件費コストの上昇で輸出競争力に陰りが見え始めた70年代後半、中国が改革・開放に転じたことが渡りに船となり、80年代前半に隣接する広東省に大量進出した。香港の資本・技術と中国の労働力が結びつき、中国のアパレル産業は急成長することになる。先にも触れたように、中国は現在世界最大のアパレル生産国となり、輸出国の上位にもランクされる。

　アジアＮＩＥｓは、ＡＳＥＡＮや中国の追い上げにあいながらも、80年代から90年代にかけて、世界の主要アパレル輸出国の地位を維持している。もっとも台湾については、アパレル部門を福建省を中心とした中国に移転し、自らはそうした拠点に原料の化学繊維を供給する役割に特化している。香港と韓国は、コスト面で不利に立たされながらも、香港は香港ファッション・ブランドの確立で、韓国は「東大門（トンデムン）市場」などのイメージで、コスト高にもアパレル生産・輸出基地としての地位を磐石なものにしている。しかし、コスト高にも踏みとどまれたのは、クォータに守られた要素が大きく、クォータ完全撤廃後にも、ファッション拠点として発展できるか注目されるところである。

　アパレル製品は、コストが価格競争力の鍵となるが、国際間競争においては、人件費とともに為替レートにも左右される。97年7月以降のアジア通貨危機は、東南アジア通貨が対米ドル安定相場に固執して割高になったのに対し、中国は94

年1月の為替レート一本化で実勢水準となり、中国の輸出競争力が高まったことも1つの伏線と指摘される。そうであれば、東南アジア通貨暴落以降は、タイやインドネシアの輸出拡大と中国の輸出鈍化が起こるはずであるが、実際にはそうなっておらず、中国のアパレル輸出は好調である。東南アジアと中国との競争関係は、価格というハード面よりも、品質やデザイン、消費者の嗜好などソフト面が重要な段階に入ったようで、東南アジア側の研究が望まれる。

繊維は、先進国において斜陽産業と見られがちであるが、東アジアにおいては、東南アジアASEANや中国はもちろんのこと、先進国入りした韓国や、先進国上位の所得水準となった香港でも、発展が期待できる産業である。今後の注目点はいくつかあるが、ここで1つ上げると、ベトナムが本格参入することである。ベトナムは、フランス文化の影響を受け、「アオザイ（長い衣装）」の服飾文化を有する。こうした文化を背景に、手先が器用で勤勉と評価の高い労働力、しかもASEANより低い人件費水準とあっては、アパレル大国となった中国さえ安閑とはできない状況となった。世界一の消費市場のアメリカが対越MFN適用に踏み切れば、競争がより激化することは確実である。

表9-4 繊維輸出国ランク（1995年）および東アジア主要国アパレル輸出推移

（単位：億ドル）

国・地域	衣料	紡績	輸出計	国地域	衣料	紡績	輸出計
1. 中 国	240.5	139.2	379.7	8. 香 港 ①	95.4	18.1	113.5
2. イタリア	140.4	126.7	267.1	9. ベルギー	25.6	77.6	103.2
3. ドイツ	73.8	142.0	215.8	10. 英 国	46.5	51.6	98.1
4. 韓 国	49.6	123.1	172.7	11. インド ②	37.0	38.3	75.3
5. 台 湾	32.6	119.0	151.6	12. オランダ	27.6	35.2	62.8
6. フランス	73.8	74.7	148.5	13. タ イ ②	45.1	16.4	61.5
7. アメリカ	66.5	73.7	140.2	14. パキスタン	16.1	42.6	58.7

（単位：1,000ドル）

国・地域／年	1994	1995	1996	1997	1998
香港（地場）	21,208(9370)	21,122(9462)	21,790(8903)	22,935(9260)	22,009(9599)
韓国	6,691	6,101	5,241	5,106	5,454
インドネシア	3,096	3,452	3,655	2,953	2,681
中 国	20,228	19,953	20,787	26,361	24,857

注）①地場輸出のみ　②1994年

(2) 自動車

　土地の狭い香港とシンガポールを除き、東アジア各国政府は、裾野の広い自動車産業を重点産業に指定し育成を図った。自国ブランドの自動車を持つことは、他国に対する優越感につながり、時にはナショナリズムも高揚させる。一般的に、1人当たり所得が1,000ドルを超えれば車が売れ始め、2,000ドルを超えればモータリゼーションが起こると言われるが、80年代後半以降の東アジアは、まさにモータリゼーション時代突入を思わせるものとなった。とりわけ、80年代後半から97年のアジア通貨危機直前まで、東南アジア各国では新車販売が年々倍増の勢いとなり、21世紀のＡＳＥＡＮは200万台市場になるとして、日欧米の世界リーディングの自動車メーカーが熱い眼差しを向けるようになった。

　東アジアの自動車産業は、大きく3つのグループに分けることができる。1つ目は輸出産業になった韓国と内需産業を貫く台湾、2つ目は国民車プロトンのマレーシアを含む外資主導・内需型のＡＳＥＡＮ４、3つ目は国内市場を棲み分ける中国である。90年代に外資合弁が始まったベトナムは、歴史の浅さからやや発展が遅れるが、将来はＡＳＥＡＮグループ入りの可能性が高い。1997年7月以降のアジア通貨危機により、東アジアの自動車産業も困難に陥ったが、これら3グループでは微妙に影響が異なるものとなった。また、自動車産業自体、世界的な淘汰・再編の流れの中に入り、その渦に巻き込まれた東アジアの自動車産業も、生き残りをかけた厳しい試練に見舞われている。

表9-5　東アジアの自動車生産の推移

(単位：1,000台)

	1994	1995	1996	1997	1998	1999
韓　国	2,311	2,526	2,812	2,818	1,954	2,843
（輸出）	737	978	1,210	1,316	1,362	1,510
台　湾	423	395	367	376	404	347
タ　イ	433	526	559	360	158	327
マレーシア	218	307	355	419	134	205
中　国	1,367	1,453	1,475	1,582	1,630	1,832
（参考）日本	10,554	10,196	10,347	10,975	10,050	9,895
（輸出）	4,460	3,791	3,712	4,553	4,529	4,404

(出所)　各国自動車工業会

1950年代から60年代にかけて、台湾と韓国で現在の勢力図を構成する主力自動車メーカーが次々と設立され、現在の両者の主力が出揃った。台湾は、域内50万台市場に裕隆や国瑞など10社がひしめきあい、韓国は現代、起亜、大宇、双龍など大手財閥の寡占状況となった。台湾、韓国のメーカーとも、欧米や日本の大手メーカーと提携関係を結び、生産技術を向上させた。台湾は輸出生産に向かわなかったが、韓国では朴政権の輸出促進政策のもと、70年代半ばから完成車輸出が始まった。韓国産小型車は、低価格を武器にアメリカ市場で人気となった。所得水準の向上に伴い国内販売が急増するが、輸出はそれ以上の伸びを示し、80年代半ばから恒常的に輸出が国内販売を上回る輸出依存型となった。

　東南アジアの自動車生産は、保護・育成政策のもとに完成車輸入を禁止した60年代後半から70年代にかけて、日本の大手メーカーが合弁組立工場で進出したことに始まる。欧米メーカーが進出を見送ったため、日本車は約9割のシェアーを握ることができた。各国政府は、部品の国産化を目指すが、部品生産投資が生産規模から割高なこと、地場中小企業が未成熟なことなどで、国産化比率が政府目標どおり上昇しなかった。マレーシアでは、マハティール政権の重工業化政策の一環として、83年に国民車メーカーのプロトンが設立され、85年に生産を始めた。東南アジアでは贅沢品と見られた自動車も、80年代後半からの高度成長によって、一般の人々にも手が届くようになって販売台数は急増する。

　中国では、改革・開放以前は国有企業によるトラックの生産が中心だったが、改革・開放転換によって乗用車需要も高まりを見せている。人口10億以上の巨大市場とはいえ、自動車購入層はごく一部であるため、90年代は国内需要150万台を目処に、自動車に対する投資、とりわけ外資進出は厳しく制限されている。東南アジアとは異なり、中国市場に積極進出したのは欧米勢で、これに対しトヨタなど日本の大手は出遅れた。中国には1,000社以上の自動車メーカーがあるが、主なものは上海、第一、東風の最大手3社、北京、広州、天津の大手3社、長安と貴州の中堅2社で、ワーゲンやクライスラーなど欧米メーカーと提携関係にある。広州ではプジョーが撤退し、ホンダが替わって提携先となった。

　90年代に入ると、高度経済成長となったＡＳＥＡＮ市場に世界の自動車業界が注目し、それまでの日本メーカーの独壇場から、欧米勢それに韓国も参戦した主戦場へと変化する。マレーシアを除くＡＳＥＡＮ各国政府も、完成車輸入禁止を

解除するなど規制を緩和して新規投資を促進した。トヨタがタイで部品国産化率70％を達成したアジアカーを投入するなど、日本勢もシェアー維持のため必死に防戦した。96年にはタイの国内販売台数が59万台に達し、21世紀の東南アジアは200万台市場になることが有望視された。その一方、96年にインドネシアで突如として大統領三男のメーカーだけを優遇する国民車構想が打ち出されるなど、定まらない各国の政策に外資側が振り回される場面もあった。

　1997年7月のアジア通貨危機は、ＡＳＥＡＮの自動車産業にとって大打撃となった。通貨暴落により輸入部品価格が急騰した上に、高金利と金融会社破綻から国内需要が激減したためである。タイでは、14社が既に100万台の生産体制を敷いていたが、98年の販売は14万台にまで落ち込み、生産各社は遊休生産設備の維持に苦しめられることになった。国内販売不振を輸出で補おうにも、もとより輸出競争力がある訳ではなく、各社は季節工の削減などで我慢を続けている現状である。自動車輸出国の韓国は、別の意味で試練に見舞われた。三星が95年にようやく生産を始めた途端、97年末から国内需要を激減させる経済危機に見舞われ、三星は早々と撤退を決めた。起亜、双龍、さらには最大手の一角の大宇と、既存メーカーが相次ぎ倒産状態に陥り、韓国資本は現代1社となってしまった。その現代とて、金大中政権下の規制緩和によって、もはや安閑とはできない状況である。

（3）電機・電子

　現在の東アジアの代表産業といえば、エレクトロニクスという答えが即座に返るほど、各国・地域にとって花形産業となった。自動車が韓国を除いて内需産業の代表だとすれば、エレクトロニクスは、貴重な外貨を稼ぐ輸出産業の代表的存在である。世界の産業分布図を見ると、日本を含めた東アジアが、まさに世界的なエレクトロニクスの一大生産基地となっている。エレクトロニクスは、高度な技術を有するまた必要とする産業であるため、生産拠点の移転が技術移転を促進するという意味でも重要である。以下、東アジアの電機・電子産業を紹介するが、ここでは産業分類とはやや異なり、電機・電子、家電、半導体、パソコンなどを含めてエレクトロニクス、電機・電子産業とすることにしたい。

　東アジアの電機・電子産業は、生活に必要な家電製品の生産から始まった。古

くは、電球、ラジオ、電池などが地場企業により製造されたが、本格生産は韓国と台湾で50年代に始まった。両者とも日本など外国の技術を導入したが、財閥など地元企業が資本と技術を蓄積するにつれ、韓国では外資が完全に撤退し、台湾の一部では資本参加とブランド提供の形で提携が続けられた。東南アジアでは、家電の完成品に高率の輸入関税が適用されたことから、60年代末から70年代にかけて、日本の大手家電メーカーが市場確保のため組立工場で進出した。このため、家電製品も日本ブランドが東南アジア市場で大きなシェアーを占めることができた。自由貿易政策の香港では、小型家電は地場中小業者により製造されたが、カラーテレビやＶＴＲなど大型の家電は最も良い製品が輸入された。

70年代までに家電製品の国産化が完了した韓国にとって、80年代はエレクトロニクス産業発展の飛躍期となった。それは、世界的な半導体ブームに乗って、三星電子がソウル近郊の水原に世界最大級の半導体工場を建設し、翌年からＤＲＡＭの本格生産を開始したことである。韓国の経済規模や技術水準から、当時この大型投資は疑問視されたが、その後この主力工場は業績を急拡大し、現在三星電子は世界一のＤＲＡＭ生産量を誇っている。国別の半導体生産では、韓国はアメリカ、日本に次ぐ世界3位の生産国となった。また、韓国大手5大財閥の家電部門は、80年代後半からＡＳＥＡＮ４やベトナムに進出する動きを加速し、低価格を武器に市場へ参入し、日本製品に競争を挑むようになった。

1985年9月のプラザ合意以降円高・ドル安が進むと、日本の大手家電メーカー東南アジア工場の役割が、当該国の市場確保から輸出拠点へと次第に変化する。親会社が輸出生産を東南アジアにシフトするにつれ、関連の部品や下請けメーカーも進出し、こうした集中的な投資が高度成長の原動力となった。とりわけ、タイとマレーシアでは、日本の大手メーカーがほぼすべて出揃い、クーラー、冷蔵庫、テレビ、ＶＴＲなどの家電製品を、親会社の日本や第三国のアメリカに輸出するようになった。さらに、現地の家電産業の需要高まりにより、主要半導体メーカーも東南アジアに製造拠点を設立した。マレーシアでは、先に見たように、エレクトロニクス関連が輸出の7割近くを占めるようになった。

中国の電機・電子産業は、軍事産業として始まった経緯から、改革・開放以前にはラジオ以外目ぼしい家電製品はなかった。改革・開放に転じるや、消費ブームとなって民生用電子機器や白物家電製品への需要が急速に高まった。こうした

流れに生産側も応じるが、当初は日本や欧米など外資が中国に進出し、組立生産を行った。軍事用や重電が中心だった大手の電機国有企業、郷鎮企業も各種の家電製品生産に参入する。人口12億人の潜在力の大きい巨大市場が高度成長となるや、家電製品の販売も年率20％以上の高い伸びを示すようになる。それに伴い、中国の家電産業も急激に発展し、現在、テレビ、ラジオ、冷蔵庫、洗濯機など多くの製品で、中国は世界最大の生産国となっている。

早期に家電製品の国産化を成し遂げた台湾では、80年代から電機・電子、ハイテク分野へと進出する中小企業が急増した。とりわけ、世界的ブームを見越したパソコン分野では、夢を抱いたベンチャー企業家が多数参入し、中には宏碁（エイサー）のように中小企業からわずか10年足らずで世界を代表するパソコン企業となり、台湾ドリームを掴んだところもある。1999年には生産台数で日本を抜いて、台湾は世界一のパソコン生産基地となった。パソコンが中小企業中心で発展を遂げているのに対し、半導体は政府主導の大手企業中心体制で発展している。台湾政府は、新竹工業団地により集積を図る一方、政府系技術研究所が2種類の半導体事業を起こし、それが現在のＴＳＭＣと聯華の大手2社となった。

表9－6　主要国のテレビ生産推移

(単位：1,000台)

国／年	1980	1985	1990	1994	1995	1996
中　　国	2,492	16,677	26,847	32,833	34,962	35,418
韓　　国	6,819	7,849	16,201	17,102	18,722	N.A.
アメリカ	10,320	13,340	13,982	13,881	12,132	11,440
マレーシア	157	568	3,238	7,702	9,461	8,901
日　　本	15,205	17,727	15,732	11,192	9,022	7,568
世　　界	72,170	105,331	128,250	134,587	136,754	137,141

（出所）世界国勢図解2000／2001版

97年7月以降のアジア通貨危機は、東南アジアの電機・電子産業にも影響を与えた。しかし、部品の調達方法や販売市場の構成により、影響は異なるものとなった。最も被害が大きかったのは、生産国の国内市場に向けた家電製品である。製品によって違いはあるが、家電の販売は15％～20％の減少となった。一方、

カラーテレビやオーディオ製品を中心に、アメリカ向け輸出が好調に推移したため、輸出・内需とも東南アジアに生産拠点を持つ日本の大手家電メーカーは、トータルで比較的小さな被害にとどまった。同じ輸出用生産拠点でも、部品の輸入比率の高いインドネシアは、国内の政治混乱によって生産と物流の機能停滞を招いたこともあり、マレーシアやタイに比べ被害は大きなものとなった。

東アジアのエレクトロニクスは、将来も有望な花形産業である。しかし、心配点や課題もいくつかある。1996年は世界的な半導体不況となったが、三星電子を中心とする韓国企業の過剰生産が価格暴落の一因であった。その後半導体の国際市況は回復し、三星電子も史上最高益を更新しているが、輸出に依存する限り対外要因に影響される構造的な弱さは解消されず、内需向け拡大や量から質への転換など、競争力強化の戦略が課題となろう。外資中心の東南アジアについては、部品製造の中小企業や地元の技術者の不足が質量とも不足し、輸出の拡大には同じ規模の輸入拡大が伴うことになる。こうした産業構造上の問題は簡単には解決せず、長期的観点の育成策と地道な努力を続けることが重要となる。

(4) 素材産業

他の多くの産業に原材料を供給する鉄鋼、セメント、石油化学の3大素材産業は、波及効果が大きいとして政府の重点育成産業に指定されることが多い。鉄鋼を自国で生産できること、一貫製鉄所を有することは、国の威信を示す手段にも使われるほどである。明治維新の日本が欧米に追いつこうと官営製鉄所を建設したように、東アジア諸国も日本に追いつこうと製鉄所を建設し、産業発展の基礎を築いた。しかし、一貫製鉄所の建設は巨額の投資となり、工場の運営・維持には高度な技術を有するため、発展途上国段階での東アジアにとって、一貫製鉄所建設の決断は簡単ではなかった。現在、東アジアで一貫製鉄所を有するのは、日本の他に、韓国、台湾、中国、それにインドネシアだけである。

これに対し、鉄鋼とともに建物や道路の建設に使用されるセメントは、東アジア各国では原料の石灰が自己調達できること、典型的装置産業で事業開始が容易であることから、繊維と同様に工業化の初期段階で発展した。また、電機・電子などハイテク産業とは異なり、経済発展段階の差にかかわらずセメント産業は、アジアNIEsとASEANでほぼ同時期に現れた。東南アジアでは、最初に発

展した製造業という経緯もあって、タイのサイアムセメントやインドネシアのインドセメントなど、各国を代表する企業が多い。香港とシンガポールを除き、各国で生産体制が整えられたことから、セメントは内需型産業としての性格が強いが、各国の高度経済成長と建設ブームの波に乗って生産量を拡大することになる。

石油化学産業は、生成物のエチレンがプラスチックや化学繊維など多くの分野の原材料となることから、各国で重点産業として振興された。国際的な石油集積基地のシンガポールでは、電機・電子・造船・修船とともに、3大産業の1つとして大型石油精製プラントを建設した。韓国と台湾では、それぞれ大手財閥と国有大手による大型投資で60年代から70年代にかけて国産化を終え、80年代後半からの高度経済成長により石油化学製品の需要が高まった東南アジアでは、直接・間接の外資導入により各国で大型エチレン・プラント建設が相次ぎ、輸入製品には関税をかけて自国産業の育成を図った。東アジア全体では、好調な経済を背景に、主要石油化学製品の生産で世界の上位にランクされる。

東アジアの鉄鋼産業といえば、まず韓国の成功例を挙げなければならない。朴政権の重化学工業政策のもと、対日賠償と新日鉄の技術援助を得て、1968年に国営製鉄所の建設が始まり、屈折を経て73年に商業ベースの生産が始まった。この国営浦項製鉄所は、高度経済成長による鉄鋼需要の拡大と独占的な生産体制の保証により、生産量を急拡大し現在粗鋼生産量で世界1、2位を争う巨大製鉄所へと発展した。こうした浦項の急成長は、技術を提供した日本にとって脅威となり、ブーメラン効果の例として取り上げられるようになった。また、浦項は国内需要を上回る拡張により輸出にも積極的に乗り出したため、日本に安値の韓国産鋼材が輸入され、鉄鋼大手メーカーが苦しめられることにもなった。

中国では、大躍進時に鉄鋼増産の号令がかけられたように、新中国成立以来鉄鋼産業が基幹産業として発展に貢献してきた。しかし、改革・開放以前は、主力国営大手メーカーが旧式設備による非効率生産に陥っていた。こうした状況も、改革・開放以降の外資との提携や技術導入により生産性は徐々に向上し、高度成長による需要拡大から鉄鋼生産量は急拡大している。首鋼、鞍山の既存の国営大手企業、日本の援助により85年に生産を開始した上海宝山製鉄所の3大国有鉄鋼企業を中心に、各地の中規模の鉄鋼メーカーが加わり、中国は現在世界最大の鉄鋼生産国となっている。1人当たり鉄鋼消費では、中国は依然日本の1/10程度の

水準で、将来的にも消費と生産の拡大が期待できる有望産業である。

東南アジアの鉄鋼産業は、フルセット主義を貫くインドネシアが国営クラカタウ製鉄所により一貫製鉄体制を確立した以外、電炉や溶鉱炉などによる生産体制で応じてきた。タイやマレーシアでも、一貫製鉄所の建設構想が浮上したが、採算性の問題から実現には至らなかった。80年代後半の高度成長期には、外資との合弁により需要増に応じたが、生産増加のペースが追いつかず不足分は輸入に依存した。セメントや石油化学など他の素材産業も同様で、既存設備の拡張や外資との合弁による新規投資が相次いだ。これらの拡張投資は、アジア通貨危機以降の経済危機により、一転過剰生産設備化してしまい、厳しい調整を迫られてしまった。需給の正常化には、長期間を要するものと思われる。

表9-7　東アジアの鉄鋼生産推移

(単位：1,000t)

年／国	世界	中国	日本	韓国	台湾	インドネシア	タイ	マレーシア
1980	716,300	37,120	111,395	8,558	3,417	360	450	210
1990	769,000	65,350	110,339	23,125	9,747	2,892	685	1,100
1996	750,000	101,240	98,801	38,903	12,350	4,109	2,143	3,216
1997	798,000	108,911	104,545	42,554	15,598	3,816	2,101	2,962
1998	776,000	114,347	93,548	39,896	16,886	2,699	1,814	1,903

(出所) 世界国勢図解2000／2001版

韓国の浦項製鉄は、韓国の大手財閥がアジア通貨危機以降苦境に陥った中、独占企業の強みもあって好調な業績を維持している。国内需要の減退に見舞われたが、その分輸出攻勢を強化し、むしろ韓国産の安値鋼材が流入した台湾では、台湾唯一の高炉メーカーである公営の中国鋼鉄が影響を受けた。日本を含めた東アジアの素材産業は、大きな曲がり角に立たされていると言えよう。それぞれが高度成長を経験し、集中的に投資を行ったことにより、東アジア全体で大幅な供給過剰となり、主要製品で値崩れを起こしている。どの業界も大胆なリストラ・再編が不可避となったが、2000年に発表された世界1、2位の製鉄会社である新日鉄と浦項の提携は、そうした動きの1つとして注目される。

(5) サービス産業

　モノを作る製造業とともに、サービス業も重要な経済活動であるが、サービス業は極めて広範囲の活動を網羅する上に、東アジア各国・地域におけるサービス業の発達度や社会・経済における位置付けには大きな差がある。こうした東アジアのサービス業を限られた紙面でまとめることは難しいが、いくつかのポイントに絞って紹介することにしたい。国・地域における位置付けとしては、サービス業の競争力を強化した香港およびシンガポールと、長年過保護に置いたその他の国々に分けることができる。こうした特徴は国際収支表にも表れ、前者のサービス収支は黒字、後者は大幅な赤字となっている。多くの国で過保護に置かれたのは、歴史的な経緯による外資への警戒感とともに、商業や金融などサービスに強い華人資本が、自らの権益を守るため政府に圧力をかけたことが大きい。

　香港のサービス産業は、伝統的な中継貿易港機能から生まれ、繊維など製造活動に伴うビジネス関連の需要により発展したが、製造活動が広東省に移転した現在、香港域内の80％を占める最大の経済部門となった。国際金融センター香港のサービス業は、貿易・小売、金融・保険、運輸・通信、市場・調査、観光、税務・法務と、いずれも国際競争力の強い高付加価値部門であるが、とりわけ世界の一流銀行が集まる金融と、世界的な富豪を生み出した不動産が代表的である。香港のサービス業が自然発生的だったのに対し、もう一方のシンガポールのサービス業は、香港とほぼ同様の部門と機能を有するが、政府の頭脳ＥＤＢの青写真によって発展が図られた。香港とのもう1つの違いは、「製造業とサービス業のバランス」重視で、サービス業のシェアーは香港ほど高くならないことである。

　それ以外の東アジア諸国では、サービス業は経済を牽引する位置付けにはなかった。香港やシンガポールのように、国際金融やビジネス関連の高度機能のサービスは興らず、唯一外国人観光客を相手とする観光が、外貨獲得部門として各国政府により奨励された。過保護を続けた結果、韓国の金融部門は巨額の不良債権を作って人員半減など大胆なリストラを余儀なくされ、台湾のサービス部門ではＷＴＯ加盟時の対外開放を本気で恐れる日々が続いている。通貨危機に見舞われた東南アジアのサービス部門は、投機や縁故融資で銀行など金融部門は不良債権の山を築き、華人に物流を握られたインドネシアでは、政治混乱によって華人が逃げ出すと物流機能が停止するなど、さらに悲惨な状況となった。

東アジア各国・地域とも、概ね近代的なサービス業が興り、製造部門と並ぶ経済の主要構成部門となったが、質的な面では依然課題が多い。シンガポールの「製造業とサービス業のバランスある発展」を引用すれば、製造がサービスへの需要を高め、サービスの持つソフトが製造の高付加価値化につながるという相互関係が重要となる。そうした観点から、アジア通貨危機で壊滅的な打撃を被った東南アジアの金融部門が、大胆な改革によって機能を回復することができるのかが注目される。また、サービスにおいても各種分野において、各国が高度な専門知識を有する質量とも十分な人材を育成できるかも鍵となる。既に高度なサービス機能を持つ香港とシンガポールは、人件費などコスト高が競争力を阻害しており、コスト引き下げか高付加価値化かのどちらを選択するかも注目される。

第10章　東アジアの経済担い手・主要企業

1　東アジアの経済担い手

　経済発展や工業化が誰により担われているのか、多様性の東アジアを学ぶ上で1つのポイントとなる。国民経済における経済活動の単位は、農業や零細商店などの個人、会社組織の企業、企業群・グループ、業界や財界、特定部門やグループ、政府や公的部門などが考えられる。自由経済体制においては、経済活動は民間の企業部門が中心となって行い、政府や公的部門は民間部門が活動しやすいようインフラ整備など補助的な役割を担うのが一般的パターンであるが、多民族かつ複雑な社会構成の東アジアでは、必ずしもそのパターンどおりではなかった。民間資本の未成熟により政府や公的部門が介入し、自国にない生産技術や経営・管理は外資に依存したことから、これらの役割が大きくなったからである。
　外国人や外資企業の存在感が大きくなると、地元社会では外国に対する警戒感や民族意識が高まることになるが、東南アジアではそうした状況をより複雑にしているのが、華僑・華人の問題である。中国大陸から渡った中国国籍を有する初代の華僑、居住国の国籍を有する2代目以降の華人は、貿易、商業、金融、不動産などの分野で事業活動を始め、天性の商才とたゆまぬ努力により成功を収め、現在居住国で大きな経済力を握るようになった。それがどの程度かについて、あくまで推定の域を出ないが、例えば人口比3％以下のインドネシアでは、華人が経済の7割以上を握っていると言われ、プリブミと呼ばれるインドネシア現地人との間で生じた経済格差が、現地社会との対立の根源となっている。
　表10-1で見るように、東南アジア各国において、華人は人口では少数ながら、経済では大きなシェアーを握っている。本書が対象とする東アジア8か国・2地域では、中国、香港、台湾の3つの中国人が構成する国家と社会はもとより、中国系人が人口の多数で政権の中枢にあるシンガポール、華人が大きな経済力を持

つASEAN4か国、商都ホーチミンのチョロン地区で中国系人が活発な商業活動を行うベトナムまで、対岸の山東省人を中心に1％程度の経済力の韓国　横浜や神戸の中華街を中心とした0.1～0.2％程度の経済力の日本を除き、東アジアの経済は中国人または華人が9割以上の大きなシェアーを握っている。従って、東アジアの経済の担い手という場合、中国人および華人をまず取り上げなければならない。

　東南アジア4か国では、全体的に華僑・華人の経済におけるシェアーは大きいが、国によって状況は異なる。華人の経済シェアーでは、他の3か国が7～8割と大きい一方、フィリピンは5～6割と比較的小さい。フィリピンではスペイン統治時代の植民地資本が土着し、地場の大資本家となったことが、華人の比率を低下させたものである。また、同様の大きな経済シェアーでも、現地社会との融合が進み表立った対立のないタイと、大きな経済力が現地社会の反発を買うインドネシアとでは状況が異なる。マレーシアのブミプトラ政策は、華人に比べ劣勢にある地元マレー人（ブミプトラ）の経済力を引き上げようと実施されたものであるが、華人の牙城の一角崩しにさえ至っていないのが現状である。

表10−1　東（東南）アジアの華人人口比と経済シェアー（1998年）

国・地域／項目	全人口（人）	華人人口（人）	華人人口比（％）	華人経済比率（％）
ブルネイ	229,939	42,800	15.0	N.A.
カンボジア	11,163,861	250,000	2.0	§70.0
インドネシア	209,774,138	5,244,353	2.5	73.0
ラオス	5,116,959	66,520	1.3	N.A.
マレーシア	20,491303	6,147,391	30.0	69.0
ミャンマー	46,821,943	※8,193,840	17.5	N.A.
フィリピン	76,103,564	1,522,071	2.0	50-60.0
シンガポール	3,440,693	2,669,978	77.6	81.0
タイ	59,450,818	8,323,115	14.0	81.0
ベトナム	75,123,880	1,051,734	1.4	∞ 45.0
台湾	21,699,776	21,048,783	97.0	95.0
合計	529,086,894	54,560,585	10.5	---------

　注）華人経済比率は、現地民間資本に対する推定値、
　　　※：推定　§：ポル・ポト政権以前　∞：ホーチミン市のみ
　（出所）「インドネシアの華人商人家族の歴史的研究」六甲台論集、pp88-89

表10－1では、華人の経済におけるシェアーが示されているが、ここで注意を要するのは、地場民間資本におけるシェアーということである。地場民間ということは、政府・公的部門と、純粋な外国資本は含まれない。国有部門が生産の中核を握る中国やベトナムに限らず、タイ、インドネシア、マレーシアなど東南アジアでも巨大な国有部門を有している。また、シンガポール、タイ、マレーシアの3か国は、電機・電子を中心とする外資製造業が輸出を担い、当該国の企業ランクでも上位に登場する。これらの政府部門と外資を考慮すれば、華僑・華人の比率はこれより低下するものと思われるが、実態が把握しづらいだけに追求は難しく、ここでは大きな経済力を有するということを理解したい。
　中国大陸の圧政や貧困から逃れるべく移住した華僑・華人であるが、移住先地でも容貌や習慣の違いで馴染めず、迫害を受けることもあった。このため、自らの防衛意識が強くなり、同じ立場の華僑・華人が結束するようになる。こうしたグループを中国語で幇（バン）と呼ぶが、家族や親戚などの血縁、同じ地方や村の出身という地縁、同じ学校や職業などの縁で様々な幇が形成された。このうち、大きな勢力へと発展したのが地縁による幇で、その中でも、広東、福建、潮州、海南、客家が、華僑五大幇と言われるようになった。前4者は出身地であるが、客家は出身地中原を追われて中国でも故郷がなく、こうした迫害された歴史から精神的に逞しくなり、世界最強の華僑集団と評価する声もある。
　同じ華僑・華人といっても、広い中国だけに、北京語、広東語、福建語と使用する中国語も異なり、出身地による華僑・華人の性格や気質の違いも大きい。幇が違えば仲間意識も薄くなり、東南アジアに移住してからも、地縁や血縁を頼った移住や再移住が頻繁に行われ、親族や幇が固まり、特定の地域や国と特定の幇の結びつきが強まる。国単位では、インドネシア、シンガポール、フィリピンが福建、タイが潮州、マレーシアが広東と、特定の出身地幇が華人人口の多数を占め、特定の事業分野で強みを発揮し、経済的にも大きな存在となる。客家については、シンガポールのリ・クァンユー上級相、台湾の李登輝前総統、中国の最高指導者鄧小平氏など、政治分野でも大物を輩出している。
　東南アジアに住み着いた華僑は、マレー半島で炭鉱や大規模農園の労働など、重労働を強いられるが、戦前の近代国家成立以前において、支配者と被支配者の間隙を突いて商売を始め、商売を成功させた中から資本家が現れる。そうした典

型例が、タイにおける徴税請負制度である。タイ王室政府から徴税事務を請け負った華僑・華人は、農民から税を集めて王室政府に渡し、手数料収入を得るものである。この段階でタイ農業の生産力に目をつけた華僑・華人は、余剰農産物の流通や輸出にも仲介人（ミドルマン）となって進出した。タイでは、代表的財閥ＣＰグループに見られるように、潮州出身華人が農産流通業から事業を興し、バンコック銀行のように金融に進出して大資本になっていった。

タイの潮州華人資本は、金融でとりわけ大きな力を発揮している。アジア通貨危機前の地場15銀行のうち、政府系のクルンタイ銀行、国軍系のタイ軍人銀行、王室系のサイアム商業銀行を除く12銀行までが華人資本により支配されていた。タイの金融界では、ソーポンパニット家のバンコック銀行、ラムサム家のタイ農民銀行、ティーチャーパイブン家のアユタヤ銀行が三大華人金融資本と呼ばれ、金融とともに系列企業を多数支配し、タイ経済に大きな影響力を行使できる立場を築いた。1962年銀行法で銀行への新規進出を不可能にし、競争原理の働きにくい過保護状況に置いたことが大きいが、アジア通貨危機により縁故融資が不良債権化し、政府主導による厳しい立て直しを余儀なくされた。

インドネシアでは、福建省出身の華僑が零細商店や中小流通業者を始め、事業を拡大して大資本家への道を進んでいった。インドネシアの典型的なサクセス・ストーリーは、林紹良（スドノ・サリム）を総帥とするサリム財閥である。油の行商人スドノ・サリムは、物資供給を通じて国軍将校との関係を深め、その将校が大統領となって政権を握ると、製粉の独占事業権を手に入れた。製粉事業による利益で事業分野を次々と拡大し、サリムはグループ600社を擁するインドネシア、さらには東南アジアの代表的大財閥となった。国軍の将校とは、言うまでもなくスハルト前大統領であるが、32年の長期政権下のインドネシアでは、政権との関係、距離が事業活動成否の大きなポイントの1つでもあった。

中国系人が7割以上を占めるシンガポールでは、多数派を構成するため経済プレゼンス面での問題はなかったが、華僑、大華、華聯、ホンリョンの4大金融グループ以外、地場民間資本は未成熟だった。金融グループは製造業の推進役には成り得ず、工業化の初期段階から外資依存の戦略を採り、政府が現地側の合弁相手としての役割を担い、必要に応じ政府自らが事業に乗り出した。マレーシアでは、ブミプトラ政策により華人は経済的に敵対的な扱いさえ受けた。それでも、

政府の思惑どおりにブミプトラ資本は拡大せず、出資比率、雇用、昇進などでの差別的な扱いにも、むしろ華人の経済的な影響力は拡大傾向にある。フィリピンでは、華人資本に関する特別な状況は見られない。

　東南アジアの華人資本は、商業、貿易、物流、金融、不動産など、得意のサービス分野で事業を開始し、本業関連分野へと事業を拡張するが、飛躍に向けた転機となったのは、70年代以降の工業化期である。東南アジアに外資製造業が進出するが、現地側合弁パートナーとなったのは華人資本である。外資製造業にとっては、商業資本的な華人とは事業計画や経営方針が必ずしも一致する訳ではない上に、地元社会との軋轢というリスクもあるが、地元人に適当な資本家が育っておらず、資本力があって地元の商売・ビジネス慣行に長け、販売・流通網を握っていることが魅力であった。華人資本家にとっては、弱みだった製造分野へ進出するとともに、合弁事業の利益が企業・グループの規模を拡大した。

　こうした典型例として、福建出身のいくつかのインドネシア華人資本をあげることができる。サリムは、製粉の独占で飛躍の基礎を築いたが、飛躍を決定的なものとしたのは、製造業への進出である。サリムは、外資との合弁で製麺、セメント、自動車、繊維と多くの製造分野に進出し、インドネシアのトップ財閥としてのサリムの地位を決定的なものとした。サリムの旗艦企業は、世界一の製麺量を誇るインドフードと、年間800万tのセメントを産出するインドセメントである。もう一方の雄だったアストラは、モータリゼーションを見越してトヨタ、フォードなど複数の外資自動車メーカーの車を合弁で生産し、国内の圧倒的シェアーを握りサリムを追撃した。しかし、系列銀行の破綻とルピア暴落による外貨借り入れの為替差損により、大手の地位から完全に脱落してしまった。

　東南アジアの地元人資本は、質量とも華人との比較で劣勢である。民間資本に限定すると、フィリピンの双璧であるソリアノとアヤラ、マレーシアのサイム・ダービー、インドネシアのバクリー、チトラ、ビマンタラ、フンプス、タイのサイアム・セメントなどが代表的であるが、インドネシアの後三者はいずれも大統領のファミリービジネスで、政権の後ろ盾がなくなり崩壊的な苦境に陥ってしまった。タイのサイアム・セメントは、王室財産管理局が大株主で、現在資本分散が進んでいるとはいえ、準国有企業的な存在である。ソリアノ、アヤラ、サイム・ダービーは、植民地大地主資本が現地化したものであるが、サイム・ダービー

ーは実質的に政府の支配下に入っている。こうした状況を見ると、巨大な華人の資本力に対抗できる地元の民間資本は、ごく一部に限られることが分かる。

　地元の民間資本が劣勢にある一方、東南アジアは巨大な国有・公営部門を有する。タイ、インドネシア、マレーシアの3か国では、運輸・通信、電力・インフラ、国家安全保障など公共的な部門の他にも、製造業や銀行などの分野で巨大な国有企業がある。タイを例にとれば、現在政府が50％以上を所有する国有企業は58社あるが、売上上位20社のうち8社、最上位10社では6社を占めており、発電公団（EGAT）、電話公団（TOT）、石油公団（PAT）など、タイの優良企業が目白押しである。インドネシアやマレーシアも同様で、インフラや公共部門以外にも、自動車、化学、セメント、製鉄などの製造業、石油など国家利権、銀行や金融などの分野で、巨大な国有企業群を抱えている。

　東南アジアの国有企業は、経済活動を握る華人に対抗する地元資本という性格も持ち合わせていた。国有企業の有力ポストは、第一線を引退した高級官僚や軍人に割り当てられる。経済力や商才では華人に敵わない現地人のエリートにとって、大企業の経営者になる数少ない道でもある。インドネシアでは、スカルノ政権時代に没収された旧宗主国のオランダ資本が国有企業に改組されたが、その後も石油・鉱物や製造関係などの分野で多数設立された。後に判明したことであるが、スハルト・ファミリー企業は、石油公社プルタミナなどを食い物にしていた。マレーシアでは、国民車メーカーのプロトンなど重化学工業分野を中心に1,000社もの国有企業を設立し、それらはブミプトラ資本に数えられた。

　国有企業は、独占事業権などによって保護されたが、緊張感の欠如や非効率な経営からとりわけ製造部門が赤字に陥り、政府の大きなお荷物となった。もちろん、公共的な事業の性格などにより責任を問えない部分もあるが、放置すれば政府の財政負担は増える一方となるため、高度成長となった80年代後半から、国有企業改革の機運が高まった。基本的には、必要なものは国有として残す一方、その他については整理・統合、民間へのリースや売却、民間の資本参加などの方向が示された。電力、通信、航空など大手の優良企業では、株式市場への新規上場が注目されるようになった。しかし、関係する政府高官から経営陣、一般従業員まで反対運動を展開し、90年代に入りようやく緩やかなペースで進み始めた。

　シンガポールを含めた東南アジアでは、国有部門に加え外資の比率が高いのも

特徴である。タイ、マレーシア、シンガポールでは、売上高や利益の上位100社は、年によって差はあるものの最近では40～50社を占めている。これらの外資は、欧米系の資源開発や石油化学大手のほか、日本の家電、電機・電子が多数である。輸出になると外資の役割はより顕著となり、東南アジアの主力輸出品となったエレクトロニクス関連製品では、日本企業の現地法人が大多数を占めている。東南アジアは、工業化に必要な資本と技術を外資に依存したことになるが、外資への過度の依存は論議の的となる。経済的な侵略に対するナショナリズムや、他国への再移転など自国の資本に比べ、あてにしづらいことなどである。

確かに、これまでの日本企業では、コスト高により韓国や台湾からフィリピンや中国へと再移転する動きも見られた。その意味では、人件費が最高水準のシンガポールはもちろんのこと、マレーシアやタイも安閑とはしていられない。しかし、ここまでの東南アジアに進出した日本企業を見る限り、97年7月以降のアジア通貨危機で国内需要が萎縮した中でも撤退しなかったことはもちろん、雇用水準も基本的に維持した。その限りでは、国内資本とは差がなく、当該国の気持ち次第となる。シンガポールでは、優位を失った業種はバタム島など周辺への移転を促進する一方、自らはより付加価値の高い外資の勧誘や、周辺諸国の生産拠点のための地域統括本部（ＯＨＱ）機能の拡充を図っている。

シンガポールを除くアジアＮＩＥｓ３に目を移すと、韓国、台湾、香港と、それぞれ経済の担い手に特徴がある。国有部門が生産の中心である中国とベトナム、特に中国については次の経営の章で触れることにし、ここでは韓国、台湾、香港の状況を見ることにしたい。まず、東南アジアと異なる点は、華人問題がないということである。韓国では、華人は人口の1％以下で、経済の面ではほぼ同じ程度である。香港と台湾は、ともに中国系人が中心的存在の社会構成で、97年前半まで英国が統治者として留まった香港、国民党を中心とした大陸からの支配者層外省人と台湾現住民の本省人との二重構造が存在した台湾といった問題もあるが、いずれも深刻な社会問題には発展せず、現在の経済構造や主要な経済の担い手、産業界や経済界における勢力争いに微妙に影響を与えた程度である。

韓国については、経済の主要な担い手は財閥（チェボル）であるが、それと同様にあるいはそれ以上に政府が担い手であったとの見方もできよう。韓国の発展の特徴としては、政府の強力な発展戦略のもと、選ばれた財閥が産業政策の実働

部隊になったことであるが、もう1つの重要な点は、政府自身も担い手となったことである。韓国の国有企業といえば、1973年に生産を始めて現在世界1、2の粗鋼生産量を誇る浦項総合製鉄所（ＰＯＳＣＯ）が有名であるが、他にも韓国電力、大韓航空、韓国通信公社など優良企業が目白押しである。さらに、強力な工業化を着手した朴政権下において、主要銀行がすべて国有化された。政府の銀行支配は、銀行融資を通じた財閥企業に対する支配強化となった。

　財閥は、グループ内に銀行を持つことを許されなかった。また、現代財閥から要求されても、ＰＯＳＣＯの事業権益を守るべく、一貫製鉄所への進出は認められなかった。5大財閥間では、他グループとの競争意識が高揚し、新規参入と参入阻止を巡る攻防が激化した。ここ数年の顕著な例は、三星の自動車参入に現代が猛烈反対運動を展開したことである。結局三星は参入を認められ、95年に自動車生産を開始したが、アジア通貨危機により採算が合わないと判断するや、会社を法的管理として自動車から撤退した。こうした財閥の突き上げに対し、事業の許認可権を持つ政府の対応は一貫せず、規制の強化と緩和を繰り返すうちに、投資のオーバーシュートを起こす業種が増えてしまった。

　韓国でも、事業の効率化と集中排除の観点から、国有企業の民営化に対する機運が、全斗煥政権時代の80年代前半から高まった。これに応じ、ＰＯＳＣＯや韓国電力公社など優良企業は、株式市場への上場により民間の資本参加が進み、国有企業から民間大企業へと変身している。外換、第一、韓一、朝興、ソウル商業の国有6大銀行についても、80年代前半までに政府の持分は民間に放出され、形式的には民間銀行となった。しかし、金融秩序維持に向けた監督当局としての立場を利用し、民営化となっても政府は引き続き、あるいは国有化時代以上の銀行に対する影響力を行使した。先にも紹介したように、政府、財閥、銀行の三者がもたれ合う構造が、韓国がアジア通貨危機に巻き込まれる原因となった。

　韓国経済において、財閥は大きなシェアーを占めている。韓国版独占禁止法の公正取引法によれば、総資産4,000億ウォン以上の企業グループ、97年の通貨危機以前には46の民間企業およびグループを認定し、上位30位は監視対象として各種の報告提出が義務付けられる。このうち、現代、三星、大宇、ＬＧ（旧名は楽喜金星）、ＳＫ（旧名は鮮京）が五大財閥である。証券取引所データや学者などによる数々の試算はあるが、三十大財閥で韓国経済の50％強、そのうち五大財

閥は過半数、つまり五大財閥は韓国経済の25～30％を占める巨大な存在となる。このように特定財閥が肥大化した一方、中間に位置する中堅企業や底辺の中小企業に対する配慮のなさにもつながり、韓国経済・産業構造上の深刻な課題としばしば指摘される。

　台湾経済の担い手については、第4章の台湾の項で詳しく述べたので、次は韓国と台湾における外資の役割について触れることにしたい。韓国、台湾とも、工業化の初期段階で外資を積極的に導入したが、韓国の財閥や台湾の中小企業などが資本と技術の両面で次第に力を蓄積するにつれ、外資の必要性は薄れるようになった。韓国、台湾とも、国内・域内市場を韓国では財閥、台湾では公営企業のために保護し、外資には雇用拡大と輸出促進での貢献を要求したが、韓国、台湾とも人件費水準が向上すると、輸出競争力を発揮できなくなる。韓国では、80年代半ばの盧泰愚政権下の民主化宣言により、労働組合の力が強くなったことも影響し、外資は東南アジアや中国へと再移転の動きを加速する。

　80年代後半からは、外国からの投資受け入れよりも、ＡＳＥＡＮ4やベトナム、中国への投資が拡大した韓国と台湾だけに、国内・域内経済における外資の役割が低下するのも自然の成り行きと言える。しかし、韓国が96年に先進国クラブＯＥＣＤに加盟し、台湾がＷＴＯ加盟目前となると、それぞれ外資を取り巻く環境にも変化が生じる。韓国は、ＯＥＣＤ加盟に際し外資に対する制限的、差別的な規制の段階的な撤廃を打ち出したが、97年12月にＩＭＦ管理下となって98年半ばまでに外国人の持ち株制限は撤廃された。これを契機に、銀行や自動車など再編絡みで外資の出資が急増している。パソコン生産が好調な台湾では、高度な部品の売り込みや開発を巡り、外資企業の動きが活発となっている。

　経済の担い手という観点からは、最も興味深い勢力図が見られるのは香港であろう。伝統的に経済活動に規制を加えない香港は、まさに弱肉強食の世界で、企業や資本の実力がそのまま勢力図として現れる。その時々の勢力図を見ることは、香港の歴史の変遷を見ることにもなる。ただ、他に比べ目立たないながらも、香港にも伝統的に守られた既得権があり、レッセ・フェールはイコール完全自由競争ではない点には注意を要する。英国統治の香港政庁は、運輸、通信、電力などインフラ部門の独占事業権を、香港に進出した英国資本に与えた。中央銀行を置かない銀行部門についても、紙幣発行権や決済口座管理など中央銀行の役割を民

間の香港上海銀行に与え、政庁の銀行として有利な立場を与えた。

　外資の進出に特別の制限を加えない香港では、世界各国の資本がビジネスチャンスと見るや集中的に進出し、手加減のない厳しい競争を展開することになる。競争における敗北は、遠慮のない淘汰を意味する。こうした香港経済の担い手の主な国籍を示すと、旧宗主国の英国、香港地場、アメリカ、西欧、日本、東南アジア各国の華僑・華人、それに改革・開放後の赤い資本中国となる。香港地場資本の中国人は、隣接する広東省出身者が7割を占めるが、香港に紡績を持ち込んで工業化を促進した上海人、商売上手で世界的に名高い潮州人、世界最強の華僑軍団と言われる客家人も、香港社会に一定の勢力を有している。それぞれが出身地の方言を持つが、通用語は広東省の方言の広東語で統一されている。

　中国人の社会では、縁起担ぎと語呂合わせがよく見られるが、香港経済の担い手を示す際にも数字を使った語呂がしばしば使用される。代表的なものは、「五大英国資本」と「五大中国資本」である。五大英国資本は、英国が1842年に香港の植民地経営を始めた初期に進出した資本で、ジャーディーン・マセソン商会、バターフィールド・スワイヤー商店、香港上海銀行の3つはよく知られている。これら三者は、それぞれ貿易、運輸、金融で政庁から事業権を保護された。あとの2つは、香港通でなければ簡単には思い浮かばないと思われるが、4つ目には日本の中央競馬会に相当する香港ジョッキークラブ、最後は香港政庁そのものである。香港政庁こそ、香港における最大の英国資本、影の王者である。

　長らく英国資本が支配していた香港も、繊維を中心とした地場の中国人製造資本が台頭し、不動産に転進して巨大資本となる。香港のサクセス・ストーリーとして語り継がれるのは、潮州出身の李嘉誠氏が、小さな町工場でドライ・フラワーをヒット商品とし、不動産に転進して世界一の華僑財閥となったことである。株と不動産のキャピタル・ゲインが非課税で、不動産市場が右肩上がりに推移した香港では、大財閥や大富豪はほぼ例外なく李嘉誠氏のように不動産業に進出して財を成したと言われる。過去香港では、中国に影響され数回の不動産暴落があったが、李嘉誠氏など現在の大富豪は、最安値で優良物件を買い入れ、住宅ニュータウンに仕上げて、ブームの高値で売り出し巨額の富を手にした。

　1970代になると、李嘉誠氏の長江実業が英国系商社のハチソン・ワンポア（和記黄埔）を子会社化し、船舶王の包玉剛（YKパオ）氏がやはり英国商社のウィ

ーロックを買収して旗艦企業とするなど、英国資本の退潮と地場中国人資本の台頭が鮮明となった。英国の香港支配のきっかけとなるアヘン貿易で財を成したジャーディーン・マセソン商会は、李嘉誠氏による乗っ取りを恐れ、80年代に本社登記をバミューダに移し、香港返還前に香港市場の上場を廃止した。香港でバンクの代名詞となっている香港上海銀行は、主権中国返還後の将来を見越し、92年に英国のミッドランド銀行を買収した上で持ち株会社を英国に上場したことが、何よりも去り行く英国の象徴として印象づけられることになった。

　1978年に中国が改革・開放に転じると、対外開放の窓口としての役割を担う香港に、中国の赤い資本が進出するようになる。香港に進出した中国資本は、資本主義や自由経済におけるビジネスや経営の手法を学びながら、香港の不動産や中国本土へ資金調達の役割も拡大する。香港における中国資本の力は次第に大きくなり、香港企業を買収して香港株式市場に上場するレッド・チップス銘柄が80年代から現れる。先に紹介した中国銀行、中国国際旅行社、華潤公司、中国国際信託投資公司（ＣＩＴＩＣ）、光大実業の五大中国資本をはじめ、香港経済において中国資本20％以上を占めるまでになった。1993年には、H株と呼ばれるようになった中国国有優良企業の香港株式市場への直接上場も始まった。

　90年代に入り中国への主権返還直前となると、スワイヤーなど英国資本、李嘉誠氏など地場の大資本は、返還後の立場を考えて中国資本との関係強化を図る。スワイヤーは、旗艦企業のキャセイ航空とその子会社ドラゴン航空に中国民航の出資を仰ぎ、地場大手財閥は別会社としたインフラ開発部門子会社の一定割合を中国へと差し出した。その一方で、リスク分散のため、北米や東南アジアなど世界各国への投資も着実に進めている。このように、資本主義の縮図とも言える香港では、過去から一貫して生き残りや勝利をかけ日々厳しい経済競争が展開されており、21世紀に入っても香港の動きから目が離せない。

2　東アジアの主要企業

　ここまで経済の担い手という観点から東アジアを紹介したが、ここからは実際に経済活動の最前線に位置する企業を見ることにしたい。経済活動は、農業や零

細商店など個人で行われるものもあるが、各国の経済活動の成果である国内総生産は、その大部分が製造やサービスなど企業の活動によるものである。その意味では、東アジア各国・地域にどのような企業や企業集団があり、それらがどのような特徴を有しているのかなど理解することは、東アジアを学ぶ上で重要なポイントの1つとなろう。ただ、範囲を広げすぎてしまうと、膨大な量を詰め込まなければならない。そのため、入門論段階となるここでは、基礎知識として知っておくべき範囲に絞り込んで紹介した。

東アジアの企業が、世界のビジネス界において、あるいは東アジア各国間でどのような位置付けにあるのか、こうした情報を提供してくれるのが、アメリカのビジネス雑誌「フォーチュン」の世界企業ランキングである。フォーチュン誌は、アメリカ企業とアメリカを除く世界の企業500社のランキングをそれぞれ毎年発表している。このうち、アメリカを除くランキングでは、東アジアの主要企業がランク入りしている。表10-2は、2000年に発表された98年度の「フォーチュン500」のうち、ランク入りした東アジア企業を抜粋したものである。注意を要するのは、98年の米ドル建て売上高の絶対額を基準にした順位であるということであり、業種による考慮や調整が必要となることである。

98年度のフォーチュン500では、東アジアは24社がランク入りし、国・地域の企業数は、韓国12、中国10、台湾1、マレーシア1で、シンガポール、タイ、インドネシア、フィリピン、ベトナムからはランク入りしていない。また、97年7月に中国の主権下となった香港は、97年度から中国に分類されるようになった。98年度では462位にジャーディーン・マセソン商会がランク入りしている。ちなみに、日本は107社がランク入りしている。その他では、ドイツ、フランスなど西欧諸国の企業が多い。また、80年代後半に初めてランク入りして以来、東アジアでは5大財閥を中心とした韓国企業が占めていたが、ここ数年では改革・開放による高度経済成長を背景に中国国有企業が急増している。

タイやインドネシアなど東南アジアの企業のランク入りがないからといって、これらの国の企業がランク入りした企業に比べ実力が劣るということでは決してない。これらの国々の主要企業は華人資本であるが、次の経営の章でも触れるように、家族経営で内容開示には積極的ではなく、依然表に現れない部分も多い。これらを合わせれば、ランク入りする企業も出てくるかもしれない。各国とも証

券取引所市場の整備に力を入れ、ディスクロージャーが進みつつあるが、それでも欧米基準にははるかに及ばない。1990年代から国際会計基準が統一に向かい、時価主義や連結決算が主流となってきているので、各国政府がこれを遵守すれば、21世紀にはより実態を反映したランクとなるかもしれない。

表10-2　フォーチュン500の東アジア企業（1998年）

(単位：100万米ドル)

順位	企　業　名	(国)	売　　上	利　　益
58	中国石油化工業総公司	(中)	41,883.1	447.7
83	国有電力公社	(中)	36,076.1	647.1
105	ＳＫ（鮮京）	(韓)	31,997.3	611.5
107	現代	(韓)	31,669.4	19.2
115	三星	(韓)	29,715.2	59.1
131	三星電子	(韓)	26,991.5	2,671.0
202	現代自動車	(韓)	20,566.3	461.6
208	中国工商銀行	(中)	20,130.4	498.3
234	大宇	(韓)	18,618.7	(18,667.1)
236	中国通信公社	(中)	18,484.6	548.1
255	中国銀行	(中)	17,623.8	534.3
257	三星生命保険	(韓)	17,574.6	264.6
301	ＬＧ（金星）国際	(韓)	15,177.6	25.7
307	中国化工輸出入総公司	(中)	15,063.8	71.8
308	ＬＧ電子	(韓)	15,021.1	1,740.9
311	ペトロナス	(マ)	14,943.9	3,106.8
341	中国農業銀行	(中)	14,127.8	(110.2)
364	中国建設銀行	(中)	13,392.3	598.8
382	韓国電力公社	(韓)	12,899.3	1,234.8
413	中国石油天然気公司	(中)	12,099.2	91.0
450	教保生命保険	(韓)	10,899.1	46.8
460	浦項総合製鉄所	(韓)	10,683.8	1,307.5
462	ジャーディーン・マセソン商会	(中香)	10,674.8	207.4
489	国泰（キャセイ）生命	(台)	9,904.5	462.4

(出所)　「Fortune」2000年7月24日号

次は、東アジアの主要企業を国・地域別に簡単に見ることにしたい。韓国の主要企業は、浦項総合製鉄所など大手優良国有企業を除けば、すべて財閥（チェボル）に属する。フォーチュン500を見ても、現代、三星、大宇、ＬＧ、ＳＫの5大財閥に属する企業はすべて登場している。ただし、大宇は99年に実質破綻状態にあることが判明し、政府の法的管理下に入り主力の自動車を中心に、外資への譲渡手続きが進められている。最近では、大宇に替わって韓進を加えて、新5大財閥との言い方も出現している。戦後派の韓国財閥は、創業者の個人事業から始まり、政府の重化学工業政策と韓国の高度経済成長によって、韓国を代表する、さらには世界的にも上位にランクされる企業へと急成長した。

現代グループのようについ最近まで創業者が健在なところもあったが、大部分は2代目、または3代目に入っている。歴史が浅いこともあり、総帥やオーナー一族の権限は絶対的で、欧米先進国の基準からは所有と経営の分離が遅れているということになる。財閥家族は企業内容開示には消極的で、この点が株式市場にも反映している。ソウル株式市場の時価総額は、不動産中心の香港市場より小さいアジア3位の規模となっている。また、韓国の財閥を創業期から分類すると、三星のように戦後まもなく繊維や製糖から始まったところ、現代のように復興期の政府や米軍の建設受注で伸びたところ、大宇に代表される70年代以降の重化学工業化の波に乗って急拡大したところの3つに分類される。

先に紹介したように、公正取引法基準で財閥は46グループとなるが、このうち5大財閥はまさに企業・産業の百貨店的な存在で、一貫製鉄所と銀行を除くすべての業種の企業をアジア通貨危機後の構造改革前までは有していた。各財閥グループとも、政府の輸出増強政策に応じて、世界をまたにかける総合商社を設立し、グループ内の企業のオーガナイザー的な役割も果たさせた。この点では、日本の三井、三菱、住友といった企業グループと類似しているが、銀行を持たないことが決定的な違いである。6番目以下では、建設、鉄鋼、造船など特定業種に特化したものが多いが、不動産クラッシュで破綻もしくは困難に陥ったところもある。日本では、百貨店、ホテル、遊園地のロッテの知名度が高い。

韓国企業の双璧は、現代と三星である。現代は、建設から始めて自動車、造船、重機械、石油化学など多角化を進めたが、鄭周永名誉会長の天才的な経営手腕に負うところが大きかった。その結果、三男と五男との間で後継ぎをめぐるお家騒

動まで露呈し、主力業種が建設、自動車など不況業種ということもあって、2000年に現代建設が一度目の不渡りを出すなど思わしくない。逆に三星は、創業者時代から一貫して外部の優秀な人材を登用し、80年代後半に2代目となると、「第2の創業」のもと人材登用と経営効率の徹底した改革を進めた結果、主力企業の三星電子は、96年の半導体不況を乗り切り、その後は毎年のように史上最高利益を更新している。まさに、両雄の明暗が鮮明となった形である。

表10-3　韓国の16大財閥の概要（1999年実績）

(単位：10億ウォン)

財閥名	総資産	売上	利益	財閥名	総資産	売上	利益
現代 (107)	1,000,165	1,127,963	20,000	Hansol (26)	83,020	44,040	-1870
三星 (186)	1,230,774	1,088,270	36,000	斗山 (18)	65,775	38,884	5,943
LG (118)	550,000	740,000	38,000	東部 (19)	80,698	66,563	2,303
SK (57)	339,345	517,244	5,587	韓挐 (21)	11,900	NA	NA
韓進 (25)	255,831	161,680	4,106	Kolon (21)	43,257	39,948	2,868
双龍 (34)	97,849	183,870	-345	東洋 (32)	115,568	60,201	2,091
韓火 (31)	103,752	60,910	4,668	Soehan (21)	31,697	13,895	-542
Lotte (26)	144,130	101,910	3,190	江原産業 (NA)	NA	NA	NA

注）財閥名後の括弧内は対象企業数
（出所）朝鮮日報および中央日報

　基幹産業を独占する公営企業と一部の外資を除けば、福建省南部出身の台湾人が台湾の民間企業を運営している。台湾は、活力ある中小企業群が注目されるが、大企業およびその集団の影響力が拡大していることも確かである。というのは、急成長している中小企業は、いつまでも中小企業にとどまっている訳ではなく、大企業へと飛躍しているからである。こうした典型例が、かつては台湾プラスチックであり、最近ではパソコンの宏基（エイサー）である。台湾の場合、東南アジアの華人財閥とは異なり、製造業から始まって大企業へと発展している中小企業が多いが、大企業となってからも金融やサービス業へは大々的に手を伸ばすことなく、製造活動にこだわりを持ち続けるのが特徴であろう。
　98年度のフォーチュン500では、台湾から489位に国泰（キャセイ）生命保険がランク入りしている。キャセイ生命保険は、台湾最大の企業グループである霖

園集団の中核企業で、不動産や建設でも強さを発揮している。総帥の蔡万霖会長は、台湾一の資産家で世界の華人大富豪の中でも上位にランクされる。製造業では、台塑グループが最大となっている。同グループは、本業のプラスチックでは世界最大級の石油化学工場を有するが、情報関連分野にも熱心に進出し、台湾内外に半導体工場も建設している。台湾を代表する製造グループも、王永慶会長の小さな材木商から始まった。王会長は、台湾財界の代表的な人物であるが、台湾セメントの辜浸甫会長とは異なり、政治から一定の距離を置いている。

その他、台湾の代表的な企業グループとしては、第2の製造業グループの大同、食品事業を中心とした統一、海運大手の長栄、金融を中核とした和信、繊維から出発した製造グループの東帝士（タンテックス）、金融や不動産が中心事業の新光などがある。さらに、台湾経済の牽引役となったパソコン関係で、大企業および企業グループが出現している。先にも紹介した宏基（エイサー）は、1976年に従業員10人の中小企業から出発し、わずか四半世紀で世界第6位のパソコン生産メーカーへと発展した、台湾のサクセス・ストーリーである。エイサーの他にも、光寶、誠洲、台達電子、華通など数多くのパソコン・メーカーがあり、それだけに競争も激しいものとなっている。

香港は、先にも紹介したように、域内経済は英国系資本、地場華人資本、中国資本の三者が主要な担い手となっている。英系資本については、英国が去って先にあげた5大資本のうち、香港政庁とジョッキークラブは完全に地元資本に転じ、香港上海銀行、ジャーディーン、スワイヤーについても、地元の人材が最高幹部陣に登用され、英国資本としての特色が薄れている。アジアの二大国際金融センター香港にとって、経済や社会における銀行の役割は大きいが、香港ドル紙幣の7割を発行する香港上海銀行は、子会社化した地場最大手の恒生（ハンセン）銀行と合わせ、香港金融界におけるガリバー的な存在である。

経済活動に規制を加えず、法人税率が17％以下の香港では、香港ドリームを掴んだ多くの資本家がいる。これら資本家の多くは、中国大陸から命からがら香港に逃れ、丁稚奉公や行商から事業を興し、不動産に参入して巨額の富を築いた。こうした代表的な人物は、先出の長江実業とハチソン・ワンポアのグループを率いる李嘉誠氏、新鴻基の郭炳湘氏、恒基兆業の李兆基氏、合和実業の胡應湘氏、新世界発展の鄭裕彤氏、恒隆の陳啓宗氏、会徳豊の呉光正氏、霍興業堂の霍英東

氏、希慎の利漢剣氏などで、中核事業はいずれも不動産開発である。これに華懋、信徳、鷹君を加え、10大不動産（香港では地産）大君（タイクーン）と呼ばれることもある。

香港の財閥は、主要企業を香港株式市場に上場し、代表的株価指数の恒生（ハンセン）33銘柄に採用されている。香港上海銀行と香港テレコムを除くと、ハンセン採用銘柄はすべて不動産関連であり、製造業は一掃されてしまった。ここにも、香港の産業構造の変化が読み取れる。財閥企業は、船舶王のＹＫ包が逝去して娘婿の呉光正氏が継いだ会徳豊など一部を除けば創業者は健在で、オーナー一族の力が強い家族経営的な色彩を残し、株式市場への上場には熱心でも、核となる企業を未上場にするなど、内容開示は進んでいないのが現状である。また、李嘉誠グループが電力、小売、コンテナ貨物、通信など多角化路線を進んでいるのに対し、新鴻基は不動産デベロッパーに特化しているのが特徴的である。

表10-4　台湾・香港の代表的な華人資本

(単位：億米ドル)

台湾資本（総帥）	資産	主要事業	香港資本（総帥）	資産	主要事業
霖園（蔡万霖）	70	金、建、不	新鴻基（郭炳湘）	115	不、バス
台塑（王永慶）	70	石化、電子	恒基兆業（李兆基）	85	不、ガス、交
遠東（徐旭東）	40	製、小、海	長江実業（李嘉誠）	80	不、貿、輸、電
新光（呉東進）	40	保、製、不	新世界発展（鄭裕彤）	45	不、ホテル
和親（辜振甫）	30	金、製	霍興業堂（霍英東）	40	不、ホ、カジノ
長栄（張栄発）	20	陸海航運、製	会徳豊（呉光正）	34	不、ホ、海運
東帝士（陳由豪）	12	製、金、不	華懋（龔心如）	33	不動産
富邦（蔡万才）	11	金、不	信徳（何鴻燊）	25	不、海、カジノ
宏泰（林堉璘）	10	建、金	希慎（利漢剣）	25	不動産
大同（林挺生）	10	電子機器	南豊（陳廷驊）	20	紡績、不動産
慶豊（黄世恵）	10	金、製、不	万邦（曹文錦）	20	海運、製、不
聯邦（林栄三）	10	不、メディア	恒隆（陳啓宗）	18	不動産、ホテル

注）資産は推定個人
（出所）「アジア華人企業グループの実力」朱炎編著、ダイヤモンド社

為替・資本の取引に規制のない香港は、欧米日の外資の他にも、東南アジアの華人資本や中国本土資本の活動拠点ともなっている。前者の代表は、インドネシ

アのサリム・グループのファースト・パシィフィックと、マレーシアの郭（クォック）兄弟のケリー・グループである。後者は、先に紹介した五大中国資本を代表に、2,000以上の企業が200億米ドル以上の資産を保有していると推定される。中国五大資本の中でも、レッド・チップスの代表銘柄となった中国国際信託公司（ＣＩＴＩＣ）の香港子会社ＣＩＴＩＣパシィフィックは、香港で調達した資金を香港内の不動産や中国本土に投資することにより、李嘉誠氏など香港地場の代表グループにも匹敵する影響力を持つまでになっている。

東南アジアＡＳＥＡＮ４は、原住民のタイ人、マレー人、フィリピン人が人口の多数を占めるが、経済活動では少数派の華人が圧倒的な強さを誇っており、華人中心国家のシンガポールを含め、各国とも主要企業は華人資本が圧倒的に多い。マレーシアのブミプトラ政策など、各国政府とも現地の資本家や企業を育成しようと試みるが、思うような成果があがっていないのが実情である。強大な華人資本に対抗すべく、各国とも巨大な国有部門を保持している。また、各国とも工業化の段階で外資製造業を誘致し、輸出の原動力としたことから、外資にも有力企業が多い。従って、東南アジアの主要企業を見る場合、華人系、民間地場、国有部門、外資系のどれに該当するのかといった注意も必要となる。

潮州華人の力が強いタイでは、民間企業・企業グループの大多数は華人資本である。地場民間資本では、タイ最大の製造業グループのサイアム・セメントがあるが、株式の民間への放出が進んだとはいえ、タイ王室の事業として始められたという経緯から、純粋な民間資本ではないとする見解もある。預金量第4位のサイアム商業銀行も、王室財産管理局の事業である。その他では、全人口の約9割を占める原住タイ人の民間大資本や有力企業は見られない。先にも紹介したように、タイ電力公社、タイ航空、タイ通信公社、預金量第2位のクルン・タイ銀行など優良な国有企業があり、80年代後半からの民営化計画によって、90年代前半からタイ航空や電力公社など株式市場への上場が進められている。

タイの有力企業は、潮州の華人資本が圧倒的であるが、その中でもバンコク銀行とＣＰグループの力が突出している。ＣＰグループは、謝易初と謝少飛の兄弟が1912年に農作物取引を始め、世界有数の食糧生産国であるタイ農業により事業を拡大した。現在、日本に輸入されるタイ産ブロイラーは、多くがＣＰにより生産されたものである。農業関連事業で資本を蓄積したＣＰは、タイに進出する

外資製造業の合弁相手となり、製造分野へも本格的に進出し、民活方式による電話回線拡張計画では事業主体になるなど、積極的に事業を拡大し、中国大陸にもブロイラーやオートバイ事業で進出した。しかし、97年7月以降のアジア通貨危機の打撃により、本業の農業に特化する動きを強めている。

　タイの銀行は、潮州華人の独壇場であるが、その中でもバンコック銀行がガリバー的存在である。バンコック銀行は、陳弼臣（チン・ソーポンパニット）により1944年に設立され、地場15銀行の中で飛びぬけた成長を遂げ、タイ国内金融市場の25～30%を握るガリバーとなった。バンコック銀行は、東南アジアでも最大規模の銀行である。しかし、アジア通貨危機以降、不動産バブルの崩壊とタイ国内経済不振により、巨額不良債権の処理を余儀なくされ、事業再構築や資本増強に懸命となっている。その他のタイ華人資本では、日用品のサハ、百貨店のセントラル、繊維のサハ・ユニオン、通信のチナワット、ビールのブンロート、鋼管のSSP、タイ農民銀行、アユタヤ銀行などの大手華人企業グループがある。

　インドネシアでは、福建華人を中心に華人が経済の7～8割を握り、スハルト政権崩壊前は、民間上位30企業グループのうち22までが華人資本であった。残り3つの地元プリブミ資本のうち、2つまでがスハルト・ファミリービジネスであり、スハルト政権崩壊後は、鋼管を主力とするバクリーがプリブミの代表的な存在となった。華人資本では、サリム（三林）の力が突出している。総帥スドノ・サリム（林紹良）は、スハルト大統領との深い関係を事業に活用し、製粉、食品、セメント、流通、自動車、銀行など、600社から成る巨大企業グループを築いた。しかし、スハルト政権崩壊はサリムには逆風となり、系列の最大民間銀行BCAが預金大量引き出しの被害を受け、困難な状況に陥ってしまった。

　インドネシアの華人財閥は、スハルト長期政権との距離と事業の性格により、アジア通貨危機による影響は異なるものとなった。部品輸入と製品国内販売の自動車を主力とするアストラは、それ以前の系列銀行破綻とあわせ、従来の2位から転落してしまった。逆に、国内産原木の製材や紙・パルプの輸出を主力とするシナル・マスは、従来の3位からアストラを追い越して2位を固め、サリムに肉薄する勢いとなっている。また、スハルトの盟友のタバコ王ボブ・ハッサンは、政権が変わって汚職など厳しい追及を受ける一方、政権とは一定の距離を置いた金融のリッポーは、政治絡みの縁故融資や不動産投機で大手銀行が次々と公的管

理に入る金融危機の中で、比較的健全な経営を続けている。

　ブミプトラ政策のマレーシアでも、華人資本・企業は経済の50％以上を占める強力な存在である。マレーシア華人資本のビッグ・スリーは、郭（クォク）兄弟グループ、観光リゾートを主業務とする雲頂（ゲンティン）グループ、豊隆（ホンリョン）グループで、三者とも約200の系列企業を有し、製造業や不動産など多くの事業に進出している。郭兄弟グループがアジア・太平洋地区で最大ホテル・チェーンのシャングリラを運営し、豊隆がシンガポールで最大の華人資本となるなど、マレーシアの華人資本は国際的なところも特徴である。ビッグ・スリーの他にも、ペルジャヤ、クアラルンプール・ケポン、オリエント、モザイク、ライオン、ＭＵＩ、ＹＴＬなど約30の大手華人企業グループがある。

　約20％のブミプトラ資本では、総じて民間資本は未成熟で、多くが国有または政府の間接支配にある資本である。国有石油公社ペトロナスは、フォーチュン500の311位にマレーシア企業として唯一ランク入りしたが、世界一高いビルのペトロナス・ツインタワーでも有名となった。国有製造企業では、国民車メーカーのプロトン、ケダ・セメント、ペルワジャ製鉄所などがある。英系商社から出発したサイム・ダービーは、ブミプトラ政策に沿って資本と人材の現地化を進め、現在ブミプトラの代表的資本となり、農園、不動産、貿易など200を超える子会社を持つ多国籍企業である。その他ブミプトラ資本では、ＤＢＲハイコム、レノン、ＭＲＣＢなど、政権与党ＵＭＮＯに近い企業グループがある。

　フィリピンは、華人資本に比べ現地大手資本がやや優勢である。代表的資本は、ソリアノとアヤラの二大財閥で、旧統治者スペインの大農園経営資本がフィリピンに住み着いて現地化した。この両家は、ロハス商会から分かれ姻戚関係にある。ソリアノ財閥は、ビールと食品のサン・ミゲール社、銅鉱山開発会社、繊維、セメントなど製造業を中心に事業を展開している。もう一方の雄アヤラ財閥は、不動産と金融を中心事業としているが、首都マニラのビジネス街マカティ地区の大地主としても有名である。アヤラは、日本の三菱との提携により、工業団地の開発や電子部品の製造など事業分野を多角化している。もう1つの有力財閥は、ロペス財閥の流れを汲むマルコス・クロニーのロムアルデスである。

　地場資本がソリアノとアヤラに集中しているのに対し、フィリピンの華人資本は多くのグループに分散している。不動産と金融のタン・ユー、保険を中核とし

たユーチェンコ、食品など製造が中心のゴコンウェイ、タバコと酒造のルシオ・タン、百貨店シューマートのヘンリー・シー、ハイテク製造業にも進出するメトロ・バンクの6大グループが中心的存在である。アキノ前大統領が出身の農園資本のコファンコも有力華人財閥であるが、3つに分家してしまった。フィリピンの場合、70年代から急速に発展した華人新興財閥が多い。タバコ王のルシオ・タンは、マルコス・クロニーとしても名を馳せ、最近では経営が失敗したフィリピン航空の株式を引き取り、経営再建に乗り出したことで有名となった。

表10-5 東南アジアの代表的な華人資本

(単位：億米ドル)

タイ資本（総帥）	資産	主要事業	インドネシア資本（総帥）	資産	主要事業
ＣＰ（謝国民）	70	飼料、畜産	サリム（林紹良）	80	金、不、製、農
盤谷銀行（陳有漢）	60	金融、不	Ｇガラム（蔡道行）	60	煙、金、不、ホ
ＳＳＰ（李石成）	55	鉄鋼、不	Ｓマス（黄奕聡）	50	製紙、不、金
泰華農民銀行（呉捷樸）	40	金融、不	バリトＰ（彭雲鵬）	40	木材、石化
意泰（猜育、幹那戌）	40	建設、製	Ｓプルナ（林天宝）	40	煙、金、不
大城銀行（李智正）	30	金融、製	ジャラム（黄恵祥）	30	煙草
玲英豪（馬陳茂）	27	不、ホ、金	Ｂハッサン（鄭建盛）	20	木、金、メディ
マレーシア資本（総帥）	資産	主要事業	フィリピン資本（総帥）	資産	主要事業
郭兄弟（郭鶴年）	70	農、食、ホ	亜洲世界（鄭周敏）	130	金融、不動産
雲頂（林梧桐）	55	観、電、紙	陳永栽（陳永栽）	70	煙、金、不、航
豊隆・馬（郭令燦）	55	金、製、メ	首都銀行（鄭少堅）	32	金、不、製
常青（張暁卿）	30	木、メディ	許實歌（3分家）	30	農、通、食、製
山林（丘徳星）	25	木材	巔峰控股（呉奕輝）	26	食、不、製、金
東方実業（駱清燕）	20	不動産	鞋荘（施至成）	25	小売、金、海
馬化控股（林木栄）	20	農、不、交	楊応琳（楊応琳）	13	鉱、製、食、金

注）資産は推定個人
(出所)「アジア華人企業グループの実力」朱炎編著、ダイヤモンド社

シンガポールについては、先のシンガポールの章で触れたように、4大金融グループ以外は華人の地場民間資本の力は弱く、国有大手優良企業や外資製造企業が主要企業となっている。しかし、経済成長に伴って地元華人資本の製造企業が登場するようになり、クリエイティブ・テクノロジー社など、ハイテク関連のベンチャー企業も登場している。中国については、郷鎮企業や民間企業が成長して

いるとはいえ、主要企業はやはり国有企業となる。その中でも、香港の主要企業でも登場したＣＩＴＩＣ、フォーチュン500にランク入りする石油化学プラント、首鋼、鞍山、宝山の3大鉄鋼、家電大手メーカー、4大国有銀行など、総公司制による企業グループ化の動きが見られるようになった。

第11章　東アジアの経営制度・政府の役割

1　東アジアの経営制度

　1997年7月発生のアジア通貨危機を境に、東アジアの企業経営に対する関心が高まってきた。アジア通貨危機以前には、人的繋がりを重視するトップダウン式の「華僑式経営」が東アジア高度経済成長の原動力と賞賛されたが、それ以降は深刻な危機に陥らしめた構造問題と批判されるようになり、構造問題解決に向けて研究の機運が高まったからである。しかし、アジア通貨危機以前の賞賛はただ漠然としたものであり、アジア通貨危機以降構造問題として研究しようにも、それ以前の研究蓄積がなくゼロからのスタートに等しい状態である。先にも述べたように、これまで東アジアについて関心が低かったことと、家族経営が中心の主要東アジア企業の内容開示が十分でなかったことが背景にある。

　日本においては、経済や政策などマクロ・ベースの東アジア研究が進みつつあるが、企業経営などミクロ・ベースの体制は整っていない。欧米に目を移すと、最近になってようやく、中国系米国人の学者グループから東アジアの企業経営に関する研究成果が発表され始めるようになった。ただ、こうした成果も断片的なもので、欧米や日本の経営制度に関する研究との比較すれば遅れは否定できない。もっとも、欧米の研究では日本式経営も東アジアの経営に含まれることが多い。筆者自身、今後こうした研究を進めてゆくつもりであるが、ここでは既存の欧米の研究を参考にしながら紹介することにしたい。

　多様な東アジアであるので、企業経営のスタイルも当然ながら多様である。しかし、現在主要な経営スタイルと世界的に認知されるのは、資本主義的華人企業、韓国の財閥（チェボル）、中国国有企業、系列を中心とする日本式の4つである。ブミプトラやプリブミなど東南アジアの地場資本は、華僑・華人資本に比べ規模的に小さく、国有企業は民営化の流れに向かっていることを考慮すれば、将来的

にはともかく、現時点では主要システムとは言い難い。ベトナムの国有企業は、規模的にも改革の進み具合からも、現段階では中国の国有企業と同列には扱えない。これらを考慮すれば、東アジアを論じるここでは、資本主義華人、韓国財閥、中国国有企業の3つの経営システムを中心に見ることにしたい。

　日本を含め、これら4つの東アジアの主要経営システムの共通点は、儒教文化に影響されていることであろう。儒教文化とは、年長者を敬い、家族を大切にし、個より和を重んじるなどである。こうした自己犠牲的な儒教文化は、マックス・ウェーバーがプロテスタンティズムの資本主義への適応性を主張したのに対し、自己の利益を追求する資本主義には向かないとさえ長らく考えられてきた。実際、欧米に比べて東アジアは1960年代まで、遅れをとってきた。ところが、70年代になると日本に続き韓国や台湾などアジアNIEsが高度成長となるや、倹約精神や勤労意欲など、儒教的な文化や価値が資本主義に適合するもので、経済成長や企業活力を引き出す重要な要素であると評価が変わり始めた。

　東アジアには、中国歴代王朝の科挙制度の名残による教育重視の伝統もある。中国人社会と韓国では、教育熱心な親は進んで子供を有名大学に進学させ、そうした優秀な人材が企業へと供給される。現代や三星など韓国の財閥企業には、最難関のソウル大学などの卒業者が就職し、他大学出身者や他の学歴者とは格段の差の初任給を手にすると言われる。中国人社会でも、北京大学、台湾大学、香港大学、シンガポール大学など、各国・地域の超難関を目指す競争は、激しいものとなっている。華人大財閥の2代目以降は、アメリカの大学に留学し、近代的な経営手法を学んでいる。シリコン・バレーに流出した優秀な人材を取り戻すことに成功し、世界のパソコン生産拠点の台湾が築かれた。

　儒教的価値観では、家族の繋がりや絆、人的ネットワークが重視される。中国大陸や華人企業と取引を行う際、良い「関係（グアンシー）」を結べば成功に近づくとされる。いったんサークル内に入り込めば、外部とはまったく異なる扱いを受けることができる。華人企業との取引では契約書を交わさないことがよくあるが、形式的な契約書より信頼関係を重視するからである。サリムがインドネシア最大の財閥となれたのも、スハルト政権とのグアンシーが鍵となったことは先に紹介したとおりである。特定のコネクション（コネ）が幅を効かす状況では、汚職や癒着につながる危険性が高い。孔子の説いた徳治国家は、欧米先進国の法

治国家に対し理想型と言えるが、中国では歴代王朝から人治の伝統として残った。

儒教的価値観では、グアンシーとともに、「面子（ミャンズィー）」と「人情（レンチン）」も鍵となる。日本でも面子（メンツ）は重視されるが、中国や韓国における面子は比べものにならないほど重視される。中国人は、威信を傷つけられた時には、面子文字通り顔を潰され目鼻を失ったように感じる。外資企業が韓国に入りにくいとされるのは、プライド高い韓国社会のメンツによるところが大であるが、韓国人のメンツは後にも紹介するように、財閥企業の経営戦略にも影響したと見られる節が多々ある。中国人は、人から受けた恩義には恩義で報いるレンチン、不義に対しても重視する。グアンシーとともに、レンチンが世界に張り巡らされた華人の人的ネットワークの強化・拡大に貢献することになる。

オハイオ大学の1993年調査によれば、中国大陸以外に住む華人は5,500万人を数え、年間総生産高は5,000億米ドル、流動資産は2兆米ドルに達する。この推定値によれば、華人の経済力は、世界第3位と第4位のドイツやフランスに匹敵するものとなる。世界の華人のうち、約9割は東アジア地区に居住するが、資本主義的華人経営においては、台湾、香港、シンガポールなど華人社会または華人中心社会より、少数派として逆境に耐え抜いてきた東南アジアの華人企業が興味深い研究対象となろう。人口では少数派の華人が、タイ、インドネシア、マレーシアで圧倒的な経済力を握ったのは、東南アジアの華人企業の経営スタイルに、厳しいビジネス競争に打ち勝つ秘訣があったと考えられるからである。

東南アジア華人の多くは、探鉱や農園の労働者として移住したが、次第に中小貿易業者や零細商店など事業活動へと進出し、家族経営を基本とする華人企業が出現した。現在の華人大財閥や企業グループは、中小・零細事業から発展したものが多いが、そうした成功者はごく一部であって、大多数の華人企業は中小・零細のままであることには留意しなければならない。華人が自らの事業活動を起こしたのは、現地社会に溶け込めなかったことが大きく、経済力をつけることが防衛手段になるとして、儒教的な勤勉さを発揮したものである。東南アジアの華人企業創業者は、李嘉誠など香港の資本家と同様、朝昼夜の区別なくハードに働き、質素倹約な生活を心掛けて資本の蓄積に努める。

敵対的な地元社会への対抗上、華人は家族、親族、同郷などの関係により、一地域に集中的に居住するようになるが、そうした繋がりがビジネス・ネットワー

クとしても機能する。華人の防衛本能は、軍の有力者への接近という行動にも結びつき、お家芸であるグアンシーを築きあげる。こうしたパトロン・クライアントの関係は、現在でも依然不透明な部分が多いが、1962年以降タイで銀行の新規開設と外国銀行の進出が実質禁止されたこと、スハルト政権となった1966年以降のインドネシアで外資の流通や小売への参入が禁止されたことなどは、持ちつ持たれつ、二人三脚の関係をうかがわせるものである。タイではバンコック銀行が君臨し、インドネシアでは流通網を握るサリムが大財閥へと発展した。

東南アジア諸国は、1960年代後半から70年代にかけて輸入代替工業化の段階に入るが、華人企業はここで成長の大きな機会を掴む。国内市場を確保すべく外資製造業が進出するが、外資出資比率を制限されたため、華人資本を合弁相手に生産を開始する。華人資本は、保護された国内市場への販売で利益を得るとともに、製造部門における生産や経営のノウハウを得る一石二鳥を達成する。こうして蓄積した資本と技術は、東南アジア各国の来るべき輸出主導高度成長時において、さらに大きく開花することになる。輸出志向の外資製造業の進出は、電力や通信など東南アジア各国に不足するインフラへの需要を高め、サリムやタイのＣＰは、セメント製造や通信分野へと進出して事業分野を拡大する。

華人企業は、基本的には家族経営である。企業を所有する華人は、最高意思決定者でもある。家族以外の者は、企業の幹部として登用されにくい。こうした背景には、家族重視の伝統的な儒教の価値観とともに、東南アジア各国で置かれた環境も多分に影響している。企業は家族のものとの基本的立場から、権限の下方移譲は行われにくく、オーナーの目がすべてに行き渡るよう、組織は簡素化される。事業拡張や別組織を作る場合、家族や身内をその部門の責任者とするのが一般的である。東南アジアの華人財閥・企業グループが、サリムやＣＰのように複合企業化した一部の例外を除き、全般的に流通、不動産、金融など特定事業分野に特化しているのも、こうした背景によるところが大きい。

家族経営でオーナーの権力が絶対的、規模が小さく簡素化された組織の華人企業は、迅速な決断を行い、小回りを効かせることで強みを発揮する。ビジネス機会と見るや、オーナーの即決で迅速に決断する。薄利多売でも回転を速めることにより、高い利益水準を確保することで、競争力を強化してきた。東南アジアの華人企業は、企業内容の開示を好まず、投資期間の長い製造業への進出に消極的

とよく言われるが、自らに好意的でない社会で目立つことを恐れ、危険回避のため回転の速い現金商売に頼らざるを得ない、つまりは防衛本能から生まれたビジネス・スタイルでもある。製造業での合弁において、長期的観点から配当を抑えようとする日本企業と、華人資本とでしばしば方針が対立する。

　事業拡張に資金需要が発生する場合、華人企業は基本的に自己の利益から捻出する。経営学の一般的な理論では、個人、合名、合資、有限、株式と会社形態が進化し、巨額投資資金の調達のため株式公開して所有と経営の分離が進むが、華人資本はこうした過程をできるだけ回避しようとする。華人のネットワークは、漂会や頼母子講といった私的金融の機能も保持しており、家族や親族の資金でも不足する場合、これら私的金融資金が利用される。大口の資金は、タイのバンコック銀行など華人資本銀行からの融資に頼り、80年代後半から90年代にかけて、ようやく株式市場への上場による資金調達も本格化する。

　85年のプラザ合意以降の円高・ドル安は、東南アジアに高度成長を呼び込んだが、同時にドルとともに原油価格と金利も下がり、これを世界的な三低現象とも言うが、金利の低くなったドル資金は、華人企業の調達資金としても注目される。アジア通貨危機の章でも触れたが、東南アジアの各国政府は、自国通貨と米ドルとの為替レートを安定させ、金利の低い米ドル資金の流入を促進した。低コストのドル資金は、金利の高い自国通貨に転換され、事業に参入した華人企業には、大きな利益がもたらされた。しかし、97年7月以降のアジア通貨危機によって東南アジア各国通貨は暴落し、外貨借り入れに頼った華人など大手優良企業が困難に陥ってしまったことは、前に見たとおりである。

　東南アジアの華人企業は、アジア通貨危機の後遺症に悩みながらも立て直しを図っている。不動産バブルの崩壊で巨額の不良債権を抱えた潮州華人資本のタイの商業銀行は、政府の公的資金と外資の資本参加を仰ぎながらも、経営権を手放すまいと必死に抵抗している。多角化経営のタイＣＰは、中国のオートバイ事業などから撤退し、本業である農業関連ビジネスへの特化戦略を鮮明とした。パトロンを失った政商（チュコン）のインドネシア・サリムは、系列銀行ＢＣＡが破綻して中銀の特別融資を受け、返済資金としてインドセメントとインドフードの旗艦2社の株式を提供させられた。インドフードは、香港ファースト・パシィフィックの子会社となるなど、大幅な組織と事業の再編が必至となった。

東南アジアの華人企業は、初代が高学歴を持たずに必死に働いたのに対し、2代目以降は欧米、特にアメリカの大学に留学し、ＭＢＡ（経営学修士）などを取得し、身につけたノウハウと人脈により、伝統的な華人式家族企業から脱皮し、所有と経営の分離した欧米式の近代経営を目指していると、最近よく紹介されるようになった。しかし、ことはそう簡単ではない。株式市場への上場と内容開示を進め、家族以外の優秀な人材を経営に参加させるとしても、オーナー家族の世襲制は残り、ペーパーカンパニーや各種財団などを利用し、核心部分は公然に晒されないよう画策するなど、これまでの伝統的な手法は根強く残そうとするはずである。問題は、今後ともそうしたことが可能かということである。

東南アジアの華人経営にとって、今後いくつかの試練が待ち受けている。まず、現在は創業者か2代目であるが、3代目以降どうなるかである。代を跨ぐごとに、会社や資産が分散されれば、実力低下を招くことである。中には、より優れた経営者が出現し、逆に成長するところが現れるかもしれない。第2には、東南アジア諸国自体の経済規模が拡大すると、かつての物流のように隙間を狙った利益機会が減少してゆくことである。まして、世界的な大競争時代に入ると、政府に過剰な保護を求めることは、自らを窮地に陥れることにもなりかねない。これらを考え合わせると、事業規模の拡大や国際競争を挑むには、伝統的な華人式家族経営はもはや時代遅れで、外部環境に合わせた改革が必至となろう。

韓国の財閥（チェボル）は、東南アジアの華人企業と同様総帥または家族を頂点とし、傘下に多くの業種の企業を有する企業グループである。創始者が一代で巨大な資本を築き上げたことは、韓国が成し遂げた「漢江の奇跡」同様、諸外国からも驚異的とも評価される。財閥という用語自体、日本から輸入されたもので、第2次世界大戦以前の日本の3大財閥と比較されることが多い。日本の財閥は、第2次世界大戦後に進駐したＧＨＱにより解体され、現在の系列企業グループへと変化したが、歴史の浅い韓国のチェボルにとって、1998年以降のＩＭＦ指導下の改革が、日本のＧＨＱに匹敵する外圧となり、単なるリストラにとどまらない経営・組織の改革へとつながるのか、注目されるところとなった。

財閥が表の主役とすれば、陰の主役は言うまでもなく、朴正熙政権以降の韓国政府である。というより、財閥という人形を操る人形師が政府である。1987年に盧泰愚大統領が民主化宣言を行うが、それ以前の政府の権力は絶対的で、大手財

閥といえどもビジネスの表舞台から退場させることさえ可能であった。事業に対する参入規制や保護措置など直接支配から、国有化した銀行を通じて低利融資による間接支配まで、政府の財閥に対する支配体制は万全なものとなった。銀行は80年代前半に形式的には民営化されるが、政府の介入はむしろ強まったとされる。こうした政府、財閥、銀行の三者関係は、互いに責任を押しつけ合うモラル・ハザードを生み、アジア通貨危機では三者とも厳しいツケが回された。

　韓国を代表する現代、三星、大宇、ＬＧ、ＳＫの５大財閥は、ライバル心を剥き出しにし、相手にあって自分にない業種には、採算性を考えず進出する傾向があった。こうした総花的な姿勢は、先出の面子（メンツ）の問題と考えられる。事業に関する許認可権はすべて政府が握っているので、政府は調整役として登場するが、すべての顔を立てる形で決着し、過剰生産・供給体制となる。大きくない韓国国内市場がすぐに飽和すると、輸出へと矛先が向けられる。80年代以降、安値攻勢をかける韓国製品に日本など先進国企業は苦しめられるが、96年の半導体不況はその典型例であった。韓国財閥企業にとっても、こうした状況下の生産増強は利益率低下となるが、後退とも見られる事業改革には踏み込めない。

　韓国企業の資金調達は、基本的に銀行借り入れである。オーナーや一族の権限を弱めかねない株式公開や公募増資には消極的なことに加え、政府の支配下にある銀行から簡単に低利資金を引き出せたことから、韓国財閥企業の自己資本比率が低くなったこと、逆に負債比率が極端に高くなったことは、先のアジア通貨危機の章や韓国の項で見たとおりである。こうした銀行融資の資金についても、財閥のあまりの急激な拡張に国内金融市場では間に合わず、70年代までは円借款など政府間資金、80年代以降は民間の商業借款による外貨借り入れに依存してしまい、対外信用が失墜した97年末から98年初にかけて、期限到来間近の外貨短期借り入れの借り換えに、新任の金大中大統領が奔走させられてしまった。

　韓国の財閥では、オーナーの権力は絶対的である。各財閥によって「秘書室」、「総合企画室」など呼び名は異なるが、オーナーの指令をグループ各社、末端の社員の隅々まで伝える直属の司令塔がある。こうした司令塔は、ＩＭＦ主導の財閥改革において、古い体質の象徴として各財閥とも表向きは自主的に廃止したが、実際には場所を移して存続しているとされている。また、事業の拡大や多角化、子会社化などの過程を通じ、オーナーや一族の持ち株比率は低下しているが、銀

行借り入れなど間接金融中心で低下は緩やかなものにとどまり、依然オーナー個人で3〜5％、一族など特殊関係人や財団分などを含め10％、系列会社分まで含めると、実質30％近いシェアーを支配しているとの推定もある。

　財閥の所有構成は、直接所有、持ち株会社、相互所有の3種類が見られる。規模拡大と組織の複雑化により、後の形態への進展が見られる。三星や現代は第3の相互所有形態である。相互所有から日本の系列のような形態に移行するのか、韓国の実情にあった他の近代的な企業グループへと発展するのか、それとも家族的な財閥支配が残るのか、現段階で判断は難しい。また、財閥のオーナー一族が平均30％以上の役員数を占めるが、2代目となって第2の創業を掲げた三星は、役員ポストの95％が李一族以外となっており、外部の優秀な人材を登用していることがうかがい知れる。これに対し現代グループは、2000年3月に鄭周永名誉会長の三男と五男との間の後継争いが発覚し、政府から厳しい批判を受けた。

　韓国の財閥企業についても、国際的に強い競争力を発揮している。政府の重化学工業政策に乗って、各種の保護措置や銀行の低利融資の利用とともに、財閥オ

図11−1　韓国財閥（チェルボ）の3種類の所有形態および日本の系列構造

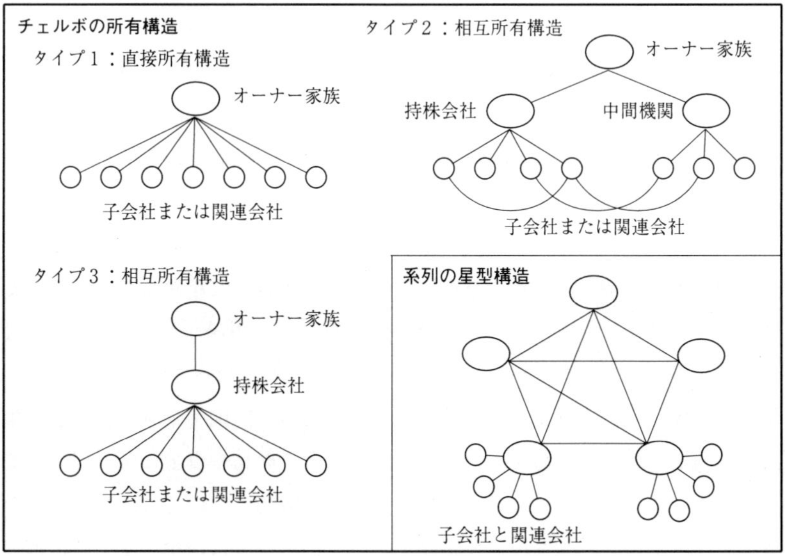

（出所）「東アジアの経営システム比較」ミン・チェン著、新評社

ーナーの優れた指導力、転機における果敢な決断、企業への献身によるところが大きい。現代財閥の総帥鄭周永名誉会長の天才的な経営手腕は、つとに有名である。しかし、東南アジアの華人経営と同様、3代目の問題が待ち受けている。これまで鉄壁を誇った政府、財閥、銀行の関係は、大手銀行が不良債権に苦しんで大リストラを断行し、保護・規制者としての政府はもはや存在しないとあっては、財閥は自らの力で欧米や日本の多国籍企業と国内外で戦わねばならず、競争に打ち勝つためにより一層の大胆な改革を迫られることになろう。

1949年の共産党政権誕生以来、国有（営）部門は中国の生産部門の中心的役割を担ってきた。しかし、1979年より厳密には78年12月の中国共産党第11期三中全会で改革・開放政策が採択されたことを境に、国有部門の組織構造、経営環境や経営スタイルは大きく変化した。東南アジア華人と韓国財閥の家族的経営では、オーナーの権力が絶対的で、所有者イコール経営者が特徴であるが、中国国有企業の場合、改革・開放以前は所有者である中央または地方政府が、国有企業の経営に直接的かつ強く関与してきた。経営学的には、所有と経営の一致ということになる。改革・開放以降、政府は国有企業の経営者や工場長への権限委譲と責任体制確立により、効率化と業績向上を目指すようになった。

英語のステート・エンタープライズは、日本語では国営企業とも国有企業とも訳され、使い方が曖昧になりがちであるが、政府の経営への関与度、換言すれば所有と経営の分離度が目安となる。この点では、先の中国の項でも触れたように、国有部門の改革が大々的に打ち出され、株式制など数々の所有形態が示された1992年の第14回共産党大会を境に、それ以前を国営企業、それ以降を国有企業と呼ぶのが妥当だと思われる。本書でも、中国に限らず国営と国有の使い方が曖昧だったが、中国に関してはこの基準に従いたい。朱鎔基改革が断行されている現在でも、所有と経営の分離は完全とは言いがたいが、1979年から1992年までは、大方針にも改革が不徹底に終始した過渡期ということになろう。

改革・開放以前、国営企業は政府の支配下にあった。国営企業は、政府の生産や経営に関する計画や指導をそのとおり実施した。財務や資金に関しても、支出と収入は政府により統一的に管理され、完成品の販売についても政府が価格を決定した。国営企業は、利益や減価償却をすべて中央政府に送金する一方、損失はすべて財政で埋め合わされた。また、採用や人事に関しては、経営者や工場長は

政府により派遣される国家公務員であったが、技術者や労働者についても、企業独自には決定権がなくすべて政府に割り当てられた。国営企業の側からは、政府の指令を忠実に実行すればよく、指令どおりの業績には責任を問われないという気楽な立場に置かれ、こうした立場が企業活力と発展能力の欠如につながった。

ソ連をモデルとした中国の中央集権的マクロ管理体制では、産業部門別にネットワーク式に組織され、それぞれの産業部門は、中央政府部門、省の行政機関、市の行政機関、末端の企業と階層的に管理された。こうした管理体制により、大・中型の国営企業は、中央政府の工業部と地方行政機関という2つの指導体制に置かれ、2人の主人に挟まって難しい調整を迫られ、責任所在の曖昧さが混乱を招いた。市場機能の欠如から誤った資源配分がなされ、深刻な品不足と大量の在庫が同時に発生した。やはり国営の銀行も、政府の指令どおり国営企業への貸し出しを行った。国営企業内には共産党組織が置かれ、病院や学校などの福利厚生の重負担を強いられるなど、切りがないほど問題点を抱えていた。

1979年以降の改革・開放は、農業や農村の改革から着手し、84年から都市部の改革に重点が移り、国営企業を取り巻く環境も大きく変化した。計画指令や価格統制が徐々に緩和され、経営自主権も与えられるようになった国営企業には、未曾有の発展の機会が大きな試練を伴って訪れた。改革・開放が消費市場を急拡大した一方、市場経済への不慣れと競争圧力の高まりから、多くの国営企業は逆に業績を悪化させ、赤字補填の政府補助金は改革・開放以前に比べ増大した。市場経済への不慣れは政府も同様で、生産や販売など企業活動への介入や干渉も続いた。国営企業の社会福祉丸抱え状況も相変わらずで、業績不振による倒産は、共産党支配の根幹を揺るがす社会不安につながると共産党幹部は恐れた。

当時の朱鎔基副首相が中心となってとりまとめ、1992年7月に「国有企業経営メカニズム転換条例」が正式公布され、生産管理、製品やサービスの価格決定、自社製品の販売、輸出入、投資決定と資金運用、資産処分、合併・提携、労働者採用、人事管理、各種の下部組織設立、賃金・ボーナスの配分、政府任命拒否などの自主権が国有企業に認められた。それと同時に、インフレ抑制などマクロ管理、各種の市場メカニズム整備、包括的社会保障制度の確立、その他国有企業の経営健全化と競争力強化に向けた環境整備など、政府の責任が明記された。さらに、同年の第14回共産党大会において、株式制や株式合作制など所有形態の多様

化に踏み込んだことは、社会主義体制にとっては画期的だった。

　政府以外の第三者が加わることにより、国有企業への経営改革圧力はより高まり、優良企業はニューヨークや香港の株式市場に上場し、巨額投資資金を調達するとともに、国際基準の内容開示を進めている。石油化学工業や4大銀行など、フォーチュン500にランク入りする中国の国有企業は年々増加している。その一

図11-2　中国国有企業の改革・開放前後の運営モデル

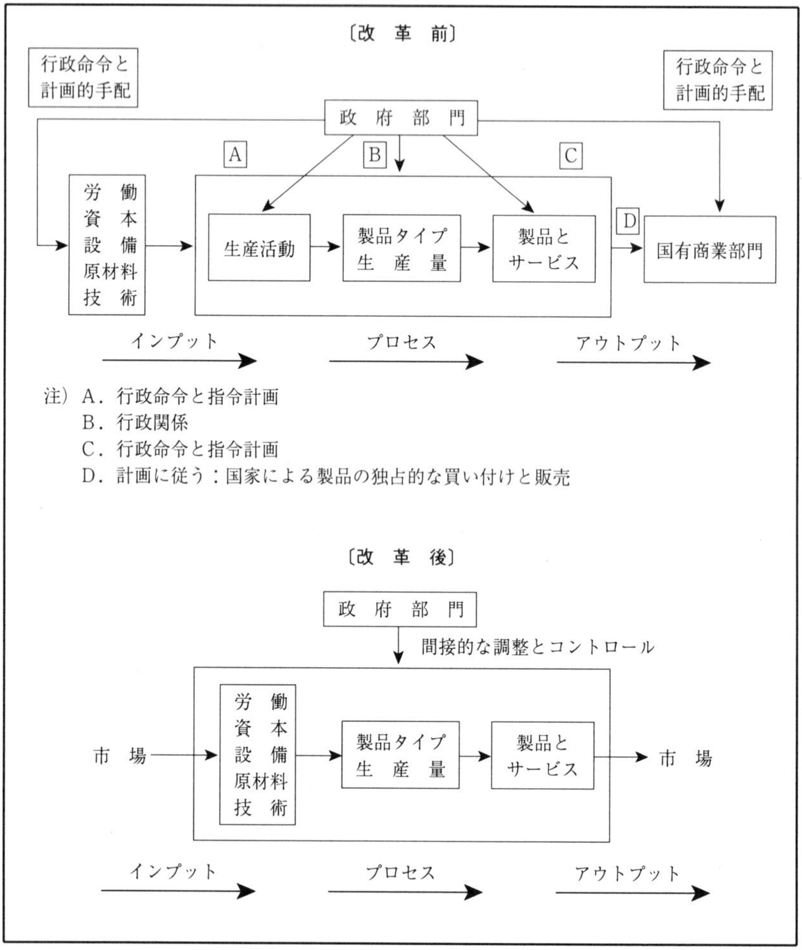

〔改革前〕

注）A．行政命令と指令計画
　　B．行政関係
　　C．行政命令と指令計画
　　D．計画に従う：国家による製品の独占的な買い付けと販売

〔改革後〕

（出所）「東アジアの経営システム比較」ミン・チェン著、新評社

方で、改革に失敗したところは、遠慮なく市場から退出させられるようになった。現在約1万1,000社の大・中型製造企業には、厳しい淘汰・再編が待ち受け、企業数は半減以下となるかもしれないが、現在の欧米先進国並みの経営システムとコーポレート・ガバナンスを確立し、国際的に競争力の強い国有企業や企業グループがいくつも現れた時に、中国の国有企業改革が終わることになろう。

2　政府の役割

　ここまでの本論の中で、東アジア各国の政府が数多く登場したことに気づくことであろう。計画経済で国有部門が生産を担う中国やベトナムは言うに及ばず、レッセ・フェールの香港でも、政府に相当する行政府が民間の経済活動に関与してきた。民間部門が主体となる自由経済体制において、政府が民間へ介入することについて、賛成と反対それぞれの立場から様々な主張があるが、世界銀行の1993年版レポート「東アジアの奇跡－経済成長と政府の役割」では、東アジアの高度成長における各国政府の役割を高く評価している。発展途上の段階にあった東アジアにおいて、政府が市場の不完全さを補うべく介入し、資源の最適配分により経済効率を高め、公正な社会を実現したとするものである。

　しかし、政府の介入により東アジアが高度成長を達成したかといえば、必要条件ではあっても、十分条件には必ずしもならない。不必要な政府の介入が民間活力を殺ぎ、経済発展の妨げになった可能性とて否定できないのである。この点では、あくまで仮定であり実証できないのは残念であるが、東アジア各国政府が果たした役割を全般的に高く評価するとともに、適切でなかった部分についても押さえることが重要であろう。とりわけ、政府の介入によりレントと呼ばれる不当利益が発生し、レントを求めて官民が癒着することが問題となる。こうしたレント・シーキングは、インドネシアのスハルト政権、韓国の全斗煥政権、フィリピンのマルコス政権など、東アジアにおいて数多く見られた。

　政府の役割については、外交、国防、教育の三本柱でほぼ意見が一致するが、社会福祉と経済に関しては、どの程度の関与が適正なのか、換言すれば大きな政府が小さな政府かについて意見は一様ではない。現在の先進国では、アメリカと

イギリスが小さな政府、ドイツ、フランス、日本が大きな政府ということになろう。需給関係で価格と配分が決まる市場に対しては、小さな政府では市場万能主義、大きな政府では特定目的に向けて随時介入となる場合が多い。市場機能が不完全な発展途上国においては、資源の適正配分や社会的公正の観点から、政府による市場介入が行われることが支持される。この場合の支持は、純粋に不完全な機能を補完するということを前提としている。

世界銀行レポートでは、東アジアの高度経済成長は、不完全な市場の補完をはじめ、経済主体である民間部門に対し良好なビジネス環境を与えた一方、レントを最小限に止めた各国政府の役割を強調している。これに対し、南アメリカやアフリカでは、政府の介入が非効率と不公正を招き、経済は低迷して人々の不満は最高潮に達したとされる。しかし、こうした高い評価も、1997年7月以降のアジア通貨危機により一変した。韓国の「漢江の奇跡」を支えた財閥企業は、過剰投資から大胆な再編を迫られてしまい、インドネシアのスハルト・ファミリー・ビジネスは、後見を失うや瀕死の状態に陥ってしまい、こうした部門への過度の肩入れが経済危機を招いたとの指摘もされるようになったからである。

この章で企業経営と政府の役割を並列的に取り上げたのは、東アジアの場合、少なくともこれまでは、経済発展や企業経営において、政府の存在が重要な要因となったからである。今後中長期的にも、これまでより小さな存在になるとしても、現在のアメリカやイギリスのように、無視できるほど存在になるとは考えにくい。仮にそうであれば、これまでの東アジアの発展における政府の役割を見直すとともに、今後のあるべき姿を考えることも、東アジアを学ぶ上で重要となろう。ただ、政府が経済活動に介入することの是非については、政治家や学者の間で論争となる高度な問題である。ここでは、そうした高度な判断を行うことは避け、東アジアにとって理想型を考える上での示唆に止めたい。

この章の中心テーマは、東アジアの企業経営である。一般的に経営学では、営利目的の法人組織が研究の対象となり、個人や公的部門は対象となりにくいが、東アジアでは政府も十分研究対象となり得る。それは、民間企業の経営に影響を与えたということだけではなく、政府自身も企業的な活動をかつて行っていた、あるいは現在も行っているからである。シンガポール政府は、自らを「シンガポール・コーポレーション」と呼び、国を会社に、国民を従業員にそれぞれ喩え、

国が栄え国民が富むことを、企業つまり国家の戦略としている。先進国の多国籍企業を誘致することは、戦略を実現するための重要な手段である。経営者である首相の頭脳として、経済開発庁（EDB）という戦略策定部門がある。

シンガポールのように明確な発展戦略を打ち出さないが、英国統治下の香港政庁についても、香港における英国五大資本の1つに数えられたように、収益力の高い企業であった。収益に相当する税収を低く抑える一方、経費に相当する財政支出も徹底的に切り詰め、土地使用権という莫大な営業外収入もあって、香港返還時の財政余剰は500億米ドルを超え、外貨準備高は1,000億米ドルに到達する水準だった。サイズの小さい香港やシンガポール以外にも、強力な重工業化路線を推進した韓国の朴政権、大陸反攻を悲願として経済力を蓄えた台湾の国民党政権も、企業経営に直接乗り出した政府と考えることができる。前者には財閥企業、後者には国民党資本と公営企業という、それぞれ有能な社員がいた。

アジアNIEsよりサイズの大きいASEAN4では、それぞれ個別の事情と異なる目的ではあったが、多くの国有企業群を有し経済活動に直接関与した。これら国有企業は、政府による独占事業権や政府支配下の銀行による融資など有利な条件は与えられたが、全般的には経営に関する戦略と手腕を欠き、非効率や赤字体質に陥り政府の重荷となってしまった。政府の重荷は、最終的には国民負担となる。80年代に重化学工業化政策を推進し、1,000社もの国有企業を抱えたマレーシアは、その失敗を認めて80年代後半から統合・再編、さらには民営化を加速している。インドネシアの主要な国有銀行は、すべて自己資本比率がマイナスに陥り、政府の公的資金注入を受け必死に経営の立て直しを図っている。

共産党政権となって社会主義計画経済を採用し、国有部門が生産活動を担った中国とベトナムは、計画経済の弊害と国有部門の非効率により経済が立ち行かなくなり、中国が改革・開放、ベトナムがドイモイへと政策転換し、計画経済を断念して市場経済手法を採用した。統制価格から市場価格への移行などの歪みを解消した後、両国とも高い経済実績を達成している。この両国に関しては、政府による介入が弊害を生み出し、放任したことで効果につながったことは明らかである。しかし、生産の中心である国有企業については、長年非効率を続けたことによる赤字体質からの脱却は容易ではなく、今後とも改革を断行する上で、法整備など政府の支援や関与が不可欠であることは言うまでもない。

東西冷戦下の政治色を抜きに市場経済体制と計画経済体制を比較すると、アメリカを中心とする西側の市場経済体制が圧勝した結果となるが、一時的にせよソ連経済がアメリカ経済より好調な時期があり、宇宙ロケット開発など特定分野ではソ連は優れた技術を有していた。ここから言えそうなことは、優れた政府によって適切に運営されれば、計画経済は好実績を示すことである。ただ、優秀な官僚を抱える政府とて神ではなく、不適切さがあっても気づかず、修正されにくいことになる。このため、一時的に好調があったとしても、持続的な発展へは導きにくい。市場経済であれば、不適切な価格や資源配分は市場により修正され、民主制度が進めば政府の政策へのチェック機能も働きやすくなる。

　東アジアに目を転じると、工業化の初期段階では、英国統治にあった香港を除けば、権威主義的な政府のもと、市場機能によらない資源配分を行ったという点では、社会主義に近い体制だったと考えられる。韓国の朴政権がその典型例で、国家の発展戦略はすべて政府が策定し、実働部隊としての財閥に参入業種を指定し、同じく支配下にある銀行を通じて物価上昇率を下回る優遇金利での貸し出しを行った。競争を制限したこと、優遇金利を適用したことにより、財閥は通常では得られない利益、つまりレントを得た訳であるが、政治と財閥との不公正な裏取引が加われば、レントはさらに大きなものとなる。世界銀行レポートでは、輸出増強が選定基準となったため、レントは小さかったと強調している。

　台湾では、国民党企業や公営企業には、独占事業権と輸入品締め出しという韓国同様のレントが与えられたが、輸出を担った中小企業については、まったくレントは与えられなかった。それどころか、公営を中心とした銀行融資は利用しにくく、競争に敗北すれば容赦なく淘汰された。パソコン部品製造など元気な台湾の中小企業は、こうした厳しい環境の中で鍛え上げられ強くなった。台湾で問題になっているのは、これまでレントを受けてきた域内市場製造業やサービス業である。香港では、民間への公的な直接支援制度はなく、競争力を失った繊維など軽工業は、広東省に移転することで活路を見出した。シンガポールは、政府の強力な指導のもとで、持続的な高度成長を続けている注目すべきモデルである。

　アジアNIEs4に比べ輸入代替工業化期が長かったASEAN4では、レントが顕著な形で発生していた。これは、1つには産業保護・育成政策における輸入禁止や高い関税によるものであるが、もう1つには東南アジア諸国全体の経済

問題、即ち原住民と華人との経済格差の是正から発生するものである。典型例としては、マレーシアのブミプトラ政策があげられる。華人からブミプトラへ、合理的な理由なく所得や資産を移転しようとしたことで、レントを発生させてしまう。この場合、便益者は政府とブミプトラ、被害者は華人ということになる。世界銀行のレポートでは、一部の産業や企業を長期間にわたり過保護に置いたＡＳＥＡＮの産業政策を、総じて不成功だったと評価している。

　ＡＳＥＡＮ４における最も深刻なレントは、政治と経済との癒着である。32年の長期にわたったインドネシアのスハルト政権では、息子や娘などのファミリー・ビジネス、サリムやボブ・ハッサンなど取り巻きの華人資本が、独占事業権などの便宜を受け続けた。こうしたレントは、前のインドネシアの章で紹介したように、インドネシア語の頭文字から「ＫＫＮ」と呼ばれるが、ＫＫＮによるレントが莫大であったことは、スハルト政権崩壊後に次々と明るみに出た。アジア通貨危機において、インドネシアの経済危機が最大だったのも、公正と効率を欠く不透明なレントのためと後の政権担当者も認めている。

　レントの存在は、逆レント即ち不利益の存在も意味する。韓国の財閥が政府からレントを受ければ、財閥以外の経済主体には逆レントとなる。韓国では中小企業の弱さ、財閥との二重構造が深刻な問題となっている。東南アジアの自動車産業に見られる産業保護政策は、競争力のない国内産業に対するレントとなるが、そのレント分は車の価格へと上乗せされ、消費者は不利益を被ることになる。このように、レントは強い立場の生産者に与えられ、逆レントは弱い立場の消費者に押しつけられがちであるが、大きなレントが発生する状態が長期間続けば、経済発展を阻害するばかりでなく、スハルト政権を倒したインドネシアの学生運動に見られるように、社会不安にもつながりかねない。

　東アジアの発展において、世界銀行のレポートに見られるように、政府が果たした役割を高く評価する声が多い。レントを発生させた産業保護・育成策の他にも、インフレ抑制など適切なマクロ経済運営、健全な財政状況、低金利による貯蓄率向上、科学技術振興と技術導入、教育制度の充実による人材育成、地方開発による所得格差是正などが主なものである。確かに、教育制度の充実や貧困撲滅、所得格差の是正などでは、見るべきところが多い。ＫＫＮで国民から退場させられたスハルト政権も、スカルノへの対抗という政治的意図があったにせよ、中央

から離れた地方への財政支出を厚くした結果、地方における開発が進み、識字率の向上、所得格差是正、貧困撲滅などは大きな成果を実現した。

しかし、民間経済活動への介入に関しては、民間の自由競争による結果と比べれば、良くても同程度、通常は下回ると考えた方がよい。国家管理においた中国、ベトナムと、貿易・投資を自由化した香港との比較で、どちらが順調に経済発展

図11－3　国・地域別の所得不平等度とGDP成長率の相互関係（1965～89年）

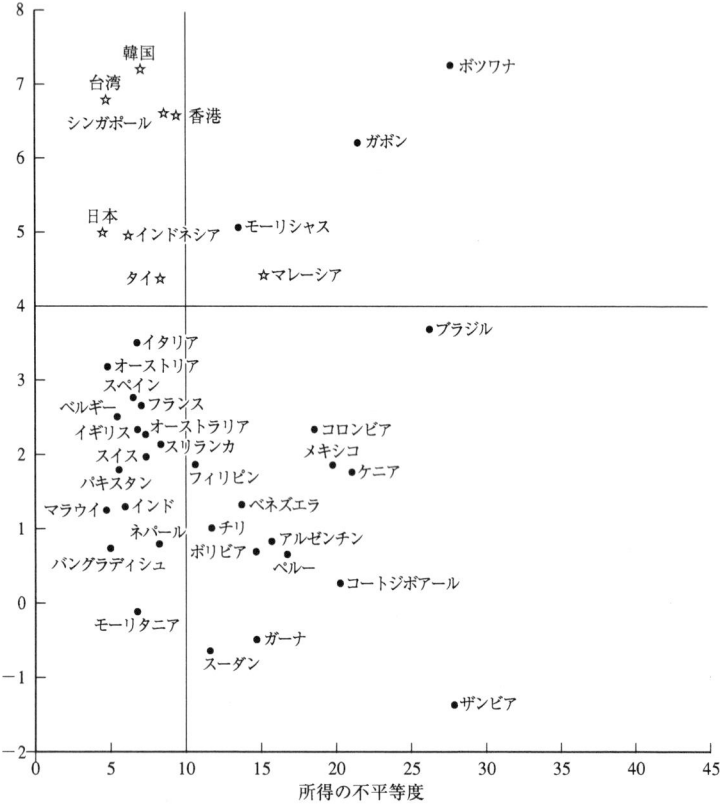

注）所得の不平等度は、人口の20％を占める最裕福層の所得シェアーと、人口の20％を占める最貧層の所得シェアー

（出所）「東アジアの奇跡 — 経済成長と政府の役割」世界銀行著、東洋経済新報社

したかを見れば、答えは明らかだと思われる。この点では、韓国朴政権による強力な産業政策と財閥育成策が、「漢江の奇跡」に貢献したとの主張もあろうが、そもそも韓国の民間部門はそれだけの潜在力を有していたのである。民間資本が育っていない段階では、政府が直接乗り出すことや、特定の産業や企業を支援することは、やむを得ない選択肢とも考えられようが、政府はレントをできるだけ小さく抑えて、早急に手を引いた方が国益にかなうものとなる。

東アジア各国政府は、民間の自由な活動、市場機能による資源配分を基本的政策とし、市場の不完全さの改善や暴走を抑制する補完的な役割に徹することが最善策で、先の例では、経営学の対象にならないことが重要である。ただ、自由経済と市場機能を貫徹すると、それに伴い弊害も発生する。その弊害とは、現在東アジアで最も自由化の進んだ香港で顕著であるが、強い者と弱い者の格差が一層拡大することである。香港では、不況になると全体的な賃金水準を引き下げるのではなく、一般従業員を即座に解雇することで乗り切ろうとする。今後東アジア各国政府に求められるのは、社会・経済的な弱者への配慮と政策である。ここでは、代表的な2つの政策を取り上げて考えてみることにしたい。

1997年7月にアジア通貨危機が発生し、好調だった東アジア諸国は、一転して景気後退や経済危機に陥り、バンコックやジャカルタなど大都市では失業者が急増した。失業者の急増は、治安悪化にもつながりかねず、各国政府にとって失業対策が急務となった。経済不振時に職を確保することは容易ではなく、失業保険の支払いなどで各国政府の財政支出は急拡大した。こうした深刻な事態に至るや、高度成長時には政府、民間とも気がつかずに軽視した社会保障制度の重要性が注目されるようになった。税収が少なくなった中でも、失業者など社会的弱者に最低限の生活を保障すること、火災時に高いビルから落ちて来る人のための救助網に喩え、社会セーフティーネットを充実する動きが加速した。

各国政府の主な施策は、失業者に失業保険を支払う一方、職業センターなどの訓練施設を充実し、パソコン操作など次の職のための技能を身につけさせるものである。国有企業に社会福祉をすべて抱えさせた中国では、政府が退職年金や失業保険などの社会福祉制度を導入し、国有企業の社会福祉関係の負担を軽減させた上で、整理・統合など国有企業の改革を加速している。英国統治下で社会福祉

制度がまったくなかった香港でも、立法会で民主派が議席を占めたこともあり、公的年金や医療保険などの制度を新設している。社会セーフティーネットがどの程度必要かの論議はあろうが、民間主体で行うとすれば負担が大きすぎるため、政府主導の制度として確立して全面的に行うことが最良の方法となろう。

社会セーフティーネットは、人道的観点から必要不可欠の制度だと思われるが、経済効率や競争力の観点からも大きなメリットがある。それは、経済の効率化や産業の競争力強化に向けた統合・再編を、社会不安を心配せずに進められることである。この過程で、企業の倒産や失業が発生することになるが、倒産企業の資源や人材は、既存の競争力の強い産業や企業、将来性の高い新興産業などへ、市場原則に基づき円滑に移転させることができる。問題となるのは、こうした制度の創設と維持に、各国政府が財政や人材面で負担に耐えられるかということである。この点に関しては、次の章で触れるように、日本や国際機関などの政府開発援助（ＯＤＡ）、技術を有する外国企業の活用などが有効である。

東アジア各国政府が取り組むべきもう1つは、中小企業対策である。アジア通貨危機を発端とする経済危機により、韓国の財閥や東南アジア華人資本など大手企業は業績を悪化させたが、体力の弱い中小企業には、倒産が相次ぐほど厳しい大打撃となった。多くの雇用を吸収する中小企業の倒産は、失業増大など深刻な社会問題を発生させるため、官民あげて中小企業対策の重要性を強調するようになった。しかしながら、原則不介入の香港を除き、東アジア各国政府とも中小企業の育成・新興を一貫して重点施策に掲げてきた。問題に対する認識はあっても、大手企業やハイテク部門の輸出主導による派手な高度成長に目が向くあまり、地味な中小企業対策にまで目が届かなかったのであろう。

もっとも、人間の生きる権利に関する社会セーフティーネットとは異なり、一民間部門の中小企業を支援することについては、賛否両論から様々な論議がある。香港では、特定の産業や企業に対する直接支援は現在も行われていない。政府が支援するとしても、すべての中小企業を対象としなければ、不公平との批判さえ免れない。政府が特定部門を定めて重点支援を行えば、先出のレントの問題が発生する。だからといって、目立った公的支援なしで中小企業の活力旺盛な台湾の例もあるが、有効な対策がなければ大手との格差は拡大する一方で、社会・経済の両面で深刻な問題へとつながる。政府にとっては、国全体としての観点から、

中小企業対策・振興策を慎重に行うことが要求されることになる。

　資本金、売上高、従業員数により、また製造業・非製造業別で中小企業の定義が異なるが、東アジア全体では、中小企業は企業数の99.9％、利益総額の48％を占める。中小企業を中企業と小企業に分けると、小企業は企業数で99.8％、利益は18％となる。台湾と東南アジアの地場企業による輸出では、台湾はパソコン部品など電機・電子を中心に、東南アジアは繊維、雑貨、伝統工芸品などを中心に、中小企業は健闘している。裏返せば、地場大手資本の輸出力がそれほど強くないということになる。財閥企業中心の韓国では、中小企業は長らく政策の対象外に置かれたが、1997年では雇用の70％、輸出の32％の数値が示すように、80年代に集中排除が行われて以降、一定のシェアーを占めるようになった。

　東アジア各国の中小企業支援策は、公的融資と技術支援に大きく分かれる。公的融資は、財政支出や公的金融機関を通じた直接貸し出しと、民間銀行に対する貸出規制が伝統的に行われてきた。アジア通貨危機以降、日本の信用保証協会制度をモデルにした保証制度が東南アジア各国で導入された。こうした制度融資の基金は決して十分ではないが、経験を蓄積することにより制度の充実が見込まれる。技術支援では、タイのサターバン方式やインドネシアの里親企業制度が代表的である。ともに政府が仲介役となって、前者では外国援助機関などの技術指導を提供し、後者では国有企業や大手企業と下請け関係を結ばせるものであるが、下請け企業の技術水準向上の試金石として注目されるところとなった。

　こうした努力は評価されるものの、中小企業対策については、信用制度など制度融資を除いて、政府は役割を縮小することが望ましい。中小企業は弱者には違いないが、過保護を長期間にわたり続ければ、自立させることはできない。むしろ、中小企業自らが事業内容を公表して、必要となる資金や技術を集めなければならないなど、厳しく評価される環境に置く方がよい。政府には、店頭市場やベンチャー基金など資金調達市場、技術や情報など交流の場を整備する役割が期待される。こうして参入した起業家精神旺盛な中小企業の中から、良質部品の製造により大企業を手玉に取る頼もしいところが現れることが大いに期待される。そうなれば、中小企業として区別した政策も必要ではなくなる。

第12章　東アジアの地域経済関係・日本との関係

1　東アジアの地域経済関係

　これまでの東アジア各国間の貿易や投資など経済交流は、どちらかといえば希薄なものだった。これは、1つには台湾海峡、朝鮮半島、インドシナなど、米ソ対立や冷戦構造の影響で、政治信条の違いから近隣地域や同一民族間で対立、あるいは戦争状況が長きにわたり続き、人の行き来さえできない国や地域があったからである。もう1つには、経済・産業構造の類似性から、近隣諸国間の経済交流にメリットが少なかったことが考えられる。農産品や繊維製品など主要輸出品で競合し、自動車など消費財の輸入は厳しく制限したため、近隣諸国間での貿易は拡大しにくかった。また、各国が重視する外国投資の受入では、ゼロサム・ゲームのごとく近隣諸国間で激しい誘致合戦となる。こうした状況では、近隣諸国間で貿易や投資が進まないのも、ある程度は仕方のない当然の成り行きだった。
　しかし、こうした状況も、次第に変化を見せるようになった。ソ連のゴルバチョフ書記長がペレストロイカを推進すると、東アジアでも前面に出ていた政治色が次第に薄れ、建前より実利を求める、換言すれば政治より経済を優先する傾向が80年代後半から鮮明となっていった。中台関係では、改革・開放に転じた中国が、1979年に「台湾同胞に告げる書」を発表し、平和的な祖国統一と通郵、通航、通商の「三通」を台湾に呼びかけた。これに対し、蔣経國の台湾国民党政府は、接触せず、交渉せず、妥協せず、の「三不政策」で応じたが、経済界の圧力に次第に抵抗しきれなくなり、1985年には台湾製品の中国大陸への間接輸出の黙認を宣言し、それ以降香港を通じた間接貿易・投資が見られるようになる。
　中国の改革・開放は、当時英国領だった香港にも転機をもたらした。人件費上昇で輸出競争力を失いつつあった繊維や雑貨など香港の軽工業は、開放された中国大陸、とりわけ隣接する広東省へと大量に移転した。香港資本の生産拠点が広

東省に移転したことにより、生産は広東省、関連サービスは香港と役割分担ができあがり、経済的結びつきを強めた両者の関係から、華南経済圏と呼ばれるようになった。週末のレジャーに香港人が大陸に渡り、広東省で香港人向け不動産販売が行われるなど、人的交流面でも両者の結びつきが強まった。香港人の多くは広東省出身であり、歴史的に分離されてしまった間の経済発展の相違が、再会した両者には大きな経済的メリットをもたらすものとなった。

　香港と広東省の経済的な結びつきは、他の東アジア諸国をも刺激することになった。香港資本が輸出競争力を取り戻し、広東省が中国の中で突出した経済実績を示しているのを目の当たりにするや、近隣諸国や地域との協力を模索する動きが加速した。こうした動きは、東アジアの新しい地域協力のモデルとして、ビジネス機会を生むものとして世界のビジネス界からも注目され、日本でもアジア経済研究所などのグループが、東アジアの「局地経済圏」の研究を始めた。これら研究者グループは、局地経済圏を経済水準の異なる国や地域が、政治体制やその他の壁を超えて、経済協力関係を進めることと定義したが、21世紀の東アジアを展望する上でも御さえるべきポイントの1つとなった。

　図表12−1は、東アジアの主要な局地経済圏構想を図示したものである。この他にも、タイを中心とするバーツ経済圏構想や、インドネシアのスマトラ、マレーシアのペナン、タイのハジャイを対象とする北部三角地帯構想などがある。局地経済圏は、生い立ちの経緯から、経済実態が政治に先行した構想と、政治主導で協力関係を構築した構想の2種類に分けることができる。前者の代表的なものは、香港と中国広東省の華南経済圏、台湾と中国福建省の両岸経済圏、後者の代表的なものは、1990年にシンガポール、マレーシア、インドネシアの3国政府が合意したシンガポール、マレーシアのジョホール州、インドネシアのリアウ州を共同開発する「成長の三角地帯（トライアングル）構想」である。

　国連開発計画（UNDP）主導の「豆満江地域開発計画」や「メコン川流域開発」は、政治主導ではないが、国際的な開発計画により行われているので、後者に近いと考えられる。上海浦東開発を核とする上海・長江流域経済圏は、これまでのところ対象地域が中国で、中国以外目立った参加者がいないので、前述の定義からは局地経済圏には該当しないが、対象地域の拡大や5億人以上の潜在市場を考慮すれば、東アジアで最大の局地経済圏と考えることもできる。その他広い

中国では、雲南省とミャンマー、広西自治区とベトナムなど、国境貿易を通じた経済的な結びつきもある。韓国とは渤海を挟んで対岸の山東省と、北朝鮮とは国境を接する吉林省との間で経済交流が盛んになった。

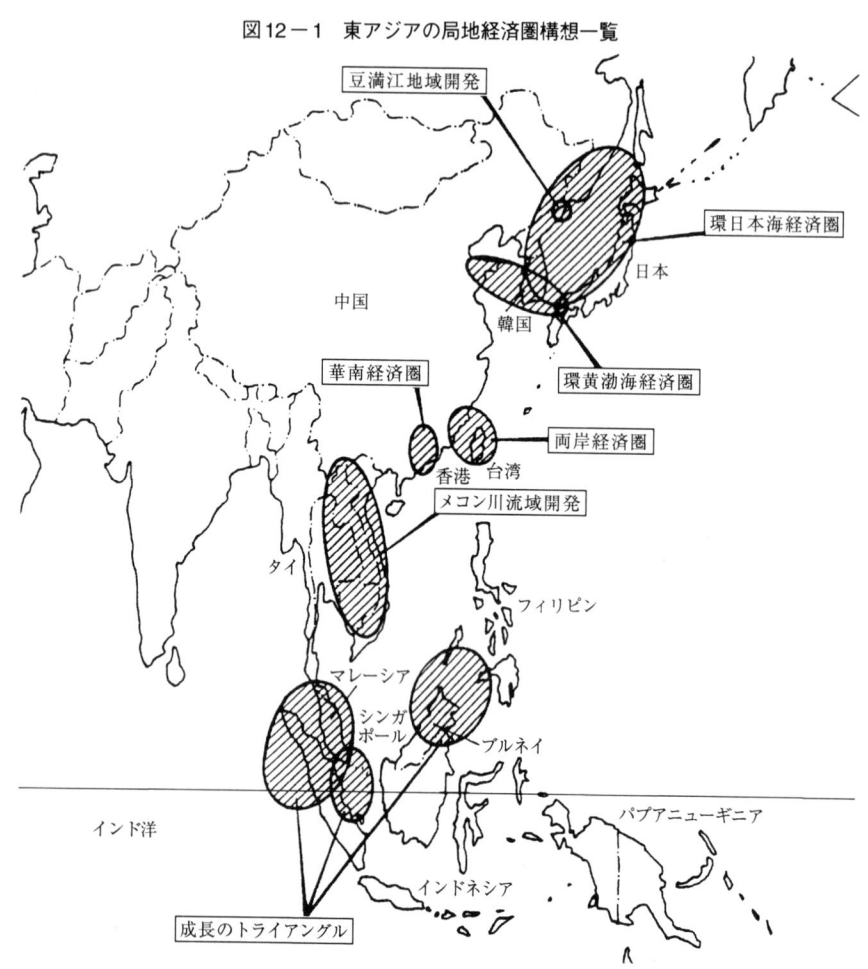

図12－1　東アジアの局地経済圏構想一覧

(出所)「APEC時代への戦略 ― 環日本海経済圏の新局面」小山洋司編、有信堂

　局地経済圏のはしりとなった華南経済圏は、アジアの国際金融センター香港を中核に、製造業が移転した広東省、東洋のハワイを目指して広東省から独立して

省へと昇格した海南島が対象地域となるが、広義の華南経済圏は、これに台湾と福建省の両岸経済圏が加わる。広東省、福建省、海南省の3省には、中国が設置した深圳、珠海、汕頭、廈門の当初4か所、後に海南島が加わり5か所の経済特区すべてが含まれる。これは偶然というより、中国の改革・開放が、香港と台湾を経済圏に取り入れることを最初から意識していたものと考えられる。香港と広東省は、「拡大香港（グレーター香港）」とも、「広東語経済圏」と呼ばれることがある。同様に、台湾と福建省は、「閩南語経済圏」との呼び方もある。

広東省の急激な発展は、香港の製造企業の進出により始まったが、香港籍となった外資企業を含め3万8,000社が進出し、約500万人の中国人を雇用していると香港貿易発展局は推定している。広東省を1つの国と見ると、面積は日本の約半分で、1999年の人口7,270万人、総生産1,022億米ドル、1人当たり所得1,416米ドルとなる。この経済規模は、人口6,200万人、国内総生産1,210億ドル、1人当たり所得1,960ドルのアジア通貨危機には優等生と賞賛された現在のタイにほぼ匹敵する。経済的にはタイと同水準でも、広東省には近くに香港があるのが強みである。金融、物流、通信、港湾など香港の優れたサービス機能との連携により、広東省は中国の全輸出のうち40％を占める外向的な経済となった。

表12−1　中国主要三市場の特徴

		華　北	華　中	華　南
中心都市		北京、大連	上海、南京	広州、深圳
市場規模	人口	23.3%	38.7%	12.4%
	GDP	28.6%	38.2%	14.1%
対外依存度	輸出	32.6%	30.4%	29.9%
	外資	26.5%	23.2%	45.9%
産業特徴		◇重厚長大 ◇大型国有企業 ◇大連、青島が輸出基地	◇ハイテク、基礎産業、精密産業 ◇浦東を中心に沿長江に拡大	◇輸出産業基地、加工組立 ◇基礎産業、エネルギーに弱い
日本企業の進出		◇北京本部 ◇大連輸出基地 ◇天津、青島今後有望	◇上海地域本部 ◇南京、蘇州ハイテク ◇四川・内陸への窓口	◇南部の拠点 ◇香港とのセットで輸出加工基地

（出所）「香港返還と中国経済」稲垣清著、蒼蒼社、数値は全国に占めるシェアー

中国の改革・開放が全方位となった現在、外資にとって中国の窓口は、香港と広東省の華南中心から、華北、華中、華南の三極体制へとシフトし、外資にとっては選択肢が増えた。商都上海は、国家プロジェクト浦東を軸に、長江上流地域を見据えたハイテクなどの製造業誘致と、ビジネス・金融センター機能の拡充を図り、首都北京を中心とする華北は、北京の地域統括機能、天津の製造工場、北の香港を目指す大連など、それぞれ強みをもって外資にアピールしている。外資の進出状況から見ると、香港や東南アジア華人が華南、英国やドイツなど欧州勢が上海、アメリカが天津、日本が大連、韓国が山東など、相関関係が見られる。沿海部の発展の波が、内陸部へと波及するかが今後の注目点となった。

表12－2　華南経済圏とASEAN5との比較（1999年）

国・地域	面積 (千km^2)	人口 (百万人)	GDP総額 (億米ドル)	1人当たりGDP (米ドル)
中国（除香港、マカオ）	9,597	1250	9,802	780
華南経済圏（広義）	370	143	6,011	4,200
華南経済圏（狭義）	213	88	2,696	3,065
拡大香港	179	80	2,639	3,300
香港	1	7	1,617	23,520
広東省	178	73	1,022	1,416
海南省	34	8	57	770
両岸経済圏	157	55	3,315	6,030
台湾	36	22	2,886	13,111
福建省	121	33	429	1,300
ASEAN5（含SG）	3,049	372	4,822	1,300
タイ	513	62	1,210	1,960
マレーシア	330	23	773	3,400
インドネシア	1,905	207	1,105	580
フィリピン	300	77	780	1,020
シンガポール	1	3	954	29,610
日本	378	127	40,789	32,230

（出所）世界銀行2000／2001レポート、中国各省は中国統計年鑑、経済圏数値は筆者算出

台湾と福建省の両岸経済圏は、政治という大きな壁があるだけに、両岸の交流拡大とそれによる外資など第三者への波及効果は目立つものではなかった。それ

でも、台湾の製造業者は、東南アジアとの台湾政府の勧告にも、言葉や文化で共通点の多い福建省への進出を加速し、福建省側も台湾向け工業団地の開発など受け入れ体制を整えている。投資活動の裏付けとなる香港経由の間接貿易は、製造用の設備や原材料を供給する台湾の大幅輸出超過で、台湾の輸出は200億米ドルを超える水準に達している。台湾は、2000年に陳水扁民進党政権が誕生し、対中関係で大胆な緩和策を打ち出すことも予想されたが、国民党政権同様態度は曖昧であり、香港と広東省のようなリンケージは当分期待しづらい。

　東南アジアでは、成長の三角地帯構想が局地経済圏の典型的な成功例となった。三国政府による包括協定の後、シンガポールとインドネシアとの間で、リアウ州のバタム島の開発に着手した。バタム島には、工業団地バタムインドが建設され、シンガポール政府は日本や欧米の企業を積極的に誘致した。インドネシアでは、サリム・グループが開発に加わり、工場従業員をインドネシア全土から集めた。バタム島は、シンガポールから高速艇で30分程度の距離にあり、バタムでの製造活動は、港湾、物流、通信、金融などシンガポールの高度なサービス機能を利用することができる。また、国境越えとなる移動を通行証形式とし、外国人にとって都合の良いシンガポールからバタムへの通勤を可能とした。

　バタム開発が順調に進み、工業団地が入居で埋まると、次はさらに南のビンタン島の開発が始まった。バタムより大きいビンタンでは、工業団地とともにリゾート施設の開発も進められて、シンガポール人の休暇などにも利用されるようになった。バタムでは電機などハイテクの加工組立型が多いのに対し、ビンタンでは素材や化学など重厚長大型も見られるのが特徴となっている。成長の三角地帯構想により、リアウ州はインドネシアの中で突出した経済成長地域となり、設備や原材料を輸入し、製品を輸出する外資の製造活動により、首都ジャカルタがルピア暴落で経済危機に陥ったのに対し、リアウは人件費がルピア建ての分むしろ輸出が好調となり、これぞ成長の三角地帯という実績を誇示した。

　成長の三角地帯構想は、言うまでもなく、香港と広東省の関係を意識したもので、シンガポールは香港へのライバル意識が強い。香港が12億人の中国人を後背地として発展戦略を展開すれば、シンガポールはＡＳＥＡＮの4億人市場を主戦場に、さらにベトナム、ミャンマーなど、新興市場にも迅速に交流網を拡大している。中国大陸についても、無錫にシンガポール工業団地を建設し、香港の牙城

に食い込みを図っている。アジア通貨危機では、困難に陥ったタイなど東南アジア企業の買いに回り、政府系ＤＢＳがタイや香港の地場銀行を買収したように、シンガポールの強さと積極さが示された。今後も東アジアの地域協力において、シンガポールが随所に主役として登場することは確実であろう。

　これに対し、インドシナの盟主を自認したタイは、アジア通貨危機以降一転して元気がなくなった。投資ブームで高度成長となった1988年、チャチャイ首相が「インドシナを戦場から市場へ」と掲げて以来、バーツ経済圏、インドシナの金融ハブなど、タイは自らが中心となる意欲的な地域構想を次々と打ち出した。実際この頃には、ベトナムやミャンマーを見据えた外国企業のタイ進出も目立った。バンコック銀行やＣＰなどタイの大手企業は、周辺諸国に支店や事務所を設立し、通貨バーツはラオスやカンボジアとの国境での取引に使われ、これらの国ではバーツが流通した。インドシナの金融ハブ構想の一環として、1993年にオフショアー金融市場を創設したが、これがバーツ暴落の決定的な要因となった。

　日本や欧米のビジネス界も、インドシナ2億人の大市場誕生と期待した矢先の1997年7月2日、通貨売り圧力に屈しタイ・バーツは暴落した。バーツ暴落が金融・経済危機を招き、国内経済立て直しを最優先するため、タイ政府は自らを盟主とする地域経済圏構想をすべて見直した。リストラを迫られたタイ企業は、周辺諸国に進出した拠点から撤退した。価値の下落した通貨バーツは、国境付近の取引では依然使用されるが、地域の決済通貨となる道は遠のいた。タイ経済や金融が通貨危機前の機能を、完全に取り戻すには相応の時間を要すると思われるが、そうしている間にも、ドイモイのベトナムが力をつけタイに迫ってきており、インドシナ経済圏は将来的に多元化する可能性が高い。

　東アジアにおける局地経済圏構想は、21世紀も引き続き地域経済協力の有力手段として推進されると思われるが、豆満江開発計画やメコン川流域開発など国連開発計画主導のものを除き、地域的には広大な中国大陸、協力案件の発掘やパートナー間の調整など、オーガナイザー的な役割は、情報に目ざとく機動的な香港とシンガポールが担うものと思われる。ここでも、中国人の力が主役としてフルに発揮されることになる。そうした地域協力関係に、日本や韓国は製造業投資で参加する役割が期待されよう。オーガナイザーとしての両者は、民間投資先行なし崩し型の香港、政府間協定で足元を固めてから本格的に乗り出すシンガポール

と違いがあるが、その他にもいくつか興味深い違いがある。

東アジアの地域経済関係において、もう1つ重要な注目すべき動きは、各国・各地域とも地域ハブに名乗りをあげ、激しい競争を始めたことである。ハブとは、自転車の車輪の「ハブ・アンド・スポーク」から引用した「中心」の意味で、航空ハブ、港湾ハブ、通信ハブなどの機能で使用される。東アジアにおいて、ハブ機能は長らく香港とシンガポールが担ってきた。周辺諸国は、港湾や通信など両者の優れたインフラ施設を利用することができたが、後背地とみなされることや、シンガポールのOHQステータスのように「頭」と「手足」に喩えられたことには、多少の不愉快さもあったかもしれない。80年代後半以降の地域全体の高度成長は、各国・地域にハブ機能を整備する機運を盛り上げた。

表12-3　香港とシンガポールの主な特徴と相違

	香　港	シンガポール
経済政策	不介入、インフラなど間接支援	政府の頭脳EDBが戦略を決定
経済の担い手	民間資本、英国、中国など外資	政府系資本、外資多国籍企業
対外投資	民間の自己判断、行政不介入	政府間協定で、民間に道をつける
為替レート	1米ドル=7.8HK$の通貨リンク	中身未公表の通貨バスケット
金融政策	金融調整できず不動産バブル発生	強力な介入で低インフレ率維持
国際金融センター	内外一体型で為替・資本規制なし	外と内の取引を厳格に区別
経済リンク・後背地	中国、特に広東省で自然発生的	周辺ASEAN諸国で政治主導型
インフラ整備	入札制により業者決定	政府機関が事業主体となる
街の様子	自由と喧騒にあふれた街並み	ゴミ1つない整然とした街

（出所）筆者作成

まず激しい競争が起きたのは、各国にとっての玄関、国際空港の整備である。動きの速くなった世界のビジネスにおいて、使い勝手の良い国際空港は必要不可欠である。21世紀は航空輸送において東アジアが世界の中心地になるとの見方もあり、90年代に入り各国で巨大空港建設計画が相次いで発表された。国際空港でも、チャンギ空港のシンガポールと、啓徳空港の香港がリードしていたが、クアラルンプールのクパン、ソウルの仁川（インチョン）、上海の浦東、バンコクのノンヌーハウと、巨大空港の建設が次々と発表され、啓徳空港が手狭になった香

港では、世界最大級の香港新空港が1997年7月1日の返還当日に開港することが発表された。チャンギも、第3のターミナルと滑走路まで拡張している。

海運の主流となったコンテナ貨物でも、東アジア全体の経済発展と貿易拡大傾向を反映して、香港、シンガポール、台湾の高雄、韓国の釜山、台湾の基隆と、東アジアの主要港湾が、世界ランクの上位をほぼ独占している。1990年にロッテルダムを首位から引きずり降ろして以降、香港とシンガポールが毎年激しく世界一のコンテナ取扱港の地位を争っている。1992年から7年連続で香港が世界一の地位を保ったが、98年にシンガポールが首位を奪還した。香港は葵涌、シンガポールはタンジュンパガーと、世界最大級の最新鋭コンテナ埠頭を有しているが、両者とも処理能力倍増の拡張を進めている。中国でも、上海、深圳、大連など東部沿海部の港湾都市では、急激にコンテナ港の整備が進められている。

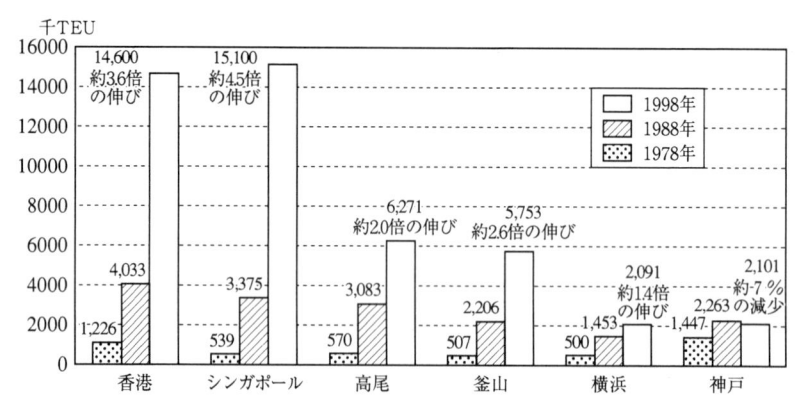

図12－2　東アジア各港のコンテナ貨物取扱量推移

台湾のアジア太平洋オペレーション・センター構想、タイとマレーシアのオフショアー金融市場、上海浦東開発、フィリピンのスービックと、香港、シンガポールに続き東アジア各地で国際金融センターへの名乗りがあがったが、金融ハブに関してはアジア通貨危機の金融危機の影響で、全般的に低調となってしまった。こうした空港、コンテナ、金融センターをはじめ、激化するハブ機能の拡張競争は、ゼロサムとなって勝者と敗者が鮮明となるのか、プラスサムとなって全体の需要を拡大するのか、コスト高、厳しい規制、地理的条件、インフラの整備状況、

政治的な壁などそれぞれに一長一短があり、いま一つ展望しづらい部分もあるが、競争激化がハブ機能のレベル向上につながることが期待される。

2　日本との関係

　東アジア諸国の経済発展において、日本は深く関わってきた。日本から導入した技術で韓国と台湾は輸出産業を育成し、日本企業の直接投資が80年代後半以降の東南アジア諸国の高度成長に貢献した。国際金融センター香港では、日本の小売業の進出が消費文化に影響し、日本人観光客の支出は貴重な外貨獲得源となっている。また、日本政府の東アジア各国に供与した政府開発援助（以下ではODA）は、経済発展に必要なインフラ整備や人材育成に役立っている。もちろん、日本がこれまで果たした役割は、知識層を中心に現地では一定の評価を受けているが、問題がない訳では決してない。これまでの状況を振り返り、改善を加えながら東アジアと一層関係を深めることが重要であろう。

　現在、東アジアと日本との交流は、様々なレベルで行われているが、政府間レベルの経済関係ではODAが重要である。日本政府のODA供与の基準は、1人当たり所得で無償が1,000米ドル、有償が3,000米ドルであるので、本書が対象とする東アジア8か国・2地域では、経済水準の高いアジアNIEs4を除き、ASEAN4と中国、ベトナムの6か国に供与されている。日本は現在、アメリカを抜き世界一の援助大国となったが、アジア重視を打ち出し、広義のアジアが2国間ODAの約2/3を占める。国別内訳金額では、インドネシア、中国、フィリピン、タイ、ベトナム、マレーシアと、東アジアが上位を占めているが、所得水準の向上したマレーシアやタイは、ODA卒業前の段階となっている。

　日本政府は、ODAの平和利用目的を理念に掲げているため、クゥエートに軍事侵攻したイラク、核実験を行ったインドとパキスタン、軍事政権が居座るミャンマーについては、人道的な支援を除き停止している。ベトナムについては、カンボジア問題が完全に解決した1992年に再開した。中国については、1989年の天安門事件でODAを一時停止したが、中国の国際的孤立は得策でないとして、当時の海部内閣はいち早く再開した。このように、ODAは外交上の駆け引きに使

われることが多いが、日本は欧米諸国に比べてODAに戦略がないとよく指摘される。アメリカは同盟国との関係強化、イギリスはコモンウェルズ諸国との関係維持、フランスはフランス語と同文化の普及を明確な戦略に掲げている。

98年の日本のODA総額は1兆3,659億円、平均レート130.89円で換算すると104億3,500万米ドルとなる。OECDの1999年度の速報によれば、日本155億米ドル、アメリカ91億米ドル、フランスとドイツがそれぞれ64億米ドルとなっており、為替レートの関係で対前年比金額大幅増となったが、日本はDAC21か国の実績総額550億米ドルのうち、28.2％を占める援助大国である。DACとは、先進国クラブOECDの下部機関で、加盟21か国にはGDPの0.7％を目処にODA実施が義務づけられる。1996年にOECD入りした韓国は、まもなくDACのメンバーとして、ODAを供与することになろう。

日本のODA予算は、バブル経済の頃には年率2桁の増加となっていたが、バブル崩壊以降は聖域だった防衛費とODA予算も見直しの対象となり、ここ数年はゼロかマイナスの伸びが続き、対GDP比で0.35％程度と国際的義務を大きく下回っている。もっとも、アメリカ0.1％、イギリス0.23％などは上回っている。ODAは、有償の円借款と無償の機材提供と技術支援に分かれるが、日本の場合、有償の円借款が全体の80％を占め、他の援助供与国に比べて有償比率が高いことが1つの特徴となっている。有償比率の高さは、しばしば批判の対象となる。無償資金は国家財政からの直接支出、有償の円借款は郵便貯金を原資とする財政投融資の充当と、予算措置は2本立てになっている。

ここまで、日本のODAの仕組みと現状をやや詳しく紹介したが、東アジア諸国との関連で6か国が供与先国の上位に名を連ねているだけに、十分な理解が必要との観点に立ったものである。一般国民にとって、ODAは医療、福祉、公共事業などと異なり、日常生活から疎遠なため、政治家や官僚に任せがちであるが、国民1人当たり年間1万円の税金や貯金が費やされていること、この後に紹介するように東アジア各国にとっても経済や社会など多方面で影響の大きなものとなるため、東アジアを学ぶ一人ひとりが、ODAに関する自らの考え方を確立するとともに、日本のODA政策におけるオピニオンリーダー的な役割を担い、相手から喜ばれるとともに自らも満足できるものとしなければならない。

一方の東アジア諸国にとっては、無償または有償でも返済条件の緩やかな日本

のＯＤＡは、有難いものであっても、決して迷惑なものとはならない。円借款による大口資金は、かつては韓国、現在は上記の6か国の道路、港湾、橋梁、発電所、灌漑など、工業化にとって必要なインフラ施設の整備に使われてきた。1988年から90年までのタイの3年連続2桁成長において、日本の円借款は2％分以上の成長に貢献したとの調査報告もあった。戦争ですべての施設が壊滅状態となっていたベトナムでは、南北国道、ハイフォン港など物流の核となる交通施設が円借款によって補修と整備を受け、ドイモイによる高度経済成長を後押しした。この貢献自体には、正面から異議を申し立てる向きは少ない。

表12-4　日本の政府ベース資金協力

(単位：億円)

年　度	1994	1995	1996	1997	1998
有償資金協力（円借款）	8,751	11,379	13,030	11,058	11,016
プロジェクト借款	7,866	9,854	12,198	9,472	7,000
非プロジェクト借款	675	1,297	781	11,111	3,848
債務繰り延べ	210	228	37	475	167
無償資金援助	2,492	2,584	2,602	2,692	2,643
一　般	1,867	1,929	1,932	1,942	1,914
水　産	104	93	107	107	90
緊　急	66	405	102	127	208
文　化	25	25	25	25	23
KRおよび2KR	431	432	435	428	406
計	11,243	13,963	15,632	13,687	13,659

注）KRはケネディー・ラウンドの略
(出所)「経済協力の現状と問題点」通商産業省

しかし、たとえ条件は緩くとも、借款には返済が伴うことで問題が生じている。東アジア諸国の通貨は、基本的には米ドル固定または連動であるため、円・ドル為替相場の変動が大きく影響する。その円・ドル相場は、1970年までの1ドル＝360円から1995年には一時的に1ドル＝80円の円高となったように、長期的な円高・ドル安傾向となっている。このため、20年から30年後の現地通貨による返済は、大部分の案件で大きな為替差損を発生させ、採算に見合わなくなる場合も少なくない。また、東アジアでは問題はないが、アフリカや中南米では返済不能に

陥っている国もある。人間でもそうであるが、多重債務の負担は精神的にも重くなるため、円借款中心主義は見直す時期と言えそうである。

次の問題点は、受身的、消極的な日本政府の姿勢である。口を出さないのが日本の伝統的な美徳であるが、日本政府のODAもこうした姿勢である。相手国政府が提案する案件を、要請ベースで進める方式を採用している。これは、相手を尊重しているように見えるが、裏を返せば無責任とも言える。供与先国に提案能力があるとは限らず、供与側にも逆提案できる能力が要求される。アジア通貨危機でIMF管理下となったタイ、インドネシア、韓国は、いずれも日本が最大のODAを供与する国、あるいはかつて供与していた国である。これらの国々で構造改革が進まなかったのは、日本の責任と言われても仕方がない。相手のために、言いにくいことも言うというのが、真の友人の態度であろう。もちろん、そのためには相手のことを良く知る、つまりシンクタンク機能の拡充が必須である。

表12−5　日本の対東アジア主要国へのODA供与推移

(単位：百万円)

国／年度	1995	1996	1997	1998	累　計
インドネシア	178,018	197,167	224,877	251,364	3,580,710
中　国	142,322	172,549	209,792	214,188	2,372,106
フィリピン	158,184	134,894	11,043	163,123	2,183,292
タ　イ	61,867	118,477	106,234	149,821	1,830,505
マレーシア	154	126	116	108,538	769,110
インド	132,326	136,153	136,527	11,935	2,095,149
パキスタン	55,971	65,764	36,249	566	1,024,116

注）ベトナムについて表の記載はなかったが、97年度810億円年度880億円の円借款となっている。

(出所)「平成11年度版、経済協力の現状と問題点」通産省

日本の援助は、顔が見えないとの批判もよく聞かれる。日本のODAが巨大インフラ建設の円借款が中心である一方、カナダや北欧諸国のODAは、農村でのワクチン注射や害虫の駆除など、草の根レベルが圧倒的多数である。日比友好道路を走っても日本の援助とは意識しないが、ワクチンに対する感謝は長く続くものとなり、金額の大きさからは割にあわないものとなる。ODAは感謝される目的で行う訳ではないが、日本を代表して行っているということは、相手に知って

もらう必要があろう。最も恐ろしいことは、ＯＤＡの金額が大きいほど相手の役に立っているとの感覚に陥ることで、そうした金銭万能主義とも受け取られない態度は、東アジア諸国から反発を買うことになる。

　日本の今後のＯＤＡは、世論を反映した指針により実施されることになろうが、ここではいくつかの方向を示唆したい。東アジアに関しては、今後は金より人の提供を重視すべき時にきたと思われる。各国とも中堅層を構成すべき技能や管理の面で人材が不足しており、人材を育成するための施設や専門家に対する需要が高い。現在の日本の民間企業は、中高年に過剰な労働力を抱えており、各業界で培った貴重な経験と技能を日本政府のＯＤＡと結びつけることができれば、東アジアの発展と日本の構造改革の双方に有益なものとなる。中堅や若手についても、出向や休職によってＯＤＡに参加しやすくなるよう、労働法やその他で配慮することが、日本のＯＤＡを評価されるものにする第１の道である。

　次の道は、民間非営利団体のＮＧＯの活用である。欧米に比べ日本のＮＧＯの活動はやや遅れている感はあるが、世界各地で貧困撲滅など一定の貢献を行っている。ＮＧＯの多くは、人員や資金の面で困難に直面しており、ＯＤＡと有機的に結びつけることにより、相乗効果を引き出すことができる。ＮＧＯへの支援をＯＤＡに組み入れることも、今後の検討課題となろう。東アジアには依然１兆ドル以上のインフラ整備の資金需要があるが、それらは基本的に民間ベースの投融資に重点を移し、日本政府のＯＤＡは金額では減少となっても、技術水準の向上、教育や人材育成、貧困撲滅や生活向上、大気汚染や環境破壊の対策に重点を移し、民間人の積極的な参加を引き出すことも重要である。

　東アジアと日本との経済における民間の交流は、日本企業が東アジア各国、とりわけ東南アジアへ大量進出したことにより急速に深まった。日本の製造業の現地での生産活動は、現地の人々の雇用機会を拡大するとともに、派遣された日本人の技術者や管理職を通じて、日本企業の持つ生産技術や経営ノウハウなどの移転も促進している。日本企業が持ち込んだＯＪＴやＱＣサークル活動は、職員の能力向上と企業の競争力強化につながる日本式経営として、合弁相手やその他の現地企業に注目されている。自動車や家電など日本の大手組立メーカーは、部品の現地調達を目指して中小企業との交流を図り、下請け関係を構築した中小企業には、技術支援を行うことによりレベル・アップに貢献している。

日本の製造業の東アジア進出は、強力な輸出工業化を志向したアジアNIEsにおいても、輸入代替による国内産業育成を目指したASEANにおいても、アメリカの影響の強いフィリピンを除いて、アメリカや欧州の大手企業に先行した。輸入規制や高関税を手土産とした先方政府の要請で、進出を決断した大手家電メーカーもある。現地生産の日本ブランド製品が街に出回るようになると、今度は経済での侵略だとナショナリズムを煽るマスコミや知識人の論調が急増し、学生を中心とした抗日・排日運動へと発展する。田中角栄首相が1973年のジャカルタ訪問時に遭遇した反日デモは、まさに最高潮での出来事だった。現地の日本企業は、ただひたすら耐え、地道に生産活動を続けるしかなかった。

　1985年9月のプラザ合意以降の円高・ドル安は、日本の製造業は東南アジアへの進出を加速するが、この頃までに田中首相が遭遇した反日の雰囲気は、ほぼ一掃されていた。現地社会に従順で、真面目に生産活動に取り組む日本企業は、むしろ高く評価されるようになる。円高が日本企業の東南アジア移転を加速するが、同時に人件費コストの上昇したアジアNIEs企業も東南アジアに集中的に進出し、空前の投資ブームがフィリピンを除くASEANに高度経済成長をもたらした。効率を徹底重視し、現地従業員への対応も厳しいアジアNIEs企業との比較で、日本企業に対する評価がさらに高まり、そうした現地の好反応が、日本企業による拡張や新規の直接投資を生むことになる。

　日本企業の大量進出は、東南アジアに様々な影響を及ぼした。全般的には現地社会に貢献しているが、いくつかの改善すべき点も指摘される。現地従業員にとっては、給与は現地の平均水準以上で、日本式の終身雇用や年金も魅力であるが、責任ある仕事を任せてくれない、欧米企業に比べて昇進が遅いといった不満が多い。日本人社員が必要以上に多く、給与水準が現地と違うことも不満の種である。文化や言葉の違いから、コミュニケーションができないことも悩みである。コミュニケーション不足は、技術移転にとっても障害となる。また、国際感覚がないと言われる日本人だけに、夜はカラオケ、休日はゴルフと仲間同士でかたまって行動する様子は、現地社会から異様に見られることもある。

　もちろん、日本企業や派遣駐在員の方にも言い分がある。本社の経営理念を理解しようとせず、意欲や責任感にも欠如が感じられ、重要な仕事は任せられない、手塩にかけて育成しても、高い給与で他社に引き抜かれるから、教えても無駄だ

といったことである。人材不足による引き抜き合戦は、日本企業が起こしたものと現地でも厳しい批判に晒されたが、生産性を上回る賃金水準の上昇が、輸出競争力の低下につながってしまった。技術移転不足との批判には、言葉の障害が大きいと釈明するが、欧米企業が精密なマニュアルを作って対応するのに対し、対面と以心伝心の日本式は理解を得にくい。そうした苛立ちから、現地政府から日本人技術者の入国制限を受けるなど制裁的な措置を受けることもある。

表12—6　日本企業の対ASEAN直接投資の推移

(単位：上段件、下段億円)

国／年度	1996	1997	1998	1999	195-99累計
インドネシア	160	170	62	57	2,991
	2,720	3,085	1,378	1,024	26,718
マレーシア	69	82	32	44	2,183
	644	971	658	586	9,771
フィリピン	75	64	45	31	1,383
	630	642	485	688	5,954
タイ	196	154	72	72	3,747
	1,581	2,291	1,755	910	14,917
シンガポール	102	96	58	49	3,327
	1,256	2,238	815	1,073	16,060

(出所)　日本政府大蔵省

　東南アジアに進出した製造業が全般的に高い評価を受けているのに対し、香港やシンガポールなどに進出した銀行などオフィース系業種では、欧米企業に比べ評価が低い。これは、責任委譲の問題に加え、年功序列、終身雇用、集団責任制など日本式経営が多分に影響している。実力主義の香港では、平等主義的な日本企業の人事体系には満足せず、離職率も高くなっている。競争力が強いとして一時期世界的に注目された日本式経営も、ここにきて日本でも数々の制度疲労を起こし、改革が進められている。東アジアに進出した日本企業についても、現地の各種事情をできるだけ尊重し、思い切った権限委譲や現地人の責任ある役職への昇進、ジョブホッピングを恐れない技術移転などが求められよう。
　日本企業は、東アジアをはじめ世界各地に多額の直接投資を行ってきた。日本

の直接投資統計は、地域別にアジア、北米、欧州、その他に分け、アジアにはインドなど南アジアも含んでいるが、大部分が本書で対象とする東アジアである。アジアは、金額では北米や欧州を下回るが、件数では北米にほぼ匹敵しており、小型案件が多いことが1つの特徴となっている。もう1つの特徴は、北米は件数ではサービスなど非製造業が多いのに対し、アジアは圧倒的に製造業が多いことである。北米ではサービスや不動産も多いが、東アジアを中心としたアジアでは製造業が圧倒的に多い。東アジア諸国が製造業の外資を歓迎した一方、金融などサービスは国内産業のため外資を制限したことを反映している。

表12-7 日本の地域別対外直接投資（1996～1999）

(単位：上段件、下段億円、シェアー、%)

年/地域	北米	アジア	欧州	その他	合計
1996	638	1,233	241	389	2,501
	25,933	13,083	8,305	6,775	54,093
1997	611	1,151	250	477	2,489
	26,247	14,948	13,749	11,285	66,229
1998	334	537	382	344	1,597
	14,011	8,357	17,937	11,864	52,169
1999	355	528	509	321	1,713
	27,629	7,988	28,782	9,991	74,390
1951-99累計	31,173	29,041	11,202	17,254	88,670
	318,904	132,513	168,480	142,189	762,086
（シェアー）	(41.8)	(17.4)	(22.1)	(18.7)	(100.0)

注）シェアーは累計金額分
(出所）日本政府大蔵省、直接投資統計

1985年9月のプラザ合意以降、日本企業は貿易摩擦回避型の北米や欧州での現地生産と、輸出競争力回復型の東南アジア進出を加速した。こうした日本企業の世界的な生産活動の再配置が、日本と東アジアとの貿易構造にも反映している。東アジア各国の輸出がアメリカへの依存度が高いことは先に見たとおりであるが、産油国のインドネシア、繊維・日用雑貨の対日輸出基地となった中国、外貨事情の良くないベトナムを除き、貿易赤字傾向が定着している。東南アジアに移転した日本企業の生産活動が、日本の本社から生産設備や部品・半製品を輸入し、

アメリカを中心に製品を輸出している状況を反映している。

　アジア通貨危機の原因の1つに、円安・ドル安が指摘された。東アジア通貨が対米ドルで安定していたため、ドル高の輸出競争力に対する影響は理解できても、円安が何故悪影響となるのか理解しづらいかもしれない。完全なメカニズムは解明されていないが、1つの重要な要因と考えられるのは、東南アジアに進出した日本企業の行動である。日本と東南アジアとの輸出採算の比較で、円安局面では日本での生産を選べば、その分東南アジアでの生産活動が割りを食う形となる。地元資本の輸出が中心の韓国と台湾にとって、円ドルレートの心理的影響が大きいと思われる。前出の原田泰氏は、日本のGDPを米ドルに換算した額とその対前年伸び率が、東アジアの成長率と相関関係があると指摘している。

表12－8　東アジア諸国の対日貿易（1998年）

（単位：百万米ドル、%）

国・地域	輸　出	輸　入	貿易収支
韓　国	12,238　(▲17.1)	1,6840　(▲39.7)	▲4,602
台　湾	9,332　(▲20.2)	27,019　(▲6.9)	▲17,687
香　港	9,055　(▲20.1)	23,070　(▲18.8)	▲14,015
シンガポール	12,090　(▲7.9)	28,434　(▲17.7)	▲16,344
タ　イ	7,471　(▲15.5)	10,041　(▲38.2)	▲2,570
マレーシア	7,597　(10.0)	11,804　(▲7.5)	▲3,847
インドネシア	9,116　(▲27.0)	4,293　(▲48.0)	4,823
フィリピン	4,234　(▲0.9)	6,036　(▲18.6)	▲1,802
中　国	29,692　(▲6.7)	28,207　(▲2.7)	1,485
ベトナム	1,481　(▲8.2)	1,469　(5.6)	12
計	102,666　(▲12.3)	157,213　(▲19.4)	▲54,547

　　注）括弧内は対前年増減
（出所）「ジェトロ貿易白書-1998年版」日本貿易振興会

　バブル後の長期不況にあるとはいえ、500兆円のGDP、うち民間消費6割の市場はやはり大きい。東アジア諸国の指導者はすべて、ODAや直接投資とともに、あるいはそれ以上に日本の輸入拡大への期待を表明する。日本にとっては小さな額の輸入増加でも、経済規模の差から東アジアとっては効果の大きなものとなる。その意味では、1997年と98年の円安・ドル高と日本国内の不況は、東アジア各国

にとっては最悪の外部環境だったことになる。円安は、東アジア各国が外貨獲得手段として重視する観光産業も直撃した。日本が東アジアの発展に貢献するのであれば、国民一人ひとりが東アジアに対する知識を深め、手頃な価格で品質の良い東アジア製品を日常生活に取り入れることだとも思われる。

第13章　21世紀の展望

1　政治・外交

　20世紀最後の数年間、東アジアはまさに大きく揺れ動いた。歴史的イベントとして世界から持てはやされた香港返還が終了するや、「世界の成長センター」と賞賛された東アジア諸国を挫折に陥れたアジア通貨危機が起こった。アジア通貨危機に続く経済危機が、世界有数の長期政権だった32年におよぶインドネシアのスハルト政権を退陣させるや、東アジアにとって21世紀は政治の季節を予感させるものとなった。スハルト大統領に続き、マレーシアのマハティール首相、シンガポールのリー・クァンユー上級相と、依然当該国のみならず周辺諸国にも影響力の大きい高齢の指導者がいる。そうした指導者が引退した後はといえば、ポスト・スハルト時に先が見えなかったように、展望は至難の業でもある。

　もっとも、インドネシアで起こった劇的変化が、21世紀の東アジアの姿を垣間見せたようにも思われる。発展途上国の模範として国連や世界銀行から賞賛されていた人口2億人の大国が、実は1人の権力者の私利私欲によって潜かに蝕まれ、気がついてみたら滅亡寸前だった状況を目の当たりにするや、直接の被害にあったインドネシアのみならず、他の東アジア諸国にも貴重な教訓となったことは確かである。壊滅寸前となったインドネシアには、ハビビというワンポイント・リリーフが登場し、スハルト時代の悪習に大胆に踏み込んで改革を断行したことは、他の論者はともかく筆者は高く評価している。現在インドネシアは、東南アジアで最も民主化が進んだ国になったと考えてもよいくらいである。

　ただ、インドネシアの民主化は、大きな代償をも伴った。言うまでもなく、東ティモールの独立問題である。チトーという偉大な指導者がいなくなるや、分裂状態に陥ったユーゴスラビアの例が示すように、多民族を力づくで1つの国に抑えようとすれば、いずれは何らかの形で清算を迫られることになる。インドネシ

アの東ティモール問題も、スハルト時代の抑圧の歴史を清算するものだったが、99年の8月末から9月にかけて、独立派住民が独立反対派兵士の攻撃を受けているという報道を毎日のように見るにつけ、心が痛んだとともにインドネシア政府や国連など関係各方面の無策には憤りも感じた。結局、東ティモール問題への対応の失敗が、ハビビ政権をワンポイントに終わらせる大きな要因となった。

　21世紀には、東ティモールという独立国が誕生するが、インドネシアにはこの他にもアチェやイリアン・ジャヤなどの分離独立問題も抱えている。こうした分離独立問題が起こるのは、オランダ領東インドがそのままインドネシアとして独立した歴史的な経緯もあるが、派遣されたジャワ人が支配層的に振る舞う、石油や鉱物資源の収入をスハルト政権が吸い上げる、といった不満によるものである。ハビビ、ワヒドの両政権では、過去の非礼を詫び、インドネシアに留まることを説得するが、地方分権や中央・地方の分税制度など、地方が納得できる制度を確立できるかが鍵となる。東アジアには多民族国家が多いだけに、インドネシアが「多様性の中の統一」を維持するのかが試金石となろう。

　儒教の影響が強い東アジアでは、政治家や官僚の汚職に関する話が多い。これは、蓄財そのものが目的ではなく、「関係（グァンシー）」を基礎とした取引を促進する手段と考えた方がよい。香港返還の過渡期には、高級公務員の英国人から香港人への現地化が進められたが、現地化が1つだけ進まない機関があった。それは、警察である。職務の重要性は理解しながらも、家族・親族を通じて重要な捜査情報が漏れてしまうからである。儒教的なグァンシーの価値観は、経済を握る華人を通じてタイやインドネシアなど東南アジア諸国でも幅を効かせ、インドネシアでは政治腐敗から政権が倒れ、タイでは政治と癒着していたと見られる銀行部門が、巨額の不良債権から壊滅的な打撃を受けてしまった。

　西欧植民地支配を美化するつもりはないが、英国式統治システムを継承した香港とシンガポールでは、政治家や公務員の汚職事件はほぼ皆無で、これが両者の強い経済競争力の重要な要因となっている。香港については、中国主権下となって汚職がはびこると警鐘を鳴らす専門家もいたが、返還後3年以上過ぎても何らの変化も見られない。実際、世界の政治クリーン度ランクの調査では、北欧やオセアニアの諸国とともに、香港とシンガポールは、世界有数のクリーンな政府や行政との高い評価を受けている。シンガポールの人民行動党（ＰＡＰ）が独立以

来一党体制を維持しているのも、ＥＤＰ主導で高い経済水準を達成しているとともに、政府や公務員が職務に忠実で清潔であることが大きい。

　しかし、今後とも磐石かと言えば、決してそうではない。リー・クァンユー上級相の影響力が低下し、政治家や公務員絡みの大規模な汚職が出現した時には、統治体制の正当性に疑問符がつけられ、経済水準と知識レベルの高いシンガポール国民から、より民意を反映する選挙を要求する声が高まるかもしれない。政権の正当性といえば、共産党の一党体制下の中国とベトナムは、将来より大きな困難に直面するかもしれない。中国については、1989年の天安門事件の清算も終了しておらず、民主選挙を経ていない政権の正当性に疑問が高まった時には、世界情勢にも影響しかねない大事件が再び発生する可能性も否定できない。ベトナム共産党は、中国の政治情勢と中国共産党の動向に神経質になっていると言われる。

　21世紀の東アジアの政治面での最大の関心事となるのは、共産党一党体制の両大国の軟着陸、ソフトランディングであろう。かつて、中国の最高実力者の鄧小平氏が、10億人以上の国で民主制度が適用できるのかと誰彼に質問したが、さりとて長期的に現在の共産党体制が維持されてよいのだろうか。現在の朱鎔基首相は、強い信念でマクロや国有企業などの改革を断行し、欧米とくにアメリカから高い支持を得ている。現在の閉塞感から抜けきれない日本において、必要な政治リーダーは誰かと尋ねられれば、朱鎔基と答える知識人も少なくない。朱鎔基が信念を通せるのも、選挙という洗礼を受けなくて済むことが大きく、この点では共産党一党体制がプラスに作用していると言えるかもしれない。

　しかし、対抗勢力のない一党体制では、保守派や既得権層の反対圧力は大きく、朱鎔基のように私利私欲を離れて政治家として信念を貫き通せるのか、また、長期的に朱鎔基のような清廉潔白で国のために信念を貫く政治家が続くのか、そう考えると現在の体制がそのまま続くとも考えにくい。天安門事件では、政治は共産党一党体制を維持したまま、経済では自由化を進めることの矛盾が露呈したものと考えられる。あの頃と比べると、学生や知識人の民主化熱は冷めているが、経済水準は大きく向上し、それに伴い教育水準も向上している上に、衛星放送、インターネット、携帯電話などの普及により、世界中から情報も入りやすく、何かの契機に再び民主化運動が起こらないとも限らない。

　そうした事態になった時に、中国政府はどのように対応するのか、対応によっ

ては周辺東アジア諸国にも影響するものともなりかねない。ただ、天安門事件の学習効果は、大きかったようである。アメリカや欧州から受けた経済制裁は、対外開放となった中国に経済面で大きな打撃となった。現在の中国は、その頃に比べより対外開放型となっており、次の経済制裁は決定的なダメージともなりかねない。天安門事件のような惨事は、次には起こらないことは期待されよう。天安門の学習効果は、インドネシアでも生かされた。1998年5月の政変では、スハルト退陣により国軍の武力鎮圧は未然に防がれた。あの時、武力鎮圧が起こっていたら、現在インドネシアは大変なことになっていたであろう。

　政治体制は、もちろんその国の国民が決めることではあるが、下からの改革要求は激変となりかねないだけに、中国やベトナムにおいても、韓国や台湾のような上からの緩やかな改革がベストのシナリオとなろう。また、現在の体制を続けるのであれば、政権の正当性を傷つけないよう、政治家や公務員の汚職を徹底的に取り締まることが重要である。その意味では、北京市総書記という大物を解任した首鋼事件は重要で、末端の共産党員や地方公務員をも震え上がらせるものとなり、それ以降は中央レベルでの大きな汚職は起きていないようである。この事件については、上海閥が北京閥に攻勢をかけた、江沢民が権力基盤を固めたなど数々の観測も登場しており、一党体制のもとでこうした緊張感がいつまで続くのか、21世紀の東アジアを展望する上で、大きな注目点となったことは確かである。

　北東アジア情勢については、冷戦構造がどのように解決するのか、21世紀の最大の注目点であろう。20世紀中に中国への香港返還は実現したが、南北朝鮮問題、中台問題ともやや明るい兆しは見えたものの、根本的な解決は新世紀に持ち越された。この両者の問題には、歴史的経緯から日本も大きく関わってきたことから、地域の安全保障、あるいは両当事者間の平和的統一に向けての責任は重大である。主義主張から同じ民族が分断されて、戦争状態に陥ることほど悲劇的なことはない。そうした意味では、一刻も早く戦争状態を完全に終結させ、自由な相互訪問など交流が行われるようになることは、21世紀の東アジアの展望というより、1人の人間としての願望といった方がよいものである。

　朝鮮半島情勢については、2000年6月に金大中韓国大統領と金正日北朝鮮労働党主席の「両金」首脳会談が行われて以来、それ以前の南北対立から平和統一へとムードが完全に変わった。この機運自体は歓迎すべきことではあるが、北朝鮮

には依然外部からは見えにくいところがあり、また実際統一作業を進めるとなると、「漢江の奇跡」で高度経済成長を遂げた韓国と、閉鎖体制で食糧すら不足すると言われる北朝鮮とでは、経済格差が大きくなり過ぎ、経済水準の高い韓国側が大きな負担を強いられることになる。世界第3位の経済大国の西ドイツでさえ、東側で最も経済水準の高かった東ドイツを抱え込んで統一するや、経済格差是正のために重い負担を強いられ、好調な経済は変調をきたしてしまった。

　こうした東西ドイツの統合過程をつぶさに調査した韓国政府は、韓国が北朝鮮をそのまま吸収合併する形の南北統一は、早期に不可能という結論を出している。だとすれば、他の選択肢は2つまたは3つに限られる。第1番目は、北朝鮮の経済水準を韓国並みに引き上げ、対等な形で統一する方法である。第2番目は、韓国が負担し切れない負担は、他国が肩代わりする方法である。第3番目は、1番目と2番目の折衷案、即ち北朝鮮の経済水準をある程度まで引き上げた上で、韓国と統一する方法である。しかし、このいずれの方法でも、莫大な統一費用が発生する。一部は当事者の韓国や国連など国際機関が負担するとしても、大部分負担することが求められるのは、過去に責任を持つ日本である。

　日本と北朝鮮の両国間には、現在も数々の難問が横たわっており、それらが完全に解決したとの前提で話を進めると、日本の世論動向を重視しなければならないが、何らかの負担を行うのはやむを得ないことと思われる。目安となるのは、1965年の日韓国交回復時に日本が韓国に支払った賠償と準賠償金で、当時の韓国の人口と現在の北朝鮮の人口、当時からの物価上昇率、米ドルの主要通貨との実効為替レートなどを加味し、賠償額を算定して南北統一の費用に充当する方法が妥当だと思われる。今後は、核開発や経済実態など北朝鮮側の各種の情報開示が鍵となる。朝鮮半島の平和共存、さらには平和統一が実現すれば、北東アジアの安全保障は大きく前進するが、その可能性は高くなったと言えよう。

　北東アジアのもう1つの難問は、中国と台湾であるが、こちらの方は平和的な統一は、短期的には実現は難しいと思われる。吸収される側の台湾は、1人当たり所得では中国の10倍以上の経済水準があり、総統直接選挙を実現させた実績から、共産党一党体制の中国への拒否反応が強いからである。一国二制度という大技で香港を取り戻したという反論もあるだろうが、英国統治下で民主制度のなかった香港と台湾とは事情が異なる。さらに大きな違いは、中国絡みの中継貿易を

基盤とする香港は、中国から水や食糧が供給されなければ生活すら苦しくなるのに対し、パソコン製造が好調な台湾は、対中投資の減少は効率低下にはつながっても、その分他の東南アジア諸国にシフトできるということである。

　中国は、香港式の「一国二制度」による台湾統一を考えているが、これに対し台湾側は「一国二政府論」を提示している。主権国家に2つの政府というのは、空論にもならない虚構で、つまり台湾は中国と統一する気がないと言っているのである。今後中期的には、台湾の対中投資規制の緩和や、航空機の相互乗り入れなどでの進展はあっても、平和的統一が実現するとは考えにくい。仮にあるとすれば、中国で選挙など民主制度の導入が進み、1人当たりの所得格差が半分程度に縮小した時となろうが、最速でも20年は要するものと思われる。最悪のシナリオは、台湾の民意が独立へと傾き、独立を宣言することであるが、そうなれば中国が常日頃警告しているように、武力で対抗することは明白である。

　これに対し台湾の最大の武器は、民主制度を確立したことである。アメリカ外交の基本は、自由と民主を尊重する同盟国との連携強化であり、台湾が武力侵攻を受ければ最大限の防御を行うはずである。もちろん、賢明な台湾政府は、そうした波風を立てるような行動に出るとは考えられないが、いざという時のための備えも必要である。ここでも問題となるのは、日本の外交政策である。日中国交回復以降は、中華人民共和国を唯一の主権国家とする外交政策は当然のことであるが、地理的にも歴史的にも両者に最も近く、両者の平和共存のための建設的な関与を行える立場にもある。中台間の問題は、単に当事者の問題にとどまらず、地域全体の安全保障に大きく影響することには留意しなければならない。

　21世紀の東アジア外交におけるもう1つの不安点は、中国とASEAN諸国との関係、とりわけ未解決の領土問題である。中国とインドの国境線、中国とベトナムが領有権を争う西沙諸島、中国、台湾、ベトナム、フィリピン、マレーシアが領有権を争う南沙諸島の問題がある。西沙や南沙では石油資源が絡んでいるが、いずれも中国が当事者となっている。南沙諸島では、各国が占有した島で軍事基地の建設などが始まっており、カンボジア問題を巡り1979年に発生した中越戦争のように、局地戦へと発展する危険性も否定できない。ベトナムを含めたASEAN諸国にとって、300万人規模の世界最大の兵員数を誇る中国人民解放軍は脅威で、高度成長時代には兵器購入による軍拡競争も見られた。

こうした領土争いは、東アジア地域の安全保障にとってまさに脅威となるものであり、当事国すべてが納得する解決策または枠組みが求められるが、各国とも渇望する石油資源が絡むだけに複雑である。国連など第三者が仲裁に入ったとしても、あちらを立てればこちらが立たずになってしまうことになる。中国の諺の「大同小異」にあるように、小異を残して（捨てるではない）大同につく着地点を、たとえ長時間を要しても見出すことしか方法はないと思われる。ただ、西沙、南沙とも船舶や民間航空路にあたっており、威嚇射撃などの小競り合いで第三者はもちろんのこと、当事者にも被害を出さないよう、さらに小競り合いをも未然に防ぐよう、東アジア地域であるいは国際的な監視体制は必要である。

　東南アジア諸国連合ＡＳＥＡＮについては、独立前の東ティモールを除き東南アジアの10か国すべて加盟を達成し、地域連合体としての機能は充実したが、1997年7月のアジア通貨危機以降、創設時加盟国間で不協和音が見られるようになった。90年代前半の高度成長期には、内政不干渉の原則のもとミャンマー軍事政権に建設的関与を試みるなど、一枚岩で行動していたが、アジア通貨危機以降は、民主化への対応にもある程度関与しようとするタイとフィリピン、それにハビビ政権以降のインドネシアのグループと、政治には不干渉を貫く姿勢のマレーシアとシンガポールのグループとの溝が深まったように見える。地域共同体として一体感を今後どのように維持するのか、注目されるところとなった。

　東アジアでは、東南アジアのＡＳＥＡＮが唯一の地域連合体で、北東アジアにはそうした連合は今後とも結成の動きはない。ただし、ＡＳＥＡＮをベースに、中国、韓国、日本の3か国がオブザーバーとして長年参加しているＡＳＥＡＮ拡大外相会議や、1994年発足の地域安全保障を話し合うＡＲＦ（ＡＳＥＡＮ地域フォーラム）など、いくつかの枠組みが既に機能しており、東アジア諸国間の包括的な外交交渉と地域全体としての外交の枠組み作りは、これらの下で行われることになろう。1996年発足の欧州との会議であるＡＳＥＭとともに、中国、日本、欧州と、世界の大国を次々と自ら主導の会議に参加させたＡＳＥＡＮの手腕はお見事と言えるが、とりわけ中国を巻き込んだことは重要である。

　日本については、東アジアの地域協力と安全保障にどのように関与すべきか、過去の経緯もあり、政治や外交、とりわけ安全保障面で日本が表舞台に出ることを、東アジアすべての諸国が望まないことは確かである。とはいえ、中国の存在

感が大きくなれば、東南アジア諸国は警戒する。ではどうすればよいのか、やはりアメリカに登場してもらうことであろう。日本は、東アジア全体のコンセンサスを得られなければ、外交政策に自主性がない、対米従属外交だとの批判されようとも、アメリカへの全面協力により東アジアの安全保障に貢献するのが最善の選択であろう。それと同時に、日米と日中という2つの外交軸を確立し、米中両大国の協調につなげることで、東アジアの政治・外交に貢献すべきであろう。

2 経　済

　世界銀行から奇跡と賞賛された東アジア経済の高度成長は、1997年7月のアジア通貨危機発生を機に、様相が一変してしまった。高度成長時代には、ほぼすべての国・地域が実質年6％以上の高度成長を遂げたのに対し、97年後半から98年にかけて多くの国でマイナス成長を伴う厳しい景気後退を経た後、8か国・2地域のすべてが99年にプラス成長を取り戻したが、アジア通貨危機前のようにすべて高度成長という訳ではなく、国・地域によって大きな差が生じるようになった。すべて勝ち組だったこれまでとは異なり、21世紀は勝ち組と負け組が明確に分かれてしまう厳しい競争の時代に突入したものと思われる。厳しい競争を勝ち抜くためには、各国・地域とも構造改革を断行しなければならない。
　21世紀の東アジアの経済を展望する上で、重要な鍵は2つにまとめられる。1つにはＡＳＥＡＮ自由貿易地域ＡＦＴＡの先行きであり、もう1つは中国のＷＴＯ加盟による影響である。東南アジア通貨暴落によりアジア通貨危機が発生した要因の1つとして、1994年1月の中国人民元の為替レート一本化による実質33％の切り下げが指摘されるように、ＡＳＥＡＮと中国は、輸出における強力なライバル関係になったと考えられるようになった。仮にこうした考えが正しければ、ＡＳＥＡＮ、中国ともに輸出好調ということはなく、どちらかが好調なら他方が割りを食うことになる。投資に関しても、鄧小平南方講話の92年以降、中国の外国投資受け入れが急増したが、逆にＡＳＥＡＮ各国は頭打ちとなった。
　本書で随所に強調しているように、東アジアは多様な地域である。経済についても、1人当たり所得が3万米ドルに到達するシンガポールと300米ドルを超えた

ベトナムまで多様である。こうした多様性ゆえに、東アジアとして統一的な展望を示すことは難しいが、現在の経済水準を基準として、アジアNIEs4、ASEAN4、中国と3つにグループ分ければ整理して考えやすい。アジアNIEs4は、厳密には製造業型の韓国と台湾、ビジネス・金融センター型の香港とシンガポールと細分化することも可能である。ベトナムについては、ドイモイ以降近年の発展は目覚しいものの、1人当たり経済水準や産業構造の深化の観点から、現段階ではASEAN4と同グループ分類にはやや無理がある。

アジア通貨危機以降、東アジア諸国は経済的にも様々な難問に直面しているが、アジアNIEs4のものと、ASEAN4および中国のものは、根本的に種類の異なるものである。アジアNIEs4については、古くから自由貿易政策を採用している香港とシンガポールに加え、先進国の経済水準に到達した韓国と台湾も、アメリカなど先進国の市場開放圧力および自発的な貿易・投資の規制緩和により、国内・域内市場において欧米日など外資を交えた大競争を展開しなければならなくなった。韓国の自動車産業に見られるように、今後の競争の展開次第では、国内で1社が生き残れるかどうかの難しい状況に立たされたところもある。しかし、世界的メジャー企業へと発展するチャンスでもある。

香港とシンガポールは、1人当たり所得基準では、既に先進国の中でも上位水準にあり、高コストに見合う高付加価値化の追求が21世紀の最大の課題となる。高付加価値化を実現できなければ、賃金水準の引き下げなどデフレによるコスト削減を迫られるかもしれない。この点では、首相直属の頭脳EDBの活躍により、シンガポールは着実に課題を克服しつつあるように思われる。大学院レベルの技術者や管理者を質量とも豊富に養成していることに加え、国民一人ひとりにパソコンやインターネットなど習熟させることにより、来るべき国際的な情報通信（IT）化の激戦時代を戦い抜く万全の準備を整えている。ネット関係のベンチャー企業家も次々と登場し、若者を刺激する相乗効果も発揮している。

これに対し、香港はやや雲行きが怪しい。為替投機家の攻撃から香港ドルを防衛したものの、不動産賃料などコスト高は根本的に解消されず、日本が不況に陥ったこともあって、外資企業の香港拠点を見直す動きが趨勢的に続いている。6年連続で世界一の取扱量を誇ったコンテナ港湾も、神戸と並び世界最高水準の料金となるや、中国が独自のインフラ整備を始めたこともあって、98年にはシンガ

ポールに逆転された。ＩＴ産業の集積を図るサイバーポートなど、軽工業の広東省大量移転による空洞化を取り戻す動きも見られるが、上海が台頭していることもあって、国際ビジネス・金融センターとしての地位は相対的に低下しており、コスト高を克服する大胆な活性策が出るのかが注目点となった。

　韓国と台湾については、外資の参入が本格化することから、また政府による保護が期待できなくなったことから、民間独自の競争力強化策が今後の鍵となる。こうした動きとして注目されるのは、韓国の浦項総合製鉄（ＰＯＳＣＯ）が株式持合いによる新日本製鉄との世界１、２位の連合を形成したこと、台湾では日本の電子部品メーカーが活発な取引や投資を行っていることなど、外資をも巻き込んだ縦横連携の動きである。これまでは両者とも、貿易不均衡の相手に対する一方的な制裁措置や、技術移転が進まないことへの批判など甘えが見られたが、最近では国際的なルールや商慣行に基づく大人の対応を行っており、民間ベースの取引拡大や技術移転の促進による発展に期待が持てるようになった。

表13－1　東アジア実質ＧＤＰ成長率の推移と見通し

(単位：対前年%)

国・地域／年	実績 98	実績 99	予測 2000	予測 2001	国・地域／年	実績 98	実績 99	予測 2000	予測 2001
全平均	▲0.1	6.3	7.7	6.3	中国	7.8	7.1	8.2	7.9
ＮＩＥｓ４	▲2.5	7.3	8.5	5.6	ＡＳＥＡＮ４	▲9.3	2.8	5.2	4.5
韓国	▲6.7	10.7	9.1	5.3	タイ	▲10.2	4.2	4.6	3.5
台湾	4.6	5.4	6.4	5.7	マレーシア	▲7.4	5.8	8.5	6.5
香港	▲5.3	3.1	9.9	5.9	インドネシア	▲13.0	0.3	4.7	4.2
シンガポール	0.4	5.4	9.5	6.5	フィリピン	▲0.5	3.3	4.0	3.2

　　注）予測は2000年12月基準
　（出所）「国際金融」外国為替貿易研究会、1058号56頁

　ＡＳＥＡＮ４と中国については、アジア通貨危機以降は、中国の好調に対してＡＳＥＡＮ４の劣勢が目立つようになった。中国は、ＡＳＥＡＮ諸国をはじめ世界が恐れた人民元相場の下落を阻止し、赤字国有企業というお荷物を抱えながらも、また広東省のノンバンクの破綻、長江水域の記録的な洪水など数々の困難にも直面したが、国内需要喚起による７％以上の成長を続けている。ＡＳＥＡＮ通

貨下落の影響で98年の輸出の伸びは大幅に鈍化し、物価上昇率がマイナスに転じてデフレ傾向となったが、為替レート切り下げによる輸出拡大という誘惑に駆られることなく、財政支出拡大などにより直向き努力に努力した姿勢が、アメリカなど国際社会の共感を呼び、悲願のＷＴＯ体制復帰に大きく前進した。

一方のＡＳＥＡＮ４は、マルコス時代の停滞により資本自由化が遅れたフィリピンを除き、98年に軒並み大きなマイナス成長に転落した後、99年にはプラス成長を取り戻したが、「アジアの優等生」や「発展途上国の模範生」と賞賛された頃の勢いがなくなった。プラス成長は取り戻したものの、金融システムには膨大な不良債権を抱え、証券取引所上場銘柄の半数以上は休眠状態という深刻な経済状況が続いている。通貨下落による輸出拡大が期待されたが、各国の金融システムが機能しなくなったこと、通貨変動や政治不安などのリスクが高まったことなどが影響して、米ドル建てでは期待どおりの拡大は見られない。直接投資についても、現地パートナー分譲渡以外に目ぼしいものは見られなくなった。

ＡＳＥＡＮでは、タイのアナン首相の提案による自由貿易地帯構想ＡＦＴＡが1992年の首脳会議で合意され、ＡＦＴＡ共通実効特恵関税協定（ＣＥＰＴ）により、域内各国間の貿易関税は2008年の最終年には０～５％まで引き下げることになった。その後、ＡＳＥＡＮ４とシンガポール、ブルネイの６か国については、最終期限を2003年、さらに2002年へと前倒しされた。日本の家電や自動車メーカーなど外資多国籍企業は、域内各国に展開する生産拠点を強い部門に生産を特化させる戦略を検討し始めた。ＣＥＰＴを先取りする形で、同一企業間の取引による自動車部品など貿易関税を引き下げるＡＩＣＯも1996年から始まり、インドシナ４か国を含めＡＳＥＡＮ５億人市場誕生への期待は高まった。

しかし、1997年７月以降のアジア通貨危機に直撃され、ＡＳＥＡＮ各国間に不協和音が目立ちはじめる。各国とも自らの経済不振脱出を最優先し、保護が必要な自国産業のためＣＥＰＴの例外品目を数多く主張するようになる。とりわけ、国民車プロトンを有するマレーシアは、ＡＳＥＡＮとともにアジア・太平洋のＡＰＥＣにおいても、自国産業保護の観点から貿易自由化反対の姿勢を鮮明とする。ＣＥＰＴの最終期限2002年１月が目前に迫っているが、完全自由貿易の立場のシンガポール、中間的なタイとインドネシア、自由化反対のマレーシアと隔たりは大きく、空中分解さえ考えられる状況となった。

ＡＳＥＡＮ各国については、アジア通貨危機で構造問題と指摘された大物政治家の金にまつわるスキャンダルが現在も絶えない。インドネシアでは、スハルト政権に比べ額は桁違いに少ないとはいえ、ハビビ政権時代の1999年の与党ゴルカル幹部が資金を着服したバンク・バリ事件、2001年にはアチェ独立派を懐柔するための資金をワヒド大統領が着服したとの疑惑も発生している。フィリピンでは、不正預金事件でエストラーダ大統領が辞任に追い込まれ、2001年になってマカパカル元大統領の娘のアロヨ副大統領が大統領へと昇格した。タイでは、2001年早々に総選挙が行われ、通信のチナワット財閥を率いるタイ愛顧党のタクシン党首が首相となったが、不正献金疑惑で弾劾裁判係争中である。

　ＡＳＥＡＮ各国は、外資への警戒から貿易・投資の自由化には慎重になり、自動車関連部品の関税率を引き上げるなど逆行する動きさえ見せている。銀行部門が徹底的に痛んだタイでは、外資のマジョリティー期間を10年と限定したように、銀行出身の大蔵大臣など金融当局者が、改革案を骨抜きにしてしまった。外資企業が期待した1999年の外資法の改正でも、外資参入禁止業種の縮小は見送られ、外資の持分も従来どおり原則49％以下に据え置いたことなどは、政策担当者が構造問題を認識して改革を断行する意思があるのか、疑問を抱かせるものとなってしまった。華人を中心とした経済界の圧力に屈したのであれば、国際競争が激化する21世紀にＡＳＥＡＮ４が取り残される可能性すら出てきた。

　一方の中国は、ＷＴＯ体制復帰が現実のものとなるや、アメリカや欧州との交渉を有利に進めるべく、関税率の大幅引き下げや国内市場の開放策など次々と提示するようになった。ＷＴＯ体制復帰は国内産業に壊滅的打撃を与えるとして、共産党保守派などから反対の声も強かったが、改革派が断然優位となった中国ではもはや少数意見でしかない。朱鎔基首相が陣頭指揮をとる国有企業改革も、ＷＴＯ復帰を前提とした国際競争力の強化を視野に入れたものと見てまちがいない。朱鎔基首相が3年と断言し、第三者からは無謀にも思えた国有企業の改革宣言であるが、赤字だった大中型国有企業のうち2/3は赤字体質から脱却したことが、2001年1月に北京の政府スポークスマンから発表された。

　この報道についてはもう少し様子を見る必要があるが、真実だとすれば規制緩和により中国国内市場に進出する外資企業を迎え撃つ体制は整ったことになる。1992年以降香港資本を中心に外資が集中的に進出し、広東省のノンバンク破綻や

外資優遇見直しなどでいったんは伸び悩んだが、2000年にはＷＴＯ復帰後を見越して再度外資進出ブームとなり、こうした外資には、電子部品や通信機器などＩＴ関連分野も多く含まれ、その分これまでのエレクトロニクス生産拠点だったタイやマレーシアが割りを食った形となっている。中国は、人件費コストの面でも依然インドネシアを除くＡＳＥＡＮ４に比べ優位にあり、国内12億人の巨大市場が視野に入るとなれば、外資が中国を目指すのも当然の企業行動となろう。

　中国の今後の注目点は、自動車、通信、サービス分野での市場開放に移ってきた。とりわけ注目されるのは自動車で、弱小産業として保護を続けた中国が全面開放に踏み切れば、ＡＳＥＡＮ４の自動車産業にとって、壊滅的な打撃ともなりかねない。規模の利益が働く自動車産業は、巨大な潜在市場を持つ中国では優位性を発揮する。現在中国には1,000社を超える完成車メーカーがあるが、それらが今後新規に進出する日米の外資を含めて、効率的に再編されれば、中国はアメリカにも匹敵する自動車大国へと成長する可能性が高い。ただ、完成車の輸入関税を80％から20％へと引き下げる計画が発表されたが、中国にとって全面開放は極めて難しい選択であり、簡単には決断できないものと思われる。

　この自動車産業の例に見られるように、今後東アジアにおいては、投資は5億人のＡＳＥＡＮ市場か、12億人の中国市場かの選択となろう。その場合、広い国内のヒトやモノの移動に何らの制限のない中国が、仮に加盟10か国間の貿易と関税の規制を完全撤廃したとしても、市場規模や国内取引や移動におけるリスクの少なさを考えれば、ＡＳＥＡＮ10に比べて条件は有利である。まして、現在のようにＣＥＰＴだけでもＡＳＥＡＮ主要加盟国間で不協和音が絶えないようであれば、もちろん中国は意識していないと思われるが、21世紀の東アジアは、中国の一人勝ちの状況となってしまう。中国の一人勝ちが鮮明となれば、ＡＳＥＡＮにとって1997年7月以降の悪夢の2年間が再現しないとも限らない。

　ＡＳＥＡＮにとってもう1つの厳しい外部環境は、ＡＰＥＣとの関係である。ＡＰＥＣは、アメリカ、ロシア、中国と世界の3大国を含むアジア・太平洋21の国・地域の協力体となったが、1994年のボゴール会議において、先進国は2010年、発展途上国は2020年までに貿易と投資を自由化することが宣言された。ＡＰＥＣには、ミャンマー、ラオス、カンボジアを除くＡＳＥＡＮ7か国が加盟している。ボゴール宣言の主役は誰かと言えば、インドネシアの当時のスハルト大統領であ

り、アメリカのクリントン大統領と仕組んだとの観測が一般的である。ＡＦＴＡを推進するＡＳＥＡＮにとっては、ボゴール宣言で外堀を埋められたことになり、経済協力体としての存立基盤が大きく揺らいでしまった。

　ＡＳＥＡＮの外堀は、2国間自由貿易協定によっても埋められつつある。ＡＳＥＡＮの動きの遅さに業を煮やしたシンガポールは、日本に自由貿易協定を打診した。日本側も、通産省（現経済産業省）を通じ積極的である。また、日本と韓国との間でも自由貿易協定の交渉が進められつつある。中期的には、日本と中国、中国と韓国との間でも完全自由貿易が促進されれば、ＡＳＥＡＮをも駆り立てることになる。ボゴール宣言のように、正道ではないとの批判もあろうが、自らに対して開いていない相手でも、自らは開くという拡大志向の理念を貫けば、過渡期的な1つの選択肢として理解を得ることができよう。

　このように展望すると、21世紀の東アジアの経済は、中国に有利でＡＳＥＡＮに不利な状況が見える。そこで日本はどのように関与すべきか、先に触れた政治・外交面とは異なり、公正な自由競争が維持されている限り、基本的には介入すべきではない。日本としてできることは、不利な状況に置かれた方にアドバイスを行うことである。そのアドバイスを聞き入れるかどうかは、当該政府の判断に委ねられる。通貨危機で困難に陥ったＡＳＥＡＮ諸国には、構造改革促進を目的とする新宮沢構想による別枠の円借款が供与されるようになったが、ここで重要なことは、先のＯＤＡでも触れたように、構造問題など状況を正しく把握し、苦言となっても真の友人としてアドバイスを行うことである。

あとがき

　本書の執筆を昨年9月に始めて、既に半年もの日々が経ってしまった。大学教育出版から2001年1月末、できれば2000年12月末という締め切り日の指示をいただきながら、年末から数えて2か月も原稿提出が遅れてしまった。わが身の不徳のなせる業とはいえ、関係者に多大なご迷惑をおかけしたことを、まずお詫び申し上げなければならない。言い訳になってしまうが、シンクタンクの研究員としては、2万字程度のレポートの作成や雑誌への寄稿は数々こなしてきたが、30万字近くもの膨大な単著は生まれて初めての経験であり、思いのほか戸惑った。当初は、講義と並行して進めれば効率的にできるとたかをくくっていたが、1週間ごとの講義のペースに、書く方がどんどん遅れをとってしまった。

　平成12年度後期の講義が2月上旬に終了し、300枚以上の答案を採点しながら、各種入学試験の試験監督や面接委員、現代経営学研究学会などの雑用もこなし、3月上旬まで本書の執筆活動に全力で取り組んだところ、原稿を書き終える頃にはとうとう不眠症に陥ってしまった。本文中に朱鎔基首相の国有企業の改革を3年で終わらせるとの宣言を無謀とも評しながら、自らの力量も器量も考えることなく、こんな無謀なことをよくぞ自分から申し入れたものだと、原稿を書き終えたところで、終わったという解放感に浸ることもなく、呆れにも似た心境で感心しているところである。この半年間、研究活動や著書執筆に没頭しなければならない大学教官の苦労を、多少ではあるが垣間見たような気もする。

　本書は、11年間のアジア研究者としての、1年半の大学教官としての経験の集大成である。大学における約13回の講義を想定して、これまでの自分の知識や経験を組み換えて、自分なりにまとめたものである。本書の構成にあたっては、細かい見出しで分ける方式を採らず、講義1回に対応する1章分を、休憩を挟んで前後半に分ける形で、一気に読み進めるような構成とした。従って、講義を聴講する学生本位ではなく、講義を行う教官本位となったことはいなめない。予習として1章分を精読した上で講義を聴講すれば、効果的に学習できるものと思われる。また、本書は東アジアについての基礎的な知識を網羅しているとの自負から、参考文献などは敢えて紹介せず、その分スペースを本文に割いた。

自分なりにまとめたということは、自己流に陥っている危険性も否定できない。本文中の随所において、自らの主張が鮮明に出たものと思われる。基本的な立場は、政治における民主化と、経済における自由化である。ASEAN諸国の自動車産業保護政策など、既得権益層を保護するのみで、消費者の利益と競争力強化につながらないものには、真っ向から反論を張った。未だ論争が決着したとは言いがたいアジア通貨危機に関しては、ヘッジファンドの為替投機により通貨が下落してしまうという被害に遭ったタイやインドネシアに同情するよりも、金利裁定という機会　付け込まれる隙を作ったことの責任を追及する姿勢を鮮明にしていることは、東南アジア関係の学者や研究者とは立場を異にするところである。

　こうしたアジア通貨危機に関する論争をはじめ、プラザ合意以降の円高・ドル安に対する評価、香港返還の悲観論と楽観論、IMF主導の改革に対する評価など、東アジアには決着のついていない論争が未だ数多く残っている。東アジアを学ぶ学生諸君あるいは一般の読者におかれては、対立する立場と主張のどちらかだけを見るのではなく、あるいは一方的にどちらかに偏るのではなく、それぞれの主張の要点を押さえた上で、自らの考えを確立していくような学習態度が望まれる。本書を熟読した後に、他の東アジアに関する入門書や専門書を読んだ上で、筆者にアドバイスをいただければ幸いである。

　最近の世の中、どの分野においても変化が早くなっているが、本書が対象とする東アジア諸国も、日々刻々と動いているだけに、半年の原稿執筆期間でもいろいろなことが起こった。昨日書いたことが今日にはもう古くなり、慌てて書き直したという泣くに泣けない、笑うに笑えない辛さも味わってしまった。韓国の財閥は、ビック・ディールや業務特化により、体質改善と競争力強化を進めているとの前提で本書を執筆していたところ、2000年10月から企業倒産や不渡り手形などが続出し、構造改革が進んでいない現状を露呈するや、一部論調を変えざるを得なくなった。年末から年初にかけて、成長率の実績値や予測値が発表されるごとに、各論の国・地域編の本文の見直し作業も行った。

　本書執筆中には、政治面で大きな出来事も起こった。21世紀になって、タイではチュアン首相からタクシン首相に、フィリピンではエストラーダ大統領からアロヨ大統領へと政権交代も実現した。経済面でも、韓国の現代財閥の総帥鄭周永名誉会長が他界した。本文では、首相や大統領の記述は変えず、まとめと展望、

あとがきで付け加えた。タイのタクシン新首相とフィリピンのエストラーダ前大統領には、汚職の疑いで検察の捜査が進められている。2000年10月には、韓国の金大中大統領が、ノーベル平和賞を受賞した。また、21世紀の新春早々飛び込んだ、イスラム教で禁ずる豚を触媒として使ったインドネシア味の素の幹部逮捕のニュースは、東アジアとのビジネスに関連の深い日本企業の関係者に、震え上がるほどのショックを与えてしまった。

　本論で何度も強調したように、東アジアは多様な地域であり、日本の立場や尺度で相手と付き合おうとすると、思わぬしっぺ返しを受けることになる。今回のインドネシアの事件は、そうした典型例でもある。強権政治という箍が外れると、民族、宗教、文化など自らのアイデンティティーを前面に押し出す傾向が強くなる。スハルト政権であれば、今回のような騒ぎにならなかったかもしれない。ほんの少しの隙が決定的なダメージともなりかねないだけに、今後の東アジアとの付き合い、貿易や投資などビジネスにおいては、従来以上の慎重な対応が求められることになる。筆者にとっても今回の事件はショックであったが、こうした観点からも日本の若者に貴重な知識になるよう心掛けたつもりである。

　講義を通じて大学院生や学部学生と話をするうちに、彼ら・彼女らの興味が様々な方面に広がっていることが分かった。ある学生は、東アジア関連のベンチャー・ビジネスを行いたいと、相談を持ちかけてきた。また、ＯＤＡやＮＧＯ活動に興味があるので、筆者のＯＤＡ調査の経験を講義で話して欲しいとある女子学生から要望を受けた。このように、各人それぞれの興味は様々である。本書は、東アジアの10経済体について、経済、産業、企業、外交など広い範囲で取り上げたつもりであるが、読者一人ひとりの興味には完全に応え切っていないものと思われる。そうした読者は、本書をステップとして、自らの興味のある分野の学習や研究を進めればよい。その段階で、筆者にできることは喜んで協力したい。

　筆者自身の興味は、本書では第9章から第11章、即ち東アジアの産業、企業、経営の分野にある。東アジアの概論としての本書に一区切りついたので、今後の学者としての研究活動の重点をそちらの方に移したいと考えている。本書の冒頭でも触れたように、日本における東アジア研究は、各国論などマクロ・ベースは充実しつつあるが、ミクロ・ベースではほとんど進んでいない。経済活動は産業と企業により担われ、企業は経営を行っており、東アジアとのビジネスを進める

日本の経済界にとって重要となるこうした分野の日本における研究成果は、皆無と言えるほどである。今後筆者が学者や研究者として、日本のために貢献できるのはこの分野ではないかと考えている。

　そう考えていた矢先の本書執筆中の2000年11月、2年間の任期切れを学部から通告され、神戸大学の教官としてのキャリアを2001年9月末で終え、元の民間企業に復帰することになった。そうなれば、系列のシンクタンクに所属するとしても、日常業務に追われて自由になる時間は限られ、自主的な研究活動ができなくなる可能性が高い。せめてあと1年あれば、文部科学省の科学研究費補助金を申請し、当該国・地域の大学に所属する研究者の協力を得ながら、東アジアの企業・産業・経営についての基礎的な研究ができたのにと考えるといささか残念である。決まったことをあれこれ考えても仕方ないので、将来そうした機会が与えられれば、全力を尽くしてやり遂げることにしたい。

　このため本書の刊行に関しても、2001（平成13）年度の前期しか使用できなくなり、教科書として複数年使用という約束は果たせなくなった。本来なら、こうした約束違反が発覚した時点で、契約を打ち切られても仕方のないところであるが、大学教育出版の担当の佐藤守氏に相談したところ、快諾をいただき本書執筆を続けることができた。こうした関係各位のご高配に謝意を表したい。できることなら、大学の講義で東アジア関係論を担当する先生方に、本書を教科書または参考書として使っていただければ、筆者としてこの上ない慶びである。筆者の知識や主張に賛成の立場からお使いいただくに越したことはないが、自らの立場や主張に反論するための使用でももちろん大歓迎である。

平成13年3月

髙木　雅一

■著者紹介

髙木　雅一（たかぎ　まさかず）

神戸大学大学院経営学研究科助教授　専攻：東アジア論
1957（昭和32）年11月12日　富山県富山市生まれ
1980（昭和55）年3月　一橋大学商学部商学科卒業
1980（昭和55）年4月　大和銀行入行
1984～85　大和銀行から香港大学に派遣
1988～90　大和銀行からアジア経済研究所に派遣
1990～99　大和銀行から大和銀総合研究所に派遣
　　　　　（うち1993～95香港駐在）
1999年10月より現職　2001年10月　大和銀行へ復帰予定

主な論文
「国際金融センター香港①～⑤」　国際金融994～998号　1997年
「香港ドルと人民の展望①～⑤」　国際金融　1007～1011号　1998年
「返還直前の香港情勢及び返還後の展望」　大和銀行総合研究所アジア・オセアニア情報57号号　1997年
「アジア通貨危機の現状と今後―タイ、韓国、インドネシアを中心に―」　大和銀行経済調査605号　1998年
「タイの通貨危機の本質」　国民経済雑誌第182巻第2号　2000年

東アジア論入門

2001年6月15日　初版第1刷発行

■著　者──髙木　雅一
■発行者──佐藤　正男
■発行所──株式会社　大学教育出版
　　　　　〒700-0951　岡山市田中124-101
　　　　　電話(086) 244-1268　FAX (086) 246-0294
■印刷所──互恵印刷㈱
■製本所──日宝綜合製本㈱
■装　丁──ティーボーンデザイン事務所

Ⓒ Maskazu Takagi 2001, Printed in Japan
検印省略　　落丁・乱丁本はお取り替えいたします。
無断で本書の一部または全部を複写・複製することは禁じられています。

ISBN4-88730-442-0